工商管理、市场营销本科系列教材

市场调查与预测

赵相忠　　主　编

张世新　刘双萍　张念萍　　副主编

重庆大学出版社

内 容 提 要

本书系统地阐述了市场调查与预测的基本原理、基本原则和基本方法,并结合实例论述了市场调查与预测在现代市场研究中的运用。全书共分 12 章,主要包括市场调查与预测概述、市场调查分类与程序、抽样调查、市场调查的方法与技术、调查资料处理、调查报告编写、市场预测通论、经验判断预测法、时间序列分析预测法、因果分析预测法、市场资讯系统以及市场调查与预测的新发展等内容。本书内容丰富、重点突出,并吸纳了国内外相关领域的最新研究成果,具有较强的实用性和可操作性。

本书既可作为高等院校财经、管理类专业的本科教学用书,也可供从事经济管理、市场营销等工作的人员参考。

图书在版编目(CIP)数据

市场调查与预测/赵相忠主编. —重庆:重庆大学出版社,2004.9(2023.1 重印)
工商管理、市场营销本科系列教材
ISBN 978-7-5624-2873-2

Ⅰ.市... Ⅱ.赵... Ⅲ.①市场—调查—高等学校—教材
②市场预测—高等学校—教材 Ⅳ.F713.5

中国版本图书馆 CIP 数据核字(2004)第 077147 号

工商管理、市场营销本科系列教材
市场调查与预测
赵相忠 主编
张世新 刘双萍 张念萍 副主编
责任编辑:梁 涛 姚正坤 版式设计:梁 涛
责任校对:蓝安梅 责任印制:张 策

*

重庆大学出版社出版发行
出版人:饶帮华
社址:重庆市沙坪坝区大学城西路 21 号
邮编:401331
电话:(023)88617190 88617185(中小学)
传真:(023)88617186 88617166
网址:http://www.cqup.com.cn
邮箱:fxk@ cqup.com.cn(营销中心)
全国新华书店经销
POD:重庆市圣立印刷有限公司

*

开本:787mm×960mm 1/16 印张:18.75 字数:336 千
2004 年 9 月第 1 版 2023 年 1 月第 10 次印刷
ISBN 978-7-5624-2873-2 定价:48.00 元

前　言

　　经过二十多年的改革开放,我国已基本完成从计划经济向社会主义市场经济的转变,一个系统、高效、开放的社会主义市场经济体系在中国大地上逐步建立并日趋完善。市场经济条件下,从政府宏观调控到企业微观运作,都必须认真面对市场、深入研究市场,掌握并自觉遵循市场规律,尤其是中国加入世贸组织及近年来世界经济一体化进程明显加快,国内外市场已逐渐连为一体,且变得更趋复杂、多变。在当前这种形势下,高等院校管理、财经等专业强化《市场调查与市场预测》课程的教学变得十分必要。在重庆大学出版社的组织下,我们邀请部分高校有关专业教师精心编写了此书,目的是为西部高校财经、管理类本科教学提供一本系统、新颖而又实用的教科书。此外,该书也可作为经济管理、市场营销等有关人员的培训教材或自学用书。

　　本书是在全体编写人员多年教学及实践经验基础上,并充分吸收国内外最新研究成果编写而成。编写过程中着力突出以下几个特点:①新颖性。本书基本按照当今国内外市场调查公司及各类市场调查机构市场调查的一般操作过程为线索来安排章节顺序;并在保证知识的系统性、全面性前提下,力求重点突出;②实用性。本书从市场调查与预测的实际需要出发,基本程序、方法、手段紧密联系实际,具有较强的实用性、可操作性。③先进性。本书力求吸收该领域国内外研究的最新成果与理念,认真借鉴市场调查与预测在实践中的最新进展,博采众家之长,融合提炼;④内容的精练与可读性。书中内容的分析阐述力求简明、扼要,避免繁琐冗长的陈述。

　　全书共12章,各章编写分工如下:第1,6章,由赵相忠编写;第2,4章由刘双萍编写;第3章由叶映编写;第5章由罗薇编写;第7,8章由张世新编写;第9,10章由陈一君编写;第11,12章由张念萍编写。全书由赵相忠担任主编并负责制定全书框架、统稿修改及完成最后审核定稿;张念萍亦协助做了统稿、修改及润色工作。

在本书的编写过程中,借鉴、引用和参考了国内外许多专家学者的论文、专著和教材,他们的研究成果包括观点和材料等,对作者有很大的帮助,在此,表示由衷的谢意。

编　者
2004 年 5 月

目　　录

参考文献

第 *1* 章　市场调查与预测概述

　　市场调查与市场预测是企业日常生产经营活动中一项极其重要的工作,同时也是企业实施科学决策的基础与前提。只有通过市场调查与市场预测,企业才能正确把握市场状态及其发展变化的趋势,从而增强应变能力,取得经营的主动权,以实现预期的经营目标。

1.1　现代市场调查与预测的含义

　　市场经济条件下,企业的生产经营活动片刻离不开市场,各类生产要素要靠市场获取,产品和服务要进入市场销售,市场的运行状态及其发展变化趋势在很大程度上直接制约着企业的运行绩效,左右着企业的兴衰存亡。任何企业要想在瞬息万变的市场条件下求生存、谋发展,就必须认真研究市场,充分把握市场,自觉利用市场规律来指导自身的行动,只有这样,才能使企业永远立于不败之地。这种备受现代企业重视,以获取市场信息、了解市场状态为核心内容的调查研究工作,即市场调查;以此为基础,对市场未来发展变化的趋势及特点等所做的分析研究工作,即市场预测。

1.1.1　现代市场及其构成要素

　　市场调查与预测工作的有效开展,首先依赖于研究者对"市场"一词的全面理解与认识。有关这个概念,不少经济学家、管理学者已从不同角度做过多种分析表述。综合这些分析表述,我们可以看到,市场的含义在商品经济发展的不同阶段不尽相同,有些甚至差异较大。再则,不同学者由于立足点、认识角度的差异,对"市场"一词的分析界定也各不相同。

1. 现代市场的含义

在商品经济发展的初期,人们对市场的认识和了解是粗浅而直观的,因为在这时期,市场行为主要表现为场所固定、自发而又简单的小规模交换行为,因而,人们普遍认为,市场就是商品交换的场所,其组成要素主要包括交换地点、交换标的物和买卖双方。随着科学技术的进步和商品经济的发展,交换规模及交换范围不断扩大,交换方式不断更新,交换过程及交换机制日益复杂,除了参与交换的买卖双方之外,还出现了以沟通信息、撮合成交为职业的经纪人。随着销售渠道的延伸,代理商、批发商、零售商等参与到交换过程中来;成为生产者和最终消费者之间的桥梁,部分商品还有组织、有规则、有固定时间、固定地点的交换场所,如商品交易所、拍卖行等。再则,由于电话、电传、互联网等现代通信联系手段的不断涌现,以及代理业务的不断拓展及日益专门化,不少商品的成交已不再局限于固定时间固定场所的交换,而代之以现代通信联系手段撮合成交,以各种代理方式完成运输、交割的一种无形市场。与此同时,交换的标的物也不再仅限于有形的商品,各种劳务、技术、专利等无形商品的交换大量涌现;交换的地域也突破国家界限更多地扩展到国际范围。随着交换的深度及广度的不断增加,交换对社会经济发展和人们日常生活的影响也更加广泛。为了规范市场行为,建立有序的市场秩序,促进经济健康发展及保证国家及民众的利益,各国政府、国际(如 WTO)或区域性组织都愈加重视对市场的管理及调控。它们常常借助各种政策手段,乃至通过立法对市场交换行为施加影响,从而构成市场运行的调控因素,并成为当今市场体系的重要组成部分。

针对上述庞杂的市场体系,市场的界定大致存在以下两种不同观点:

部分研究营销问题的学者认为,在买卖双方中,卖主构成行业,买主构成市场,市场就是某种产品或服务的现实的购买者与潜在的购买者需求的总和,并认为由购买者构成的市场包含三个主要因素,即:①有某种需求的人;②为满足这种需求的购买能力;③购买欲望。用公式表示就是:市场 = 人口 + 购买力 + 购买欲望,市场是上述三个因素的统一,此谓狭义的市场概念。从这种认识出发,市场调查、市场预测工作主要就是围绕以上三个要素及其相互联系而展开的。

另外一种观点认为,现代市场是一个构成要素复杂、交换方式多样、交换标的物众多、交换空间广阔的复杂体系,是一个有机系统,它既体现着商品买卖双方和商业中间人的关系,也体现着商品在流通过程中发挥调控作用或辅助作用的一切机构、部门与商品买卖双方、中间商的关系,因而从广义的角度看,市场是整个交换过程和交换关系的总和。从这种观点出发开展市场调研工作,其涉及的范围将不再仅限于人口、购买力、购买欲望这三个要素,而且还将涉及市场系统的其他要素及其相互联系。实际上,现代企业市场调研工作,常常是以构成社会交换行为的各因素及其相互关系状态为目标的系统性活动。

2. 现代市场组成要素

从广义的市场概念出发,可以看到,市场是由生产经营者、中间商、消费者等基本要素(或称作市场)所组成并受环境调控因素影响的复合系统,这些因素之间存在着内在的必然联系。从本质上说,市场就是上述各类因素相互联系、相互作用的对立统一体。这种联系、制约关系如图1.1所示。

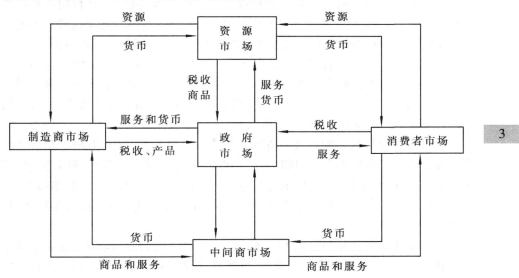

图1.1　现代交换经济的流程结构

从图1.1可以看出,作为市场组成要素的生产经营者,要根据买方的需求,同时考虑处于销售渠道的中间商的要求,在社会环境管理制约性因素许可的范围内组织有关商品或服务的生产,选择恰当的交换方式将交换标的物送达买方,以完成交换过程。在这个过程中,来自环境的管理制约性因素对买卖双方、交换标的物、销售渠道等因素都将产生影响及制约作用。卖方的行为必须自觉地满足买方的要求、中间商的要求、政府的政策及其他环境因素的要求;买方的需求也不仅受到政府政策、法规及环境因素的制约,而且还受到生产经营者及销售渠

3

道等因素的制约。

从另一方面看,在上述过程中,各要素在受到其他要素影响与制约的同时,也存在着对其他要素的反作用,如生产经营者、消费者的生产经营活动及消费需求要受到政策、法规等环境因素的影响与制约,但正常的生产经营活动及合理的消费需求也会对政策性措施的制定及调节提供依据,并产生影响。

综合上述分析可以发现,广义市场包括三类基本要素,即作为提供商品或服务的生产供应系统要素、作为使用商品的消费系统要素及作为调控影响交换行为的社会管理及环境系要素。市场运行的过程中,这三类要素之间常表现出不统一性,这种不统一性反映为出现不同的市场运行状态。概括起来说,共有 4 种基本运行状态。

1)供给系统与消费系统两者的利益与需求相一致,但与社会管理及环境要素系统要求不一致,受到限制或不能得到保护、支持或赞同。处于这种状态的企业将受到社会调控系统及环境要素系统的惩罚及制裁,属非法市场行为。

2)消费系统与社会管理系统的要求相一致,但与商品供给系统的能力及利益不吻合。如消费者要求得到一种技术先进,价廉物美的商品,但生产系统受生产技术、工业水平、生产规模等因素的限制,难以满足消费系统的要求。所以,对生产者而言,该状态既是矛盾又是机会。

3)供给系统与社会管理及环境因素系统的要求利益一致,但缺乏消费系统的认可或超过其接受能力。例如,生产企业向市场投放一种政府部门提倡的环保节能产品,但鉴于价格高,与现有其他生产设备不配套,消费者一时难以接受。这种情况对生产者而言机遇与风险并存,关键在于能否通过正确的市场运作,使消费者最终接受产品。

4)三类要素的利益与要求相一致,这是一种理想的运行状态,也是市场运行的努力目标,但由于要素的变动性,这种状态常常被打破,时常表现为相互间的矛盾与冲突。

1.1.2 市场调查

1. 市场调查的概念

市场调查,顾名思义,就是对商品交换过程中,市场上发生的各种信息所作的收集、整理和分析研究工作。自 1919 年美国柯蒂斯出版公司首次成功地开展市场调查以来,这项工作便在世界范围内迅速扩展,并由最初的简单收集、记录、整理、分析有关资料和数据,发展成为现在的一门包括市场环境调查、消费心理分析、市场需求调研、产品价格确定、分销渠道、促销方法、竞争对手调查、投资开发、可行性论证等在内的综合性科学。随着世界经济的不断发展,国际上越来越多的企业更加注重把精确而有效的市场调查作为企业经营、发展的必修课。市场调查的基本目的是要回答市场的运行现状"是什么"、"为什么"和"将来会怎么样"等有关问题;它是以支持企业或政府部门决策为目的,为提供解决问题所需信息而进行的有组织的探索活动。在一些著作中将其称为"市场调研"、"营销调研"、"市场研究"等,其涵义大致相近,即这项活动包括了调查与研究两重意思。调查是通过对市场信息的收集、考察和计算来了解市场现象的感性认识活动;研究则是通过对调查收集来的感性材料进行去粗取精、去伪存真、由此及彼、由表及里的分析探索过程,是把握事物现象本质及发展规律的理性认识活动。

随着社会经济的发展,市场调查的涵义及范畴也随之不断丰富及拓展,加之人们立足点不同及认识上的差异,导致人们对市场调查的理解存在差异。在商品经济发展的初期,由于商品交换规模小,活动简单,此时市场调查主要是针对购买商品的个人或团队的调查,市场调查的实施者多为企业经营决策者自身,其目的也简单明了,即通过了解顾客的需求来改进产品或服务,以实现利润最大化。随着商品经济的发展和市场规模的扩大,交换过程以及所涉及因素日益复杂化,调查的对象也从简单的顾客发展到与交换过程相关的诸多因素,除了对消费者的调查外,还包括对社会调控与环境因素系统、产品供给系统、中间环节及其相互关系等有关内容的调查研究,即营销调研。

可以说,现代市场调查就是个人或组织为某一个特定的市场营销问题的决策所需开发和提供信息而引发的判断、收集、记录、整理、分析研究关于构成社会交换行为的各因素及其相互关系状态的情报信息的过程。它包含信息采集、数据收集过程监测、结果分析,以及把调查中的发现和其含义提供给客户等基本环节。

2. 市场调查的特点

理解市场调查的内涵,必须注意以下基本特点:

1)市场调研是个人或组织的一种有目的的活动。它主要是各类企业为解决市场营销问题,进行市场预测及经营决策而开展的活动。这一特征告诉我们,市场调查本身不是目的,而是服从于经营决策并且为经营决策服务的,它是企业营销活动的一个有机组成部分。

2)市场调查是一项系统而复杂的科学研究工作。由于涉及因素及环节众多,仅凭单个的资料记录、整理或分析活动是难以奏效的,它必须在科学的理论和方法指导下,周密策划,精心组织,科学实施。

3)市场调查的内容是广泛的。市场调查可用于测量很简单的东西,如被调查者的身高、体重或性别、年龄、文化程度等基本情况,也可用于测量像态度或爱好之类的复杂问题。当然调查问题是有一定局限性的,如:被调查者对有些问题可能不会回答,原因是不知道这个问题该如何回答,或是问题太敏感不愿回答,再如与社会禁忌或忌讳有关的事情(如不当/违法性行为、吸毒等)。要得到这些方面的信息必须靠相当的专业知识、努力和智慧。通常,仅靠一般的调查,要想从大部分被调查者都感为难的问题中得到所需的真实信息是不可能的。

4)市场调查须按客户的具体情况"量体裁衣"。在对一项调查进行设计时,首先应考虑的三个问题是:这项调查需要多少费用? 需要多长时间? 可以获取多少信息? 这些问题常需要具体问题具体分析,因为调查研究的不同项目其情况是不相同的。由于市场调查可以按客户的具体情况"量体裁衣",因此可以想方设法将方案设计得尽可能满足客户的信息需求和经费预算。一个调查项目可以只花几千元,也可以花费几十万、几百万甚至几千万元;可以在一天之内完成,也可长达几个月;可以只提供小范围的少量数据,也可以给出覆盖较大范围的大量信息。总之,项目的设计要与客户的需要和财力相适应。例如,对经费少的客户,就可以选用比较节约的调查方法,提供较为定性的数据,等等。

5)市场调查的方法及调查研究的方案设计是多样的。收集数据的方法可以采用面访、电话访谈或直接邮寄。调查地点可以在被访者的家中、工作单位、购物场所,甚至在他们休闲娱乐的地方。被访者可能只须花几分钟,也可能需要几个小时或者更长时间。

6)市场调查开展的程度是有伸缩性的。所收集数据的多少和复杂程度是可以选择的,这取决于调研问题所应掌握的信息及所拥有的经费。简单的调查可以设计成只需几页记录纸和一个可装在口袋里的计算器,结果也就是几页报告。复杂的大规模的市场调查现今可采用高级计算机和数据分析程序来处理、计算并生成大量精确的信息。

7)市场调查的结果是有效的。调查采用抽样的方法,从一个相当小的样本就可以得到关于一个很大总体的信息。

8)市场调查是有局限性的。市场调查常常可以得到比投入的费用高几倍价值的信息。但就像任何其他工作那样,市场调查也不可避免地会有错误、误差和疏忽。对方案的缜密设计和细心实施,其目的就是为了避免较大的误差和疏忽。只要对调查信息的价值没有严重损害,细小的错误应当容忍。如果在调查或结束之后发现了细小的错误,就应当考察它们对调查信息有什么影响。仅仅因为一些细小的错误就贬低或抛弃调查的结果是不合适的。应当按照错误的具体情况进行修正处理，这样可能需要在解释结果时作些修改，或是对调查发现的依赖方面作些变动。

9）市场调查不能直接指示或决定最终答案。即使没有发现错误或疏忽，调查完全按所设计的方案进行，结果也不是完全确定的，不能指示或决定最终答案。调查结果只应被当成是另外一种证据，必须参考一般经验、普通的道理和其他信息来对调查结果进行评价。人类的感性和判断总是必要的。对调查的结果要认真思考、理解，看与我们对问题的感性认识是否基本吻合；如果不相符，原因何在？必要时需作进一步的调研和分析。调查结果是重要的决策参考依据，但并不等于准确地给出了决策答案。

3. 市场调查的目的、对象及原则

（1）市场调查的目的

市场调查的目的，就是通过调查系统地收集、分析关于构成社会交换行为的各因素及其相互关系状态的情报信息，回答市场的运行现状"是什么?"，"为什么"？和"将来会怎么样?"等有关问题，从而为企业、政府或行业管理部门预测及决策提供依据，以减少决策问题的盲目性和不确定性。事实上，企业及政府管理和决策部门需要市场调查常基于以下原因：

1）他们可能想要影响或说服某些"受众"。例如，厂家想要推销他们的产品或服务；电台、电视台和报纸、杂志想要影响和争取听众、观众和读者；政府机构想要推行他们的政策、法令；社会服务机构想要推销他们的服务宗旨，等等。但是，无论哪种情况，推销也只是一种单向的传播，即从"传送者"向"接受者"传播某种"信号"。那么，广大"接受者"即"受众"的反应如何；这些"信号"是否有效，有无受到阻挡；"受众"是否理解这些"信号"；这些"信号"是否是"受众"所需要的信息；它们有无触动到"受众"的某根"神经"而产生副作用等，如何接收受众对信号的反应呢？当"信号"的目标是一个很大的"受众"体时，市场调查就担负了联结对话另一半的作用，使得"信号"传送者和接受者之间有了双向的传递和交流。

2）他们想要为某特定民众群体创造或修改某些产品。工业和商业企业、政党和竞选人、政府机构和职能部门、医院和卫生所、学校和研究单位、公司、群众团体等都要向他们自己的目标群体提供产品和服务。几乎在每种情况下都有许多可选择的方案：提供什么；向谁提供；何时何地提供；怎样生产；如何定价等等。策划市场调查就是为了得到决策这些问题时所需的信息依据。这种调查通常是既有益于"厂家"又有益于"消费者"的。"厂家"对自己的顾客越是了解，就越

7

能有效地为他们服务。

3）他们想要直接将研究集中在理解或预测人类行为方面,因为这是他们的学术工作或专业工作需要。3）与1）和2）不同之处在于其市场调查的结果不是用于解决实际问题或采用行动,而是寻求信息用于回答理论研究中的问题,以及用于检验有关人们的倾向、爱好等方面的理论假设。

（2）市场调查的对象

可以是广泛的民众,也可能是具有某些特征的民众群体。

（3）市场调查的基本原则

1）科学性原则。首先,调研人员应当采用科学的方法去设计方案、定义问题、采集数据和分析数据,从中提取有效的、相关的、准确的、可靠的、有代表性的信息资料。

2）客观性原则。应自始至终保持客观的态度去寻求反映事物真实状态的准确信息,去正视事实,不允许带有任何个人主观意愿或偏见,也不应受任何人或管理部门的影响或"压力"去从事调研活动,应该"寻找事物的本来面目,说出事物的本来面目"。市场的运行有其内在的客观必然性,这种客观必然性是不以人的意志为转移的,它要求人们对它的运行状态及其发展趋势的反映必须客观真实,符合事物发展变化的本来目的,既不能夸大,也不能缩小,更不能主观猜测臆造,乃至人为地加以歪曲,要从繁茂芜杂的市场现象中,通过去伪存真、去粗取精、由表及里、由此及彼的分析加工过程,把握事物的本质。但市场调查的过程中,往往受工作人员主观能动因素的影响及制约,例如从调查设计到项目筛选,从数据资料的收集到整理分析,往往会带有人的主观色彩。客观真实性特点要求我们在开展这项工作的过程中,要尽可能减少主观臆断成分,自觉地按规律办事,使方案的设计与实施、资料的收集与获取建立在客观真实的基础上。为此,从业人员必须具有良好的职业道德和专业素质,同时还应该建立有关质量责任制度,以做到真实客观地反映市场运行状态。

3）系统性原则。现代市场调查是全面系统地收集有关市场信息的活动,要求从理论与实践结合、定性分析与定量分析结合、现状分析与趋势分析结合的角度对影响市场运行的经济、社会、政治、文化等因素进行系统性综合研究,而缺乏系统性的市场研究往往是导致决策失误的重要原因。

（4）市场调查的范围

狭义的市场调研,其范围主要包括顾客与消费者的类型与结构、消费需求、消费水平、购买动机、购买行为、对产品的要求和意见等。

广义的市场调研,其范围将包括企业开展营销活动所涉及的整个市场,除了对消费者的调研外,还包括对构成市场体系的其他要素的调研,如市场结构调研、市场供求调研、市场竞争调研、市场物价调研、产品调研、促销调研、销售渠道调研、企业形象调研、广告调研、公关调研、市场份额调研以及企业从事市场营销活动所需的各种信息、市场状态、国内外营销环境等有关内容。可见,现代市场调研的范围是极其宽泛的。

1.1.3 市场预测

1. 预测

预测是根据客观事物的发展趋势和变化规律,对特定对象未来发展趋势或状况所做的科学的推测与判断。换言之,预测是根据对客观事物的已有认识对未知事件做出预估。预测是一种行为,表现为一个过程;同时,它也表述为行为的某种结果。

作为探索客观事物未来发展变化趋势或状态的预测活动,绝不是一种"未卜先知"的唯心主义,也不是随心所欲的臆断。它是人类"鉴往知来"智慧的表现,是科学实践活动的组成部分。预测之所以是一种科学活动,这是由预测前提的科学性、预测方法的科学性和预测结果的科学性决定的。预测前提的科学性包含三层意思:一是预测必须以客观事实为依据,即以反映这些事实的历史与现实的资料和数据为依据进行推断;二是作为预测依据的事实资料与数据,还必须通过抽象上升到规律性的认识,并以这种规律性的认识作为指导;三是预测必须以正确反映客观规律的某些成熟的科学理论作指导。预测方法的科学性包含两层含义:一是各种预测方法是在实践经验基础上总结出来,并获得理论证明与实践检验的科学方法,包括预测对象所处学科领域的方法以及数学的、统计的方法;二是预测方法的应用不是随意的,它必须依据预测对象的特点合理选择和正确应用。预测结果的科学性包括两层含义:一是预测结果是由已认识的客观对象发展的规律性和事实资料为依据,采用定性与定量相结合的科学方法做出的科学推断,并由科学的方式加以表述;二是预测结果在允许的误差范围内可以验证预测对象已经发生的事实,同时在条件不变的情况下,预测结果能够经受实践的检验。

预测对象是具体的、特定的。对不同对象的预测形成不同的预测领域和预测学科的不同分支。目前,许多国家已经将预测技术广泛用于科学技术、文化教育、自然资源、生态环境、经济发展、人口变化、军事等诸多领域,于是便产生了科技预测、经济预测、教育预测、人口预测、资源预测、环境预测、军事预测等。不同的预测领域采用的预测方法有许多共性,但都必须以该领域的特殊规律、特殊理论和特殊方法作指导。

定性分析与定量分析相结合,是预测活动必须遵循的共同方法。定性分析离不开一定的理论指导,定量分析则离不开数学和计算机手段。数学对于预测模型的建立与求解是必不可少的。要学好预测理论和方法,必须借助于微分学、线性代数、概率论、数理统计等数学知识。对于较为复杂的预测问题,还必须掌握计算机技术与其他相关的计算技术。

2. 市场预测

市场预测是对商品生产、流通、销售的未来变化趋势或状态进行的科学推测与判断。它是预测学理论与方法在经济领域的运用,集中表现在市场体系中的运用。

市场体系是商品交换的体系,在商品交换过程中中存在着市场主体和市场客体。市场主体是从事商品交换的主体,包括商品的供需双方及其中介,如生产商、中间商、消费者。生产商是商品的供应者,对生产商行为的趋势的预测,实际上就是对进入市场的商品资源量的预测。中间商既是商品的需求者,也是商品的供应者,是商品流通的中介,对中间商行为的预测可以分别纳入商品资源量与商品需求量的预测。消费者包括社会团体和个人,这其中既有最终商品与服务的消费,也有中间商品的消费,对消费者行为趋势的预测归根到底是对商品需求量的预测。就市场主体而言,对生产商、中间商、消费者行为趋势的预测,也就是对生产商市场、中间商市场和消费者市场的预测。

市场客体是进入市场用以交换的商品,包括作为最终消费需要的消费品与服务,以及满足生产经营活动需要的各种资源性商品。于是作为商品交易的场所与载体,便形成了消费品市场和生产要素市场,而生产要素市场则包括生产资料市场、金融市场、技术市场、劳动力市场、信息市场等等。无论是消费品市场或生产要素市场,所交换的商品无外乎实物性商品与非实物性商品两大类。消费品商品和生产资料商品通常为实物性商品。本书以讨论实物性商品的预测为主,当然其理论与方法也适用于非实物性商品的预测。在不同的商品市场里,在商品交换过程中,始终都存在着商品的供求关系与价格关系。通过供求关系与价格关系的调节以实现资源的优化配置和商品的合理流通。市场预测实质上就是对商品供求关系和价格关系变动趋势与未来状态的预测,以及由资源配置和商品流通引致的经济效益的预测。

3. 市场预测的特点

(1)预测工作的超前性

我们将预测对象的发展及相应的预测工作分解为三个时期:当期、观察期和预测期。

时间是无始无终的,而对预测对象的研究却是有限的。对预测对象研究的有限时段包括观察期、预测期和当期。当期事实上也是一个时域,例如一月、一季或一年,或约定的更长的一个时期。观察期与预测期,通常为当期的若干倍数。观察期的长短取决于对其历史的考察样本数取值的需要以及取得有效历史资料的可能性大小。对观察期作为历史考察所获历史资料构成时间数列,作为预测分析的事实依据,对当期作现状分析所取得的现实资料则是预测分析的出发点或基点。预测期的长短取决于预测目标的需要。对预测期做出的预测分析可以使我们把握预测对象的未来信息,为科学决策提供依据。可见,市场预测工作本质上就是在对预测对象做历史考察与现状分析的基础上,对其未来的发展趋势作超前性的分析,并提供准确的信息资料。

(2)预测信息的可测性

通过市场预测得到的关于预测对象的未来信息,通常可视为经营决策的目标,必须是可测度的、可量化的、可分解的。因此,作为市场预测的结果,一般均由可量化的指标来明确表达。

(3)预测内容的时空性

市场预测对象是在一定的时空中发生与发展的,关于预测对象的未来信息只能通过一定时间与空间特征反映出来并加以测度。市场预测的内容十分丰富,都有具体的时空特征。例如,某商品的市场需求量,就是特指某一时期内某一市场范围内的某商品的市场需求量;某商品的市场容量,就是指在某空间广度范围内和一定时间内,消费者对某商品的实际购买力等。对预测内容时空特性的理解有助于我们对预测方法做科学的划分和正确的选择。

(4)预测结果的近似性

此前我们强调过预测结果的科学性,为什么又要指明预测结果的近似性呢?指明其近似性正是其科学性的表现。导致预测结果的近似性有以下原因:

1)预测对象未来发展趋势影响因素的复杂性。影响预测对象未来发展趋势的因素是十分复杂的,是多元的、动态的,且主因与辅因、内因与外因彼此交织。因此只要外部条件发生某些变化,这种改变就经常表现为一个过程。

2)预测者对预测对象及其所处环境的认识的局限性。这种局限性表现在:第一,对复杂的影响因素此起彼落、此消彼涨不可能完全把握;第二,对外部条件随机变化引起的预测对象未来运行规律的变动难以控制;第三,预测对象未来变化趋势的规律性变化是一个过程,换而言之,其变化规律是逐渐显示出来的,而且被许多现象所掩盖,预测分析是在这一过程显示之前从已知推断未来,对过程的完全准确认识当然是困难的。

3)预测模型的非精确性。预测模型只考虑影响预测对未来变化的主要变量,而忽略了若干次要的变量,以此来简化运算。预测模型只能近似地反映客观情况,因而是非精确的。

指明预测结果的近似性丝毫不影响对预测结果的科学评价。市场预测工作要求将预测结果的误差限制在允许的范围之内,这是读者在以后学习各种预测方法时需要特别予以关注的。

4)预测分析的经验性。预测分析包括质的分析与量的分析,要求尽可能采用现代计算手段和先进的预测技术,即便如此,预测工作也不能排除预测工作者经验因素的影响,不能排除预测工作者其他主观因素的影响。因此,预测分析质量的高低,同预测者的个人经历、实践经验与综合素质密切相关。

1.2 市场调查与市场预测的区别与联系

"现代管理的重心在经营,经营的中心在决策,决策的前提是预测,预测的依据在信息,信息的来源在调查。"这大致反映了经营决策与市场预测、市场调查的逻辑关系。

不少企业或广告公司(包括专业调查公司)将市场调查与市场预测视为一体。事实上,市场调查与市场预测既有着十分紧密的联系,又有着实质上的区别。

1.2.1 市场调查与市场预测的联系

1. 市场调查与市场预测,是经营决策的基础和前提条件

面对复杂的经营决策问题,决策者能否成功、正确地决策,首先,有赖于市场调查和预测能否提供详尽的资料和科学的分析,因此可以说,市场调查与市场预测是企业经营决策的基础和前提。

2. 市场调查是市场预测的依据

市场预测是市场调查的继续,是根据市场调查得到的资料,对目前的市场需求和供应状态进行深入细致的分析和研究,对未来某一时期内市场对投资项目

所产生的产品需求情况进行预测,从而为项目决策提供依据。

1.2.2　市场调查与市场预测的区别

1. 两者的研究对象与内容有所不同

市场调查侧重于对现状与趋势的了解;市场预测则是对企业未来市场状况做出估计与判断。

（1）市场调查的对象及内容

市场调查通过运用科学的方法,系统地收集、记录、整理和分析有关市场的信息资料,从而了解市场发展变化的现状和趋势,为市场预测和经营决策提供科学依据。

①市场需求调查。重点调查本行业在市场上可能达到的最大销售量、本企业在市场上可能达到的最大销售量、影响商品需求的因素有哪些以及它们是如何变化的等等。

②用户及购买行为调查。主要调查:消费者的数量、分布;消费者的购买动机以及影响因素等。

③企业四大营销因素的调查。就是调查产品、价格、销售渠道和促销手段。

④宏观环境调查。调查宏观环境对企业和消费者的影响。

⑤竞争对手的调查（数量和实力）。调查对手的价格策略、销售渠道、促销方式和产品质量、性能等。

（2）市场预测的对象及内容

市场预测则运用各种信息和资料,通过分析研究,对企业未来市场状况作出估计和判断,并为企业正确决策提供依据。

①市场占有率预测;

②市场需求预测;

③商品预测（企业生产经营有无可靠的资源保证）;

④市场购买力预测;

⑤商品寿命周期预测;

⑥新产品发展预测（新产品发展方向、结构变化等）;

⑦商品价格变动趋势预测;

⑧商品库存预测;

⑨经营效果预测。

13

2. 两者的研究步骤与方法不同

1)市场调查的步骤：

①确定调查目标(确定所需要研究和解决的企业经营中的具体问题)；

②拟定调查计划(就是将调查目的和任务具体化)；

③初步情况分析(就是收集企业内外部的有关情报资料,进行初步情况分析)；

④深入现场调查；

⑤整理分析资料；

⑥写出调查报告。

市场调查的方法与技术有问卷调查法、询问调查法、观察法、实验调查法、态度测量表法等(详见第 4 章)。

2)市场预测的步骤：

①确定预测目标(目的和目标是什么)；

②收集预测资料；

③进行预测(选择预测方法、确定数学模型、进行预测分析等)；

④评价预测结果；

⑤提交预测报告。

预测的方法包括经验判断预测法、时间序列分析预测法、因果分析预测法等(详见第 7 章至第 10 章)。

1.3 市场调查与预测机构

1.3.1 市场调查机构及其职责

一般稍具规模的企业或广告公司都设有市场调查机构。市场调查与预测机构的名称按编制大小有所不同,如市场调查部、市场调查与预测中心等。企业或广告公司,通常将市场调查与市场预测机构合为一体,也有的将其分开为两个不同部门。不论其名称如何,市场调查与预测机构的职责大同小异。

其一,市场调查机构应备有判断和决定市场运营的必需资料。

其二,当拟订营销运作与广告投放计划时,市场调查机构必须参与作业,依据市场运营方针,协同策划人员、媒体以及广告创意人员,共同拟定营销方案和广告计划。

拟定营销方案和广告计划时,必须确认下列资料:

1)确认商品特性(功能、价格、设计、名称、包装);

2)确认市场占有率、普及率、生命周期、季节变动以及需要情形;

3)确定消费者对商品使用习惯、购买动机等心理因素;

4)确认商品流通状况;

5)为了拟定营销与广告战略,必须确定营销定位(市场区域、消费群体定位、广告定位);

6)媒体选择、媒体分配的必要资料;

7)营销费用、广告费用预算以及分配的必要资料。

这些资料仅系举例,实际上根据具体情况,可能还需要各种其他相关资料。收集以上资料,将其分析评价,协助营销策划部门,为企业或客户拟定正确的营销方案与广告计划,是市场调查(与预测)的主要职责。

当营销方案与广告计划确定并付诸实施之后,市场调查(与预测)单位通常还要进行销售效果测定、广告效果测定。

市场调查机构还经常会应企业要求,从事以下方面的调查与预测工作:

1)为开发新产品的市场运营调查;

2)为试验市场(Test marketing)进行市场调查与预测的策划、实施、分析;

3)市场规模与市场结构预测;

4)商品包装、广告作品测试;

5)广告商品试用调查;

6)消费者心理与消费者行为调查。

1.3.2 市场调查机构的组织形式

1. 企业本身的调查机构

如果一个企业规模庞大,常自己设立调查机构,专司调查工作。如美国福特汽车公司下设的市场调查机构(见图1.2所示)。

2. 独立的市场调查机构

这类机构具有较强的独立性,接受企业或其他社会主体的委托,可以代办市场调查与预测的有关业务。主要有以下种类:

(1)专业市场调查与预测公司

15

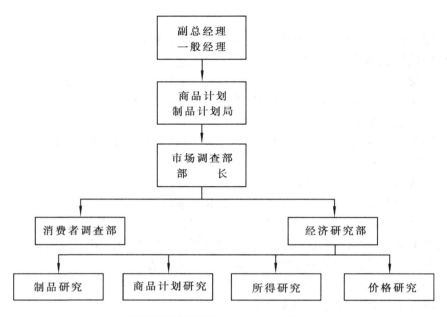

图 1.2　福特汽车公司的市场调查机构

专营市场调查业务。世界上比较知名的调查公司有麦肯锡、零点等调查公司和以预测见长的美国兰德公司(以预测朝鲜战争中"中国将出兵"而闻名于世)。这些公司经常承担大企业甚至政府的有关调查与预测项目,权威性很强。

(2)广告公司调查部门

一般稍具规模的广告公司,都设有调查部门。它们的服务对象为企业客户,一般都拥有精于市场调查的主管人员,甚至根据需要还储备大量训练有素的调查员。如日本的电通广告公司,不仅拥有全职的市场调查主管人员,而且还特约数百名 30~35 岁的家庭主妇,这些经过调查专业训练的特约调查员,一旦有调查项目,便聚而从事调查工作;若无调查项目时,则各自管理自家家务。她们除调查时按调查内容及数量按件计酬之外,每月还享受一定的津贴。

电通广告的调查机构如图 1.3 所示。

(3)管理咨询(顾问)公司

以企业管理咨询和企业经营顾问服务为主,但也经常兼办市场调查与预测业务。

(4)其他官方或民间机构

如国家和地方政府统计部门,都会进行一些特定的市场调查与预测工作,定期出版各类年鉴及其他统计资料。一些行业协会也经常发行行业资讯等统计资

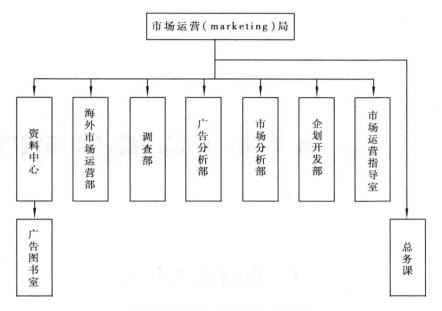

图 1.3　电通东京本部市场调查机构

料。因而,也拥有一些不同规模的调查机构。

思考题

1.1　什么是市场?

1.2　简述现代交换经济的流程结构。

1.3　什么是市场调查? 市场调查的目的和对象是什么?

1.4　什么是市场预测? 市场预测的特点有哪些?

1.5　简述市场调查与市场预测的区别与联系。

1.6　市场调查与预测有哪些机构?

第2章 市场调查分类与程序

2.1 市场调查分类

现代市场调查可以按不同标志进行分类,其划分的标志和划分目的在于清楚地把握现代市场调查的内容和特点。按照不同的分类方法,可将市场调查划分为不同的类型。

2.1.1 狭义的市场调查和广义的市场调查

根据市场调查的范围,可以划分为狭义的市场调查和广义的市场调查。狭义的市场调查,是指对市场消费包括生产性消费和生活性消费的需求所进行的调查。这种类型的市场调查,内容范围包括以下一些方面:

1)市场的销售量。通过对地区市场范围的销售量、潜在需求量、最大需求量(饱和需求量)的调查,进而分析企业的市场占有率及其变化,地区消费特点,以及开拓地区市场的可能性。

2)消费者爱好变化。对其调查的目的主要在于分析商品地区市场分隔化的动向,了解新的目标市场。

3)引起市场商品销售额变化的客观因素。对其调查的目的在于分析研究生产发展、商品价格变动、居民购买力提高等方面对市场商品销售的影响程度,并预测影响的发展方向。

4)城乡市场需求的变化。在于了解不同收入水平的消费者的商品需求结构、消费心理的变化。

以上各项市场调查,虽然各有侧重,但就其最基本的方面而言,主要是掌握市场商品销售量以及变化动态。

广义的市场调查,系指在狭义市场调查范围的基础上,再加上对产品的分析。这里所说的产品分析,不是生产部门对产品在生产过程中所进行的物理、化学上的分析,而是从商品使用价值和消费的角度对产品进行分析。例如,对进入流通领域的产品的性能、形状、规格、质量和使用便利程度、色彩、价格等进行调查分析。进行产品分析,是一项非常有意义的市场调研工作。它有利于促使生产企业适应消费者需要,改进产品的设计和生产,有助于发现老产品的缺陷及改进要求,还会为新产品开拓市场,促进新产品的推广和普及。

2.1.2 市场调查类别划分依据及其相应分类

由于主体、客体、范围、时间、功能等方面所存在的差异,市场调研有不同的类型,并表现出不同的特征。

1. 按市场调研的主体进行分类

（1）企业的市场调研

企业是市场调研的主要主体。在经营过程中,企业必然经常对各种营销问题做出判断和决策,从而需要进行市场调研。本书的叙述是以企业为主体展开的。当然,这并不妨碍本书内容对其他市场主体,即个人或其他社会组织的适用性。

（2）政府部门的市场调研

政府部门在社会经济活动中承担着管理者和调节者的职能,在许多情况下,还从事某些直接经营活动。无论是执行管理和调节职能,还是直接从事经营活动,都需要了解和掌握充分的市场信息,为此,政府部门经常需要开展市场调研活动。一般而言,政府部门的市场调研所涉及的范围比较大。

（3）社会组织的市场调研

各种社会组织,如各种协会、学会等学术团体,各种中介组织,事业单位,群众组织,民主党派等,为了学术研究、工作研究、提供咨询等需要,也会组织开展一些市场调研活动。这种市场调研通常具有专业性较强的特点。

（4）个人的市场调研

个人也是一类市场调研的主体。某些个人由于种种原因,也需要进行市场调研。例如,某些个体业主,由于个体经营上的原因,需要了解相关的市场信息,从而进行市场调研活动;另外,有些研究人员、消费者为开展研究或进行个人决策也需要了解有关市场信息,从而引发一定范围的市场调查、市场研究活动。但这类调研活动一般而言,其范围较小,运作也欠规范。

2. 按市场调研的范围分类

（1）专题性的市场调研

专题性的市场调研(简称专题调研),是指市场调研主体为解决某个具体问题而进行的对市场中的某个方面进行的调研。这种市场调研具有组织实施灵活方便、所需人力物力有限、对调研人员的要求相对较低的优点。但是,它所提供的信息具有某种局限性,市场调研主体无法仅凭此对市场进行全面了解。在许多情况下,当企业或其他市场调研主体需要对某些涉及面有限的具体问题作出决策时,只要专题调研所提供的信息能保证满足决策所需,专题调研就是合理的选择。事实上,大多数市场调研都是专题调研。

（2）综合性市场调研

综合性市场调研(简称综合调研),是指市场调研主体为全面了解市场的状况而对市场的各个方面进行的全面调研。相对于专题调研而言,综合调研涉及市场的各个方面,提供的信息能全面地反映市场的全貌,有助于市场调研主体正确了解和把握市场的基本状况。但是,由于这种市场调研涉及的面广,组织实施比较困难,不仅需要投入相当多的人力物力,费时费钱,而且对调研人员的要求也相对较高。一般而言,这种市场调研只有在必要时才组织实施,在实践中应用较少。

3. 按市场调研的功能分类

（1）探测性调研

探测性调研是一类为了掌握和理解调研者所面临的市场调研问题的特征和与此相联系的各种变量的市场调研。

顾名思义,探测性调研是通过对一个问题或一种状况进行探测和研究达到对其的了解。

（2）描述性调研

描述性调研是结论性调研中的一种。顾名思义,描述性调研的主要目标是针对市场调研问题,通常是对市场的特征或功能,调研问题的各种变量等作尽可能准确的描述。描述性调研所要了解的是有关问题的相关因素和相关关系。它要回答的是"什么"、"何时"、"如何"等问题,并非要回答"为什么"的问题。所以,描述性调研的结果通常说明事物的表征,并不涉及事物的本质及影响事物发展变化的内在原因。它是一种最基本、最普通的市场调研。

（3）因果关系调研

是结论性研究中的一种,其目的是要获取有关起因和结果之间联系的证据。因果关系研究的目的包括下述内容:

1）了解哪些变量是起因（独立变量或自变量）,哪些变量是结果（因变量或响应）。

2）确定起因变量与要预测的结果变量间的相互关系的性质。

4. 按调研的对象分类

可以分为消费者市场调研、生产者市场调研、消费者及其购买行为调研、广告调研、形象调研、产品调研、价格调研、销售渠道调研等。

5. 按市场调研的区域范围分类

可以分为地方性市场调研、地区性市场调研、全国性市场调研、国际市场调研等。

6. 按调查的目的、样本、数据收集及分析的特点分类

可分为定量调查与定性调查两类。

1）定量研究是要寻求将数据定量表示的方法,并要采用一些统计分析的形式。一般考虑进行一项新的调研项目时,定量研究之前常常都要以适当的定性研究开路。有时候定性研究也用于解释由定量分析所得到的结果。调查法是定量研究的主要方法。

2）定性研究是探索性研究的另一主要方法。调研者利用定性研究来定义问题或寻找处理问题的途径。在寻找处理问题的途径时,定性研究常常用于制定假设或是确定研究中应包括的变量。有时候定性研究和二手资料分析可以构成调研项目的主要部分。因此,掌握定性研究的基本方法对调研者来说是很必要的。有关定性研究除了可以帮助调研者理解潜在的理由和动机之外,利用定性研究分析的原因还有如下几点:

①不是在所有情况下都有可能采用完全结构式的或正规的方法去获取被调查者的信息的;或即使有可能,但调研者并不想采用这些方法。例如,被调查者可能不愿意或不能回答某些问题,由于这些问题侵犯他们隐私、让他们为难或对他们的自我形象有消极作用。如,"你最近购买过卫生巾吗?"和"服用过治疗焦虑的药品吗?"之类的问题。

②被调查者有时候可能对一些涉及下意识的问题无法提供准确的答案。下

意识的一些动机、欲望等往往是以合理性或自我防护等形式隐蔽起来的。例如，某人可能为了克服自己在素质上低于别人的一种感觉而购买了一套昂贵的西服。不过如果被问及"你为什么要购买这套西服?"时,他可能会说,"因为我最近赚了一大笔钱"或"我的旧西服坏了"。在这些情况下,利用上述定性研究方法可能更容易得到想要的信息。

定性研究法包括直接法和间接法两种。其中,直接法包括小组座谈会法、深层访谈法;间接(又称投影技法)法包括联想技法、完成技法、结构技法、表现技法等。

2.2 常见的市场调查类型

2.2.1 消费者市场调查和生产者市场调查

根据调查的对象和商品消费的目的,可以分为消费者市场调查和生产者市场调查。

这里所说的消费者,系指以满足个人生活需要为目的的商品购买者和使用者,是商品的最终消费者;而生产者市场,则是指为了满足加工制造等生产性活动需要而形成的市场,按照我国的习惯,通常称为生产资料市场。

这两个市场,不论是从购买商品的对象和所购买的商品,还是从购销活动的特点上分析,都有所不同。

消费者市场的商品购买者是消费者个人或家庭,市场购销活动对象主要是最终产品——生活资料。购买活动有一定的弹性,这个市场的购买者一般都缺乏较专门的商品知识,而且服务质量的高低,对商品销售量影响很大。

生产者市场的购买者主要是生产企业、单位,购买的商品多为初级产品和中间产品,或者为生产资料。购销活动具有定期、大量和缺乏一定弹性的特点,这是因为许多生产过程需要特定的原材料,否则不能生产出合格的产品或有一定特征的产品;同时,生产者市场的购买者多具有专门知识,有固定主见,不是轻易可以说服的。

2.2.2 批发市场调查和零售市场调查

以销售渠道作为研究对象,从流通领域的环节来看,有批发市场调查和零售市场调查。这两种市场实质上是中间商的市场,与生产者市场和消费者市场有所区别。它们的购销活动,一头与生产者有关,一头与消费者有关,购销活动目的是为了商品转售。

批发商的职能是把社会产品从生产领域输送到流通领域。它的经营特点是每次交易数量大、金额多。搞好批发商业经营对于促进商品流通、保证市场商品供应,具有十分重要的意义。如果不能准确了解市场信息,批发商业将承担更大的经营风险。批发商业市场的重要性还在于,它是商品进入流通领域的第一个环节,如果不掌握市场信息,盲目做出商品购销决策,对企业、对社会都将带来经济上的巨大损失或浪费。因此,在市场调查中,要重视批发市场调查,广泛了解商品批发市场信息,指导批发商业企业购销业务活动。

零售市场直接面对消费者,商业企业的经营活动很多与零售市场息息相关。即使是一些生产者,在自销商品中,也与零售市场发生紧密的联系。零售市场变化影响着许多企业的经营管理决策,因此在市场调查中要重视对零售市场的调查。

23

2.2.3 经常性市场调查、定期市场调查和临时性市场调查

按调查的时间划分,有经常性市场调查、定期市场调查和临时性市场调查。

经常性市场调查又称不定期市场调查。企业在市场营销活动中,需要随时根据市场变化,不断地调整经营管理决策。为了满足科学决策的要求,掌握必要的市场信息,就要经常开展市场调查活动。按照企业管理、经营决策的要求,每次调查的时间、内容都不是固定的。

定期调查,是指企业针对市场情况和经营决策的要求,按时间定期所做的市场调查。它的形式有月末调查、季末调查、年终调查等。通过定期调查,分析研究一定时间内企业经营活动的内外部情况,以便科学地认识市场环境,定期按计划指导业务经营活动。

临时性市场调查,又称一次性调查。企业投资开发新产品,开拓新的市场,建立新的经营机构,或者根据市场某些特殊情况而开展的临时性的市场调查活动。这种调查可了解市场的基本情况,如市场范围、规模、交通条件、竞争对手

等。一般说来,这类信息变化不十分频繁,在一定时间有某种相对稳定性。而这些情况又是开展经营活动的前提,所以,针对这些问题作一次性调查,将市场基本情况信息存入"管理档案",是十分必要的。

2.2.4　探索性调查与描述性调查

根据调查的正式性,可以将市场调查分为探索性调查与描述性调查。

1. 探索性调查

(1)涵义

探索性调查是通过非正式的调查来选择调查的方法。调查课题提出之后,调查人员可能对问题关键和调查的范围一下子抓不住,难以有的放矢地进行调查,这就需要根据初步发现的问题作进一步的探索,从而缩小调查的范围。

例如销售人员的分配问题,通用的办法是奖金与企业的经济效益挂钩。但调查人员可能会进一步提出各种具体的解决办法,如奖金与销售额挂钩,奖金与利润挂钩或实行承包等。如果研究所有的方法,那么调查成本可能会太大,因此可以针对这个机构的特点,了解职工感兴趣的方法是什么,并以此做出调查的假设:①从提高职工积极性来增加销售量来看,有效的办法是报酬与销售额直接挂钩;②从提高企业经济效益来研究,较好的办法是奖金与企业经济效益挂钩比较有利。要肯定哪种方法既对企业最为有利,又为职工所欢迎,就要借助于探索性调查。

探索性调查的资料主要来自对不同对象的访问。例如,内部人员包括管理人员、销售人员、广告人员、业务人员和各类专业人员;外部人员包括顾客、广告代理人、产品设计人员和竞争对手。零售商与产品的使用者最接近,最能提供有用的信息。内部研究资料也是一个重要来源。

(2)探索性调查的功能

从上面的分析可以看出,当研究者对所要研究的问题或范围不甚熟悉,无法确定究竟研究些什么问题时,就应采用探测研究去分析问题,以指定假设,为进一步调查明确方向。

因此,探索性研究主要功能在于确定问题之所在。至于究竟如何去解决问题,则有赖于作进一步的调查,例如用描述性调查或因果关系调查来收集资料就是为解决问题提供依据。

探索性调查可以系统地阐述一个市场营销问题,更确切地定义一个市场问题,识别可供选择的行动方案,探寻关键的变量和主要的联系,为探寻解决问题的途径提供信息,为进一步调研打好基础,等等。一般而言,当市场调研人员对所要解决的问题尚无足够的了解,而不能有效推进调研项目的进展时,探测性调研往往是必要且卓有成效的。通常,探测性调研的作用在于发现问题的端倪,而不能有效揭示问题的本质。所以,探测性调研大都作为一个大型的市场调研项目的开端。

（3）探索性调查的特征

探测性调研具有一些明显的特征。从所需的信息资料看,该类调研往往处于调研活动的初期,对所需的信息还只能有一个大致的定义,不能给出明确的规定;调研的过程富有弹性,所选的样本规模较小,且并不强调其代表性;获取的信息资料仅作为反映事物本质的定性信息;调研结果应被视作尝试性的,或作为进一步调研的基础。

总之,灵活性和多样性是探测性调研的特征。常规的市场调研方案和程序很少被全盘采用。严密设计的调查表、大规模的样本、随机抽样技术等亦很少采用。相反,调研人员调研过程中需随时捕捉各种信息,形成新的概念和理念。因而,调研的重点有可能经常变换。调研人员的创造性和才智在调研中起着重大的作用。

调研一般采用简便易行的调查方法,如第二手资料的收集,小规模的试点调研,定性调研,专家或相关人员的意见集合等。

2. 描述性调查

（1）涵义

描述性调查是对市场历史与现状的客观情况如实地加以反映的一种调研方法。这种调查要注意掌握大量丰富的第一手资料,要注意全面系统地收集、整理市场信息,并对客观资料做出实事求是的认真分析,将分析结果如实叙述表达,从而起到描述市场现状的作用。

大量的市场调查活动都属于描述性调查,像下面的一些调查任务:①估计在某一人群中具有特定行为者所占比例。例如通过消费者调查估计乐于在仓储式商场中购货者所占比例;②对某一商业性指标进行预测。例如对我国刚刚出现的"城市高尔夫球"休闲活动的发展前景的预测。通过调查了解今后5年内该运动在城市居民和旅游者中的受欢迎程度,从而预测出今后5年内运动器材的需求量;③描述某一组别的特征。例如,在已取得某一商品的使用者的资料的基础上可以总结出"平均使用者"的收入水平、性别、年龄、受教育程度等方面基本特征。

（2）描述性调查的"6个W"

25

开展描述性调查的首要问题要搞清楚应该向谁发问、问些什么、何时发问、在什么场合发问、为什么问这些问题,以及如何提出这些问题。由于这些疑问词的英文字中都含有"W"这个字母,所以被总称为描述性调查的"6个W"。

假定某家商城即将开业,商城的经理想知道人们会如何光顾他的商城,这就需要做一项描述性调查。在此之前,有下面几个问题有待明确:

①什么样的人被认为是"光顾者"? 是任何一个进了商城的人都算数吗? 如果有的人只是进来看看新商城是什么样子就离开,怎么算? 或许"光顾者"应该定义为进来后至少买了点什么东西的人。接下来要解决的是,"光顾者"是按家庭计,还是按个人计,而不管几个人是否来自同一家庭的情况?

②"光顾者"的什么特征应列入调查的测量项目? 除了他们的年龄、性别之外,是否还要加上他们住在哪儿以及他们又是如何得知商城开业消息的?

③具体在什么时刻向"光顾者"做调查? 是在购货时,还是购货后? 这项工作是在开业的头几周做,还是稍晚一点等情况稳定下来再做? 如果目的在于了解消息传递的影响,那就得等一段时间,使消息和影响有个作用过程。

④应该在什么地方做调查? 是在店内,在店外,还是到"光顾者"家里去问?

⑤为什么要调查这些事项? 是否要使用这些测量结果制定一项促销战略? 如果是这样,重点似乎应该放在人们是如何获悉这一消息上面。如果调查目的在于获取信息以决定要在另外什么地方再开一座商城,那么工作就应该偏重于商城的地域辐射力问题。

⑥如何测量"光顾者"的这些特征? 是向他们发放问卷,还是直接观察其购物行为? 这种测量是否能使用严格的尺度?

上述这些问题并非是要思考的问题的全部。当然,其中一些问题的答案已经隐含在指导本描述性调查的假设当中。其他问题则需要让调查者再花精力去思考,或者靠搞一个预调研,乃至于探索性调查来回答。无论如何,在诸如此类的"6个W"问题没搞清楚之前,不应该展开描述性调查。

(3)描述性调查的适应情形

描述性调研通常被用于下述情形:

1)描述相关群体的特征。例如,描述消费者、销售人员、组织、地区市场等的特征。若要对某类商品的购买者进行调研,应将其归类为经常购买者、一般购买者、偶尔购买者等不同的类型。

2)确定消费者或顾客对产品或劳务特征的理解和反应。例如,确定消费者对产品的质量、价格、款式、品牌等的理解以及这些因素对其购买决策的影响。

3)估计某个特殊的群体在具有某种行为特征的群体中的比重。如,估计白领阶层中在购物时使用信用卡者的比重。

4)确定各种变量对市场营销问题的关联程度。例如,确定商品房开发与装饰材料的需求之间的关系等。

(4)常见的描述性调研

常见的描述性调研有:

1)市场分析研究。主要是对市场的基本状况,包括市场的结构、市场规模、市场供求、消费者及其行为、市场竞争等的调研分析。

2)销售分析研究。主要是对企业产品的销售情况,包括产品的市场份额、在不同地区的销售、不同产品线的销售、产品的销售变化趋势等的调研分析。

3)产品分析研究。主要是对企业产品的基本状况,包括产品的品质、特征、市场生命周期、使用功能和发展趋势、消费领域和模式等的调研分析。

4)销售渠道研究。主要是对商品流通中的商流、物流形式、流通环节,中间商的类型、数量、地理分布等的调研分析。

5)价格分析研究。主要是对市场上商品的价格水平、价格变动、定价方法以及消费者和顾客对价格变动的反应等的分析研究。

6)形象分析研究。主要是对企业的总体形象、人员形象、产品形象等的分析研究。

7)广告分析研究。主要是对各种广告媒体的特征、受众对媒体的反应等的分析研究。

描述性调研需要有一套事先设计好的计划,有完整的调研步骤,并对调研问题提出最后的答案。对调研所需的信息资料需作明确定义,样本规模应较大,并有代表性。对资料来源需作仔细选择,要有正规的信息收集方法。一般而言,描述性调研的信息来源很多,几乎各种来源的信息都可用于描述性调研,调研的方法也可包括各种类型。

与探测性研究比较,描述性调查需有一事先拟定的研究计划,准备所需收集的资料,明确收集资料的步骤。由于描述性调查的目的在于对某一专门问题得出答案,因此在研究设计方面应较探测性的研究设计更为精细,以减低调查误差。

2.2.5 因果性调查

1. 因果性调查的涵义

和描述性研究一样,因果关系研究也需要有方案和结构的设计。描述性研究虽然也可以确定变量间联系的紧密程度,但是并不能确定因果关系。要考察因果关系必须将有些可能影响结果的变量控制起来,这样,起因变量对因变量的影响才能测量出来。研究因果关系的主要方法是实验法,当然还有些高级的统计方法可以用于检验因果关系的模型。例如为了检验包装(自变量)对销售量(因变量)的影响,可将同类商店随机地分为两组,分别出售新包装的商品和原包装的同种商品,最后再进行比较。

虽然因果关系研究的方法与其他研究方法不太相同,但也不应将其孤立起来看。事实上,在许多调研中,探索性的研究、描述性研究和因果关系研究的设计都是相互补充的。

因果性调查是侧重于了解市场变化原因的专题调查,分析市场上各种变量之间的因果关系,以及可能出现的相关反应。如销售量、市场占有率、成本、利润等与价格、广告费用、推销策略、产品开发、消费者的收入、平均消费支出水平及消费环境诸因素之间的因果关系,以及它们相互制约、相互影响可能给市场带来的变化。通过调查分析,获得可靠的因果目标,找出因果的直接和间接的关系,以达到控制其因,获得其果的目的。

2. 因果关系研究的主要目的

在市场研究方面时时遇到一些"为何"的问题,例如,为什么消费者在同类产品中比较喜欢甲牌子? 上半年销售减少的主要原因何在? 广告与销售之间的因果关系如何? 价格与销售之间的因果关系如何?

因果关系研究的主要目的在于确定各有关变量之间的关系,通常而言,销售即为最典型的因变量,其余的因变量有市场占有率、成本、利润等。而自变量则为企业本身可以控制的市场推销变量,亦称为"市场变量组合",例如价格、广告支出、个人销售、分销路线等,皆为企业本身自己可以加以控制的变量,又称内在变量;而在企业的市场环境中,却有许多不能控制的变量,又称外在变量,例如政府法令、竞争者的广告支出与价格、消费者的收入、嗜好的转变等变量,显然非企业所能控制。

因果关系研究的主要目的在于了解以上这些变量对某一个因变量(例如销售量)的关系。在描述性研究中已收集了自变量与因变量的资料,也指出其间的相互关系,但究竟是何种关系,则为因果关系研究的任务。就以影响销售的因素而言,可有很多,究竟何者为决定性因素,因果关系研究应给予解答。近几个月销售的增长是否因广告支出的增加所造成? 从描述性研究的资料来看,销售与广告支出显然有关联,不过有关联不一定就表示两者之间有因果关系,可能是竞争牌子的品质转坏或销售组织效率过低所造成的影响。就算销售与广告支出有关联,但何者为因? 何者为果? 销售增加是否一定为广告支出增加所影响? 反之,也可说广告支出的增加是因为销售增加的结果,因为有些企业的广告支出费用是根据其销售数值的某一固定百分比而拟定的,果然如此,销售增加便为因,而广告支出则为果了。究竟两者的真正关系何在,则是因果关系研究应解答的问题。

2.3 市场调查程序

市场调查是一项复杂、细致的工作,涉及面广,对象不稳定,为了整个调查工作有节奏、高效率地进行,使调查取得良好的预期效果,必须加强组织工作,合理安排调查的程序。市场调查是一种科学的工作方法,必须尊重科学、尊重客观规律。不同类型的市场调查,虽然程序不尽相同,但从基本方面分析,大致要经过以下步骤,即:明确市场调查的主题、范围和目的;制定调查计划;调查实施;分析结果;提交调查报告。如表2.1。

表 2.1　市场调查基本步骤

序号	阶段划分	内容
1	调查立项阶段	明确市场调查的主题、范围和目的
2	调查计划阶段	制定调查计划
3	调查执行阶段	调查实施
4	调查分析阶段	分析结果
5	调查报告阶段	提交调查报告

2.3.1 调查立项——确定主题、范围和目的

1. 调查主题

由企业单位所提出的调查主题,一般是问题范围广泛,或者没有经过审慎考虑。事实上,任何市场调查都是为了探测企业本身市场运营上存在的问题,针对问题症结所在探寻正确答案。因此,为了保障调查能获得一个正确的结果,必须先确定问题症结之所在。因此,调查策划阶段首先必须确定调查主题。

调查主题的确定,直接影响到调研收集资料的范围,如果范围界限不清,调

查中就可能出现资料信息收集不全或信息杂乱、资料庞杂、收集资料范围过大等问题。市场调查所涵盖的领域,包括市场运营的各个方面:①分析市场的大小。必须详尽了解市场最大的需求量,并获知市场中竞争者的地位,并对比检核自己的产品或服务在众多竞争者之中,所占有的分量与地位;②分析特定市场的特征;③分析不同产品或服务的市场规模及其倾向。

2. 调查范围

确定调查范围,一般可以从地区上确定市场的区域范围,从商品使用对象上确定调查的群体范围。

3. 调查目的

确定调查范围后,还要研究本次调查的直接目的,或者提出这次调查要解决的主要问题。一般可以采用设问法来进行。如:①这次为什么要作调查? ②想要调查什么情况? ③了解情况后有什么用途? 如果自认为能准确回答上述问题,那么,这次调查就有了进行活动的必要依据,就能期望获得良好效果。

2.3.2 制定调查计划

30

市场调查计划(或调查活动方案)的内容包括:①调查主题与调查目的;②调查地点、调查时间、调查人员、调查对象;③调查的具体项目;④调查费用预算;⑤用何种方法调查。制定调查计划之后,要做好相应的准备工作,如培训调查人员、印制调查表格等。

市场调查方案设计通常是由计划书来体现。计划书起草一般由市场调查公司项目主管负责完成。

2.3.3 调查实施

这个阶段主要是开始全面广泛地收集与调查活动有关的信息资料。在实际调查中,要根据各种不同调查方法的要求,采用多种形式,由调查人员分头开展调研活动。有关市场调查的基本方法将在后面章节详细讲述。

1. 问卷设计

无论是问卷调查法,还是询问调查法、观察法、实验调查法、态度测量表法,都要涉及问卷设计。问卷是迄今用于收集第一手资料的最普遍工具。

一般来说,一份问卷是由向被调查者提问或征求他们回答的一组问题所组成。问卷可以非常灵活,它有着许多提问的方法。问卷需要认真仔细设计、测试和调整,然后才可大规模使用。问卷设计不佳,必然影响到调查的结果。具体要求详见第五章第一节。

2. 实地调查

在确定调查的主题、范围和目的,并制定调查计划、设计印刷问卷之后,就进入实地调查阶段。这一阶段首先必须进行访员(调查执行人员)的挑选和培训,随后进入到实地调查活动的执行。

(1)访员(调查执行人员)的挑选和培训

同一个调查,由于访员的素质不一,性格、观念、偏见、思想等的不同,往往会影响调查结果。因此,在选择访员时要考虑调查的性质、收集数据的具体方法,尽量选择能与被调查者相匹配的访员。

通常访员必须具备如下条件:①敬业、诚实可靠、有责任心;②对调查工作有热情、感兴趣,愿意接触社会;③仪表大方,性格外向;④客观公正,不存偏见;⑤有较高的文化素质和必要的市场调查知识。

发达国家一般采用的典型访员为35至54岁之间的已婚妇女,要求有中等以上文化水平和中等以上的家庭收入。我国调查业刚刚起步,专访人员不多,经常聘用大学生为兼职访员。

为了使访问工作有效和高效,对访员进行训练是必要的。训练内容包括态度培训、技能培训、问题处理培训、项目操作指导和训练。训练的方法包括讲解、模拟训练、实际操作训练等。

(2)实地调查操作

实地调查操作以问卷访问和调查最为常见。

在实施实地调查的过程中,必须严格执行调查计划,循序渐进、客观求实,有效控制进程,务求在保证真实性和系统性的前提下,在预定时间内顺利完成工作。

问卷访问调查中,访员必须严格按照要求调查,通过既定的抽样方案选择样本,不得擅自更改抽样条件,把自己认识或认识自己的人作为样本进行访问。另外,在市场研究公司、广告公司以及在与调查课题有关的行业(如竞争者)里工作的人,通常被排除在可调查样本之外。访员在调查时应严格筛选,以确定每一个符合要求的样本。

在填写问卷时,访员必须保持中立态度,忠实而准确地记录被访者答案。问卷是市场研究员精心设计和测试的,问卷中的每个问题及措辞都有着特定的理由,因此访员必须根据问卷的要求对被访者进行访问,不得任意删改问卷。要根据问卷上问题的语句发问;根据问卷上问题的顺序发问;对问卷中每一个规定的问题都要发问等等。对于开放式的问题,访员必须将被访者的回答在不改变人称、语态的前提下尽量逐字逐句记录下来,即用被访者的话记录下来。

通常实地调查的工作管理采用督导员(Supervisor)负责制,即督导员对访员进行监控与管理,同时负责问卷的回收与检查工作。检查访员是否按指定的方法调查,是否按指定的样本访问,并检查问卷是否有漏答现象,相关问题是否出现前后矛盾等。如果发现取样错误或不实回答,立即指示访员或更换访员,重新调查。

回收问卷,督导员态度必须严谨;否则,不仅影响统计,对于调查结果也会导致重大误差。因此,在回收问卷时,一定要尽量设法发掘没有按照指定方法调查,或以不正确方式调查的问卷。常用方法如下:

1)指示访员填写基本资料,然后再查对预先备好的样本名册。

2)规定访员填写样本的联络地址和办法,以便进行查对。

3)问卷中可以设计根本不可能被样本接受的项目作为测谎题,在回收问卷时,针对特别设计处多加留意,如发现有多数样本犯同样的错误,则表示未按指定的方法访查。

4)事后利用电话、回邮明信片或亲自前往等方式对样本进行核对,通常选取总样本数的 15% ~20% 作为复核的样本数。

为了避免实地调查中出现这样那样的问题,有必要在访员培训时,详细说明问卷回收、检查以及访员的管理办法,并强调特别需要留意之处。如果实施中发现问题,督导员应及时调整、修正,以免延误调查进度。

3. 二手资料收集

二手资料是指借助渠道和媒介获得的信息情报。包括市场面的资讯、竞争对手资讯、竞争环境资讯;对手产品和服务的种类、质量、价格和信誉等情报;对手领导者才能、生产工艺现状、经营管理水平、新产品开发能力、人才状况等情报;对手生产经营发展战略、经营管理近期动向、新产品开发计划、产品和服务促销新想法等方面的资料。

获取二手资料的渠道和媒介包括剪报、新闻媒体、网上搜索、相关部门提供、交流、采买等。具体如下:

1)对报纸、期刊、书籍进行采集,有目的性收集分类资讯;

2)网络搜索、浏览专业网站;

3)购买以赢利为目的的数据资料供应者提供的相关资料;

4)政府相关的部门机构提供的资料;

5）电视、电台、灯牌等新闻媒体反应的资讯。

2.3.4 分析结果

在这个阶段,调查人员将分头收集到的市场信息资料进行汇总、归纳和整理,对信息资料进行分类编号,然后对资料进行初步加工。比如进行统计汇总、计算出各种比例,并制成各式统计图表,根据调查方案规定的要求,按统计清单处理数据,把复杂的原始数据变成易于理解的解释的资料,并对其给予全面系统的统计和理论分析。

2.3.5 提交调查报告

撰写调查报告是市场调查的最后一个环节,是形成调查结论的环节。这个环节就要运用到大量市场信息,分析问题,观察市场,然后撰写调查报告。调查报告一般有两大类型:一种是专业报告,读者对象是市场研究人员,内容要求详尽,并介绍调查的全过程,说明采用何种调研方式、方法,对信息资料怎样取舍,怎样得到调查结果等;另一种是一般性调查报告,它的读者对象是经济管理部门,职能部门的管理人员,企业的领导者。这种报告要求重点突出,介绍情况客观、准确、简明扼要,避免使用调查的专门性述语。

市场调查的几个步骤是必需的,但有时几个步骤不是简单地机械地排列,有时调查的步骤有简有聚,甚至有交叉,又有跳跃,我们在实际调查中要注意这一点。

思考题

2.1　市场调查是如何分类的?

2.2　消费者市场调查和生产者市场调查各有何特点?

2.3　什么是探索性调查?什么是描述性调查?

2.4　什么是因果性调查?

2.5　简述市场调查的基本程序?

第 3 章 抽样调查

按一定方式从调查总体中抽取部分样本进行调查,用所得的结果说明总体情况的市场调查,即抽样调查。抽样调查属于非全面调查,它与全面调查各有其优缺点,故抽样调查有其存在的必要性及自身的优越性。在市场调查中,如何合理、经济的确定一个抽样数目即样本容量,使之既满足抽样误差的要求,又能使抽样调查所需成本费用尽量最小,是人们在抽样设计时必须考虑的一个问题。抽样调查可以分为随机抽样和非随机抽样两种。随机抽样包括简单随机抽样、系统抽样、分层抽样、判断抽样、配额抽样及滚雪球抽样等。

3.1 抽样调查与设计的涵义

3.1.1 抽样调查的概念

随着数理统计理论的发展和现代计算机技术的普及,抽样调查已成为现代市场调查中普遍采用的科学调查方式。

抽样调查,是指从调查总体中抽取一部分单位作为样本进行调查,然后根据样本调查结果来推断总体情况的方法,是一种非全面调查。抽样调查能够在节省人力、物力、财力消耗的同时,较快地取得同市场普查大致相同的效果。

抽样调查按照调查对象总体中每一个样本单位被抽取的机会(概率)是否相等的原则,可以分为随机抽样和非随机抽样两类。随机抽样调查是指按照随机原则抽取出样本的调查,即在总体中抽取调查单位时,完全排除了人为的主观因素,使总体中的每一个调查单位都有相等被抽中的机会。随机原则,即等概率原则,一方面可使抽出来的调查单位的分布有较大的可能性接近总体分布状况(如年龄、职业、文化程度等);另一方面可有助于调查者准确地计算抽样误差,并有效地事先加以控制,从而提高调查结果的准确性。非随机抽样不遵循随机原则,是指根据调查者的主观意愿和判断去选取样本,其抽样误差无法计算和控制,也无法用样本的定量资料来推断总体。但随机抽样简单易行,尤其适用于探测性研究。

3.1.2 抽样调查的必要性和优越性

1. 抽样调查的必要性

抽样调查属非全面调查,与抽样调查相比,全面调查可以使人们对调查的对象有全面的了解。如果对每一个调查对象的调查结果都确实无误,且在实际调查过程中,调查对象既没有遗漏也没有重复,数据在各级汇总中也未出现任何差错,那么由全面调查所得的最后结果则是精确可靠的。但是全面调查也有其自身的局限性:需要耗费大量的人力、物力、财力;调查所费的时间长;当调查对象是无限(或数量极大)时或调查所用的测试方法带有破坏性时,就根本不能采用全面调查。故抽样调查有其存在的必要性。

首先,抽样调查能解决全面调查无法解决或很难解决的问题。在我们的生产生活中有许多现象是无法进行全面调查的,例如对无穷时间序列的调查。当我们要了解某一生产过程是否正常,生产过程本身就是连续不断的发展过程,而且包含着未来无穷总体,这是无法进行全面调查的;又如对具有无限取值的总体我们也无法进行全面调查,如要了解某型号炮弹的射程,理论上说它的射程有无限多种数值,自然不能作全面调查。以上都是对无限总体而言,都必须采用抽样调查。有的虽然属于有限总体,但是必须进行破坏性或消耗性试验才能了解情况,例如灯泡的使用寿命试验、轮胎的里程试验、纤维的拉力强度试验等都是破坏性的试验,而花生的出油率试验、种子的发芽率试验等都是属于消耗性试验,都无法进行全面调查,而只能采用抽样调查。许多有限总体由于单位很多,而且又过于分散,要进行全面调查在人力、时间方面都满足不了要求,如城乡居民生活消费水平的调查等,这时就需要利用抽样调查方法。

其次,抽样调查和全面调查各有自己的特点和优势,在许多场合两者可以同时采用,分别进行,发挥互相补充和核对的作用。如人口调查,对于基本的少数的项目进行全面调查,而对详细项目则实施抽样调查,这样就可以获得全面而且充分的人口调查资料。为了对某些专题进行更深入的研究,可以在全面调查基础上采用专题的抽样调查。如在人口普查基础上又进行千分之一人口生育率的抽样调查,这是对人口普查中有关生育资料的补充。两种调查的相互核对作用,是由于抽样调查是在小范围内进行,数字比较准确可靠,可以用来修订全面统计数字。如人口普查在普查填报和复查工作完毕后,按照规定抽出一定比例的人口数,重新进行调查,用以测算普查的重复和遗漏的差错率,据此修正普查数字。

再次,抽样调查可以对某种总体的假设进行检验,来判断假设的真伪,为行为的决策提供依据。由于事物的发展变化多少有随机性和不确定性,因而人们为某种目的而采取的行动,常常是在缺乏充分依据的情况下作出的判断,这样就面临冒一定风险的抉择问题,借助于抽样原理可以计算和控制误差,考虑尽可能减少错误,获得正确的决策。如对某一种新药物是否推广、成批生产,当然首先取决于它的疗效是否显著,但疗效对于每个人都受到随机因素的影响,所以我们需要对这一药物的疗效是否显著做出一定的假设,然后根据抽样调查结果,来检验所作的假设是否成立,并做出抉择,使自己的行动获得成功。

2. 抽样调查的优越性

抽样调查与其他调查方法相比,有自身的优越性。

首先是调查的经济性。由于抽样调查的调查单位少,组织灵活方便,工作量大大减轻,调查、登记和汇总等工作都可以专业化,因而节省了大量的人力、物力和费用开支。特别是对于调查的总体范围很大,调查单位较分散,情况很复杂时,抽样调查比全面调查更显示出节约消耗、提高效果的优越性。

其次是抽样调查的时效性。抽样调查组织专业队伍,直接抽取样本,进行现场观测,减少调查之间环节,可以迅速地取得所需资料,提高时效,及时满足预测、决策的需要。如市场信息变化、工业产品成批生产过程的质量检验、民意调查等对统计资料时效性要求较高,在这种情况下只有采用抽样调查才能随时掌握调查对象变化情况资料。

再次是抽样调查的准确性。抽样调查调查的单位少,调查人员经过专门培训,思想认识上和业务技能等方面有所提高,调查方法采用自上而下进行实地调查,并且采用随机原则抽取样本,排除了主观因素影响,提高了样本的代表性。对抽样误差也可通过科学方法有效地加以控制,从而保证抽样调查质量,提高调查资料的准确性。

最后是抽样调查的灵活性。抽样调查组织方便灵活,调查项目可多可少,调查范围可大可小,既适用于专题的研究项目,也适宜于经常性的调查。根据需要,随时都可以组织实施。

3.1.3　样本容量的确定

样本是抽样总体的简称,是从调查总体中抽选出来的所要调查的全部对象。在抽样设计中,最经常出现的一个重要问题就是抽选多少个调查对象,即样本容量的确定问题。从理论上讲,样本容量大,调查样本数目多,有利于提高调查结果的准确性,减少误差,但过分增加样本数目又会在人力、财力和时间上造成不必要的浪费,导致调查成本费用过高;样本数目少,可以节省时间和费用,但对总体的推断可能会产生较大误差,调查结果的准确程度降低。所以,在市场调查中,如何合理地、经济地确定一个抽样数目,使之既满足抽样误差的要求,又能使抽样调查所需成本费用尽量最小,是人们在进行抽样设计时必须考虑的一个问题。

样本容量的确定,可以从极限抽样误差估算公式推导而得。极限抽样误差,又称允许误差,是指以样本推断总体时,允许有多大范围的抽样误差。即用一定的概率可以保证抽样误差不超过某一给定范围 Δ,这个给定范围就是极限抽样误差。计算方法是用概率度 t 与抽样误差 μ 之积求得。其计算公式为:

$$\Delta = t\mu$$

式中　Δ——极限抽样误差;

　　　t——概率度;

　　　μ——抽样误差。

由于在总体中抽取样本的方法有两种,即重复抽样和不重复抽样,两者因在抽样方法上不同,抽样误差大小会不同,故所抽取的样本容量大小也不同。

重复抽样,是指从总体中随机抽出一个样本单位进行调查登记后,把这个样本仍放回总体中去,再从总体中抽取样本单位。在抽样过程中,总体单位数不变,被抽中的样本仍有同等的机会再被抽中;不重复抽样,是指从总体中随机抽出一个样本单位进行调查登记后,不再把这个样本放回到总体中去。即任何单位一经抽出,就不会再有第二次被抽取的可能性。在抽样过程中总体单位数是逐渐减少的。

下面介绍在简单随机抽样方式条件下,确定样本容量的计算方法。

1. 平均数指标样本容量的计算方法

1)重复抽样时的计算公式:

我们已经知道，$\Delta_x = t\mu_x$，因为 $\mu_x = \sqrt{\dfrac{\delta^2}{n}}$，

故有
$$\Delta_x = t\sqrt{\dfrac{\delta^2}{n}}$$

所以
$$n = \dfrac{t^2\delta^2}{\Delta^2 x}$$

式中 δ^2——总体方差；

n——样本单位数。

2）不重复抽样时的计算公式：

由于 $\Delta x = t\mu_x$，$\mu_x = \sqrt{\dfrac{\delta^2(1-\dfrac{n}{N})}{n}}$

故有
$$\Delta_x = t\sqrt{\dfrac{\delta^2(1-\dfrac{n}{N})}{n}}$$

所以
$$n = \dfrac{t^2\delta^2 N}{N\Delta_x^2 + t^2\delta^2}$$

式中 N——总体单位数。

2. 成数指标样本容量的计算方法

成数就是在总体中具有某一特征的样本单位数占总体单位数的比重，用 P 表示。

1）重复抽样时的计算公式：

由于 $\Delta_p = t\mu_p$，$\mu_p = \sqrt{\dfrac{p(1-p)}{n}}$

故有
$$\Delta_p = t\sqrt{\dfrac{p(1-p)}{n}}$$

所以
$$n = \dfrac{t^2 p(1-p)}{\Delta_p^2}$$

式中 μ_p——成数的抽样误差；

p——成数。

2）不重复抽样时的计算公式：

由于 $\Delta_p = t\mu_p$，因为

$$\mu_p = \sqrt{\dfrac{p(1-p)}{n}(1-\dfrac{n}{N})}$$

故得
$$\Delta_{\text{p}} = t \sqrt{\frac{p(1-p)}{n}\left(1 - \frac{n}{N}\right)}$$

所以
$$n = \frac{t^2 N p(1-p)}{N\Delta_{\text{p}}^2 + t^2 p(1-p)}$$

抽样调查合理的、经济的抽样样本容量的大小一般受以下几个因素的影响：

①总体各单位之间标志差异程度的大小。如果总体各单位之间的标志差异程度小，可以确定较少的样本数目。因为总体中有关问题的特征差别小，较少的样本，也可以反映出母体的情况；如果总体各单位之间的标志差异程度大，则要在允许和可能的条件下，确定较多的样本数目。因为特征差别大，较少的样本难以反映总体情况。

②允许误差的大小。允许误差愈小，抽样数目应愈多；抽样允许误差越大，抽样数目可适当减少。允许误差的大小取决于调查的目的、要求、人力和经费等，通常是由调查者在设计抽样调查时根据实际情况而定的。

③抽样方式和方法。一般情况下，简单随机抽样和整群抽样比系统抽样和分层抽样所需的样本单位数要多；重复抽样则比不重复抽样的样本单位数要多。

④市场调查中调查表的回收率。确定样本数目时，在回收率可能低的情况下，要适当加大样本数目。

3.2　随机抽样

随机抽样(random sampling)，也称概率抽样，是指在总体中按随机原则抽取一定数目的单位进行观察，用所得的样本数据推断总体指标。它的特点是以概率论与数理统计为基础，首先按照随机原则从总体抽选调查样本，使调查母体中每一个子体均有被选中的可能性即机会均等。这种抽样方法排除了主观上的随意性，避免人为的干扰和偏差，使样本更具客观代表性；其次，可以根据资料推算被研究总体的情况，从而可以较为迅速地取得同全面调查大体一致的结果，并可对由于抽样引起的误差——抽样误差进行估计，在调查之前就将抽样误差控制在允许的范围内，因而可以获得估计的精度。鉴于这两个原因，随机抽样是最科学、应用最广泛的一种抽样方法，因此，只要有可能，就应尽量采用随机抽样。

根据调查对象的性质和研究的目的不同，随机抽样又可分为：简单随机抽样、系统抽样、分层抽样、整群抽样等。

3.2.1　简单随机抽样

简单随机抽样(simple random sampling),又称纯随机抽样,即在抽样之前,对总体单位不进行任何分组、排列等处理,完全按随机原则直接从总体中抽取样本。简单随机抽样是抽样中最基本也是最简单的方式,它适用于均匀总体,即具有某种特征的单位均匀地分布于总体的各个部分。在市场调查实践中,采用的简单随机抽样方法有抽签法和随机数表法。

1)抽签法。将总体每个单位编上序号(1,2,…,N),并把号码写在纸片上,掺和拌匀后从中抽选,若要抽 n 个样本单位,就抽取 n 张纸片,纸片上的号码所对应的单位就为样本单位。这种方法看起来简单易行,在总体单位数不多时采用。

2)随机数表法。在抽样调查中,如果总体单位数很多,那么编号作签的工作量很大,也很难掺和均匀,使用不方便。因此,更经常是利用《随机数表》来抽选必要的单位数。

表 3.1　随机数表(部分)

03	47	43	73	86	36	96	47	36	61
97	74	24	67	62	42	81	14	57	20
16	76	62	27	66	56	50	26	71	07
12	56	85	99	26	96	96	68	27	31
55	59	56	35	64	38	54	82	46	22
16	22	77	94	39	49	54	43	54	82
84	42	17	53	31	57	24	55	06	88
63	01	63	78	59	16	95	55	67	19
33	21	12	34	29	78	64	56	07	82
57	60	86	32	44	09	47	27	96	54
18	18	07	92	45	44	17	16	58	09
26	62	38	97	75	84	16	07	44	99
23	42	40	64	74	82	97	77	77	81
52	36	28	19	95	50	92	26	11	97
37	85	94	35	12	83	39	50	08	30

随机数表又称乱数表,是把 0~9 的 10 个数字,按随机原则和编码位数的要求(如二位一组、三位一组、四位、五位甚至十位一组),编制成的一张表。这个表内任何号码的出现都有同等的概率。

对已编好号码的全部总体单位,按编号的最大位数确定使用随机数表中的列(或行)数字,然后从表中任意列(或行)开始,向纵向(或横向)画线取数,碰上属于总体单位编号范围内的数码,就取定为样本单位。若抽样是按不重复方法进行,这时有遇到重复出现的数字时就不选取它,按表中顺序继续取下去,直到抽取够预定的样本单位数为止。

为便于说明问题,从《随机数表》中取出一部分,用事例加以说明。

假定,欲从某一区 50 户居民中,抽取 10 户居民对某种商品的需求量进行调查。首先要将总体 50 户居民按 1~50 编号。这里编号最多是两位数字,故从随机数表中任意选定二列,假定选中的第一个数是 59(即第五行第 3,4 列),按从左到右顺序取数,选 10 个 1~50 之间的不同数(当遇到大于 50 的数时均跳过),获得的 10 个样本编号分别是:35 38 46 22 16 22 39 49 43 42。如果总体单位很多,只要把数字列数增加就行了,如从 500 户居民中抽取 10 户,则从《随机数表》中任意取 3 列数字为计算单位,按一定顺序取数,如选定的第一个数是 467(即第二行第 6,7,8 列),若按从上到下顺序取数,获得的 10 个样本编号分别是:467 227 378 234 064 435 269 394 315 297。显然随机数表法比抽签法简化了,它免去了对每个总体单位做签的过程,这在总体单位数较大时,尤其显示出它的方便。

简单随机抽样的优点是:方法简单,易于理解,直接从抽样框中随机抽取样本,抽取概率相同,计算抽样误差及总体指标比较方便。但是这种方法在市场调查的实践应用中受到许多条件的限制,存在一定局限性:①当总体很大时,对总体中每一单位逐一编号非常难做到;②当总体的标志变异程度很大时,简单随机抽样的代表性就不如经过分组后再抽样的代表性高。因此,简单随机抽样方法适用于总体单位数量不大,并满足抽签、编号要求的总体,或均匀总体,即具有某种特征的单位在总体中分布均匀、单位之间的差异性较小的总体。

3.2.2　系统抽样

系统抽样(systematic sampling),也称等距抽样或机械抽样,是指事先将总体各单位按某一标志排列,然后依固定顺序和间隔来抽选样本的一种抽样方法。

设总体有 N 个单位,现在需抽取一个容量为 n 的样本,可以将总体单位 N 按一定标志排序编号,然后确定样本的间距,每个样本的间隔均为 K,$K = N/n$(按四舍五入取整数)。最后,从 1 至 N/n 之间抽取一个号作为样本,再从这个样本算起,加上样本间距 K,即为第 2 个样本的号码,依此类推,直至整个样本数抽取完为止。

如某企业对购进的 10 000 台电视机的质量进行调查,计划抽取 400 台作为样本调查,总体编号是 1 ~ 10 000,样本间距 $K = 10\ 000/400 = 25$,然后从 1 ~ 25 中任意抽取一个数为样本,假定为 8,那么第 1 个样本是 8,则第 2 个样本为 $8 + 25 = 33$,依此类推,一直抽够 400 台为止。

在系统抽样中,用作总体各单位顺序排列的标志,可以是无关标志,也可以是有关标志。所谓无关标志是指排列的标志和单位变量数值的大小无关或不起主要影响作用。例如,抽样调查的目的,是研究职工的家庭生活情况,而将职工按姓氏笔画多少的标志排列;有关标志是指排列的标志和单位变量数值大小有关。例如,研究职工的家庭生活情况,将职工按收入多少顺序排列。由此可见,按有关标志排列实质上是运用分层抽样的一些特点,有利于提高样本的代表性。采用有关标志排列系统抽样的前提条件是:在调查前,必须搜集取得与调查项目有关标志的全面资料,用以作为排队抽点的依据。当然,这样的资料愈是接近调查对象即总体的实际情况,用以排队抽出来的样本单位的代表性也就愈强。

系统抽样是实际中常用的抽样方法之一,该方法简单易行,容易确定样本单位,并且能够使样本较均匀分布在总体各部分,不会过分集中在某一阶段,从而有利于提高样本的代表性。不过系统抽样也有其突出的缺点:系统抽样的总体排列顺序固定,且第一个样本单位的位置确定后,其余单位的位置也随之确定了。当总体单位的变量值呈周期性变动时,如果抽样间隔 K 恰等于周期或者是周期的整数倍,使用系统抽样的效果会很差。如果随机起点为第一段中的高峰值,则以后各段中都是峰值;反之,如果第一段中抽取低谷值,则以后各段中都是谷值,因为样本中所有的值很接近,样本均值可能大大偏高或偏低,从而根据这个样本计算出来的抽样误差会低估实际的抽样误差。所以,当总体分布呈周期性变动时,应避免使用系统抽样法,改用别的抽样方法效果会更好些。

3.2.3 分层抽样

分层抽样(stratified sampling),又称类型抽样或分类抽样,是指将总体单位按某一标志(调查对象的属性、特征等)划分为若干层,然后再从各层中用随机方法抽取样本,而不是在总体中直接抽取样本。

分层抽样的关键是分层(类)的标准要科学,要符合调查总体的实际情况。在分层时必须注意以下几个问题:一是,必须有清楚的分层界限。分层的结果必须是每个单位都归属于一定的层,不允许同一单位既可属这一层,又可属另一层,不允许相互交叉或者遗漏;二是,必须知道各层中的单位数目以及各层占总体的比重;三是,分层的数目不宜过多,否则将失去分层的特性,不便于在每层中抽样。

当市场调查对象总体情况较复杂,总体内各单位间差异大且分布不均匀,单位数量较多时,采用分层抽样比直接采用简单随机抽样的代表性要高,抽样误差要小。采用分层抽样,可以把差异程度大的各单位划分为性质、属性相近的若干层(类),使层(类)内的各单位差异程度小于层之间的差异程度。在不同层中分别抽取样本,能使样本分布更接近于总体的分布,从而提高代表性,减少抽样误差。这种方法实际上是分层与简单随机抽样的结合。常用的方法有:分层比例抽样、分层最佳抽样、最低成本抽样。

1. 分层比例抽样

分层比例抽样是指分层后,按随机原则根据各层中单位数量占总体单位数量的比例抽取各层的样本数量。单位数多的层应多取样,单位数少的层则少取样。

每层抽取的样本数计算公式为

$$n_i = \frac{N_i}{N} n$$

式中　n_i——第 i 层抽出样本单位数目;

　　N_i——第 i 层的总单位数;

　　N——总体单位数;

　　n——总体样本数。

上式中的 N_i/N 即第 i 层中单位的数量占总体单位数量的比重。

[例3.1]　设某市有各类型书店 500 家,其中大型 50 家,中型 150 家,小型 300 家。为了调查该市图书销售情况,现计划从中抽 30 家书店调查,采用分层比例抽样法应从各层中抽取多少家书店调查?

解

根据分层比例抽样公式,大型书店应抽取的样本数为

$$n_大 = \frac{50 家}{500 家} \times 30 家 = 3 家$$

中型书店应抽取样本数为

$$n_中 = \frac{150 家}{500 家} \times 30 家 = 9 家$$

小型书店应抽取样本数为

43

$$n_小 = \frac{300\ 家}{500\ 家} \times 30\ 家 = 18\ 家$$

确定了各层的样本数后,即可按简单随机原则从各层中抽取预定的数目的样本,进行销售情况调查,最后推算出各层情况,再汇总成总体销售情况信息。

分层比例抽样法适用于各层之间虽有差异,但层内各单位间差异较小的情况。如果每层各单位差异过大或各层的标准差过大,则不宜采用分层比例抽样法确定调查样本数目,可考虑采用分层最佳抽样法。

2. 分层最佳抽样

分层最佳抽样,又称不等比例分层抽样,它不仅按各层中单位数占总体单位数的比例分配各层样本数,而且还根据各层的标准差的大小来调整各层样本数目的抽样方法。该方法既考虑到各层在总体中所占比例的大小,又考虑了各层标准差的差异程度,有利于降低各层的差异,使样本的配置更合理和有效。

各层样本数的计算公式为

$$n_i = \frac{N_i S_i}{\sum N_i S_i} \times n$$

式中　n_i——第 i 层抽出的样本数目;

　　　N_i——第 i 层总单位数;

　　　S_i——第 i 层的标准差,标准差 $= \sqrt{\dfrac{离差平方和}{样本数}}$;

　　　n——总体样本数。

[例3.2]　仍用上例。设上例中,各类型书店图书销售额的标准差估计值分别为:大型 20 000 元;中型 8 000 元;小型 5 000 元。按照最佳抽样法应从各层中抽取多少家书店进行调查?

解

依照分层最佳抽样法,各层应抽取样本数分别为

$$n_大 = \frac{50 \times 20\ 000}{50 \times 20\ 000 + 150 \times 8\ 000 + 300 \times 5\ 000} \times 30\ 家 = 8\ 家$$

$$n_中 = \frac{150 \times 8\ 000}{50 \times 20\ 000 + 150 \times 8\ 000 + 300 \times 5\ 000} \times 30\ 家 = 10\ 家$$

$$n_小 = \frac{300 \times 5\ 000}{50 \times 20\ 000 + 150 \times 8\ 000 + 300 \times 5\ 000} \times 30\ 家 = 12\ 家$$

各层中的标准差估计值,反映的是各层的每一个子体值和平均值之间的差异。如果某层中各子体特征比较接近,差异较小,从理论上说,则标准差就小,那

么少抽取一些数目的样本,仍可以代表、反映该层的大致情况;反之,如果差异大,则标准差就大,那么就需多抽取一些数目样本才具有代表性。

3. 最低成本抽样

最低成本抽样法是在考虑统计效果的前提下,根据费用支出来确定各层应抽取样本数。对于费用较大的层,相对来说取样少一些;而费用较低的层,则可以多取样。即它既考虑到抽样的统计效率,使样本对总体的代表性高,同时又考虑到抽样的经济效益(即调查费用支出问题),节省调查费用。

最低成本抽样法各层抽取样本数的计算公式为

$$n_i = \frac{N_i S_i / \sqrt{C_i}}{\sum (N_i S_i / \sqrt{C_i})} \times n$$

式中 n_i ——第 i 层抽出样本数目;

N_i ——第 i 层总单位数;

S_i ——第 i 层的标准差;

C_i ——第 i 层每一单位的调查费用;

n ——总样本数目。

[例3.3] 仍用上例。现假设对不同类型书店进行调查,每调查一大型书店需调查费用600元,中型书店需500元,小型书店需400元,其他情况不变。按照最低成本抽样法,则各层应抽取的调查样本数分别为

$$n_大 = \frac{(50 \times 20\,000) / \sqrt{600}}{\dfrac{50 \times 20\,000}{\sqrt{600}} + \dfrac{150 \times 8\,000}{\sqrt{500}} + \dfrac{300 \times 5\,000}{\sqrt{400}}} \times 30 \approx 7$$

$$n_中 = \frac{(150 \times 8\,000) / \sqrt{500}}{\dfrac{50 \times 20\,000}{\sqrt{600}} + \dfrac{150 \times 8\,000}{\sqrt{500}} + \dfrac{300 \times 5\,000}{\sqrt{400}}} \times 30 \approx 9$$

$$n_小 = \frac{(300 \times 5\,000) / \sqrt{400}}{\dfrac{50 \times 20\,000}{\sqrt{600}} + \dfrac{150 \times 8\,000}{\sqrt{500}} + \dfrac{300 \times 5\,000}{\sqrt{400}}} \times 30 \approx 14$$

3.2.4 整群抽样

整群抽样(cluster sampling),是指先将总体按一定的标准(如地区、单位)分为若干群,然后根据随机原则从总体中抽取部分群体,对抽中的群体内所有单位

进行全面调查的抽样调查方法。

整群抽样对总体划分群的基本要求是：首先群与群之间不重叠，即总体中的任何一单位只能属于某个群；其次，全部总体单位毫无遗漏，即总体内的任一单位必属于某个群。对于总体中各群内所包含的单位数可以是相同的，也可以不相同；最后，群的划分应尽可能使群与群之间的差异小，而群内差异则愈大愈好。这样，每个群都具有足够好的代表性。如果所有的群都相似，那么抽少数就可获得相当好的精度；反之，若群内的单元比较相似，而群与群之间的差别较大，则整群抽样的效率就低。

整群抽样与分层抽样的相似之处在于，它们都是首先根据某种标准把总体划分为若干层（群）。两者的区别在于，分层抽样分成的各层彼此之间差异明显，而每层内部差异很小；整群抽样正好相反，分成的各群彼此差异不大，而每群之内差异明显。从抽取样本方式上看，分层抽样每层都按一定数目抽取样本；而整群抽样是抽总群中的若干群，抽出的群全部为样本。两种抽样方法如图 3.1 所示（以城市居民家庭收入为例）。

图 3.1

整群抽样方法适用于被调查的总体在群体间差异性小，而无法确立分层标准时采用。整群抽样方法的最主要优点是：抽中的样本单位比较集中，调查起来比较方便，节省人财物力和时间。其缺点：正是因为以群为单位进行抽选，抽选单位比较集中，极大地影响了在总体中各单位分配的均匀性。因此，整群抽样和其他抽样方法比较，在抽样单位相同的条件下，抽样误差大，代表性较低。但当群内单位间的差异性大，而群与群之间差异性小时，采用此法可以提高样本的代表性。

在一些较大的市场调查中，调查的组织者在对调查总体中各单位情况不甚了解的情况下，可采用整群抽样法，以地区分群进行抽样。

简单随机抽样、系统抽样、分层抽样、整群抽样四种随机抽样方法各有利弊，选择什么方法抽样要根据调查对象和目的要求,并考虑有效、便利、经济性来确定。抽样调查方法若选择适当,抽选的样本对总体的代表性强,既能缩小抽样误差,也便于组织实施。

3.3 非随机抽样

随机抽样的优点是排除了市场调查中调查者的主观影响,从而使样本具有客观性;可以进行统计检验,抽样误差小,精确度高。但随机抽样要求市场调查人员具有较熟练的技术水平和丰富的工作经验,且调查时间长,费用高。因此,如果对调查总体不甚了解或调查的总体过于复杂,或为了快速获得总体一般性质方面的信息,或对某一突发事件的现场调查,在这些情况下往往采用非随机抽样。

非随机抽样,是指在抽样时不遵循随机原则,而是由调查者根据调查目的和要求,主观设立某个标准从总体中抽选样本的抽样方法。这种抽样方法虽然没有使总体的每个单位都有同等被抽取的可能,带有主观性,会对总体推断的可靠程度产生影响,但这种方法操作方便,可及时取得所需的信息资料,省时省力,若使用得当,能对市场调查总体有较好的了解,抽样调查同样能获得成功,因此在市场调查中也常采用这种方法。非随机抽样方法,主要有方便抽样、判断抽样、配额抽样、滚雪球抽样四种方法。前三种为单阶段抽样方式;后一种为多阶段抽样方式。

3.3.1 方便抽样

方便抽样,又称任意抽样、偶遇抽样,是指调查者根据调查方便在总体中随意选取样本的方法。如在街头向过路行人作访问调查;在柜台销售商品过程中对购买者进行调查;在剧院、车站、码头等公共场所,任意选择某些人进行调查。

方便抽样法的基本理论依据是,认为总体中每一样本都是同质的,因而把谁选为样本进行调查,其调查结果都是一样的。但事实上,并非总体中每一样本都是相同的,有的样本之间差异较大,属于异质事物,在这种情况下,则不宜采用方便抽样法。

方便抽样是非随机抽样中最简便、费用最省的一种方法,获得市场信息快。但只有在调查总体单位差异较小的情况下,才有代表性;否则抽样偏差大,其结果可信程度低。一般用于非正式的探测性调查,正式市场调查中采用这种方法较少。

3.3.2　判断抽样

判断抽样,又称目的抽样,是指调查者根据主观经验判断选定样本的一种非随机抽样法。例如,某批发商要调查各零售商销售其产品的情况,批发商经理根据其本人的判断,选定一些具有代表性的零售商作为调查对象。在市场调查实践中,很多典型调查,像企业管理水平、市场商品消费结构调查、居民家庭收入调查等,都可采用判断抽样来决定样本。还有,制定市场物价指数、选定商品目录和地区样本,也可采用判断抽样法进行。

判断抽样法在样本规模小及样本不易分门别类挑选时有较大优越性,样本调查结果回收率高、简便易行。但同时也易于发生由于主观判断偏差而引起抽样偏差的情况,抽样误差也无法计算。

判断抽样的样本代表性高低,完全取决于调查者对被调查总体了解的程度和自身的知识、经验和判断能力。如果调查总体规模较小,调查者对调查对象的特征了解得较清楚,那么判断抽样所选择的样本的代表性较高,其主观判断的偏差也小,因此判断抽样法一般适用样本数目不多的调查。

3.3.3　配额抽样

配额抽样,又称定额抽样,是指依据调查总体中的某些属性特征(控制特性)将总体划分成若干层,依据各层次样本在总体中的比重分配样本数额,然后有抽样者主观选定样本单位。

从以比例为抽样基础的来看,配额抽样法与分层抽样法类似,但是在各层内的样本抽取方法上有区别:分层抽样法各层内是按随机原则抽选样本;而配额抽样则是由抽样者在各层内主观判断抽选样本的。

应用配额抽样的理论依据是,认为性质相同的调查对象相互间差异很小,因此不必按随机原则只需用任意或主观抽样就可以了。

在实践中,采用配额抽样法抽选样本,简便易行,费用低廉,所需调查时间少,可以较快获得调查结果,并能保证样本在总体中分布均匀。只要调查的项目设计得当,分析方法正确,所获得的调查结果也会较可靠。但配额抽样法也存在一些不足之处:调查抽样人员可能为方便起见或资料不足而选择的样本过于偏重于某一层;同时因配额抽样并非用随机方式抽选出样本,故不能估计出抽样误差。

根据配额抽样分配样本数额时的作法不同,又可分为两类:独立控制配额抽样和相互控制配额抽样。

1. 独立控制配额抽样

独立控制配额抽样是指根据调查总体的不同特性,分别独立地按各类控制特性(如年龄、性别、收入等)分配样本数额,而对样本单位在各类控制特性中的交叉关系没有作数额上的限制。

这种方法的优点是,使调查者在判断抽选样本时有较大的机动性。缺点是调查人员可能会因为一时的方便,选择样本过于偏向某一层,从而影响样本的代表性。

例如,某市进行电冰箱消费需求调查,已确定样本总数为300人,控制特性为年龄、性别、收入三种。用独立配额抽样,分层情况如下:

表3.2 独立控制配额抽样分配表

年龄		性别		月收入	
60 岁以上	40 人	男	150 人	2 000 元以上	60 人
50~60 岁	50 人			1 500~2 000 元	70 人
40~50 岁	80 人	女	150 人	1 000~1 500 元	80 人
30~40 岁	80 人			500~1 000 元	50 人
30 岁以下	50 人			500 元以下	40 人
合计	300 人	合计	300 人	合计	300 人

独立控制配额取样,从表3.2中可以看出,对年龄、性别、收入三项控制特征分别规定样本数目,而各表之间的交叉关系没有作出规定。如从60岁以上的年龄段抽取40人,但对其性别、月收入方面没有明确规定。因此,在调查者具体抽样时,抽取不同年龄段的消费者,无需顾及性别和月收入标准。同样,在抽取不同性别或月收入的消费者时,也不必顾及其他两个标准。

2. 相互控制配额抽样

相互控制配额抽样是指在各类控制特性分配样本数额时,要考虑到各类型之间的交叉关系。采用交叉分配的办法安排样本数。仍按上例,表3.3是三种分类标准交叉关系的样本分配数表,即对年龄、性别、月收入这三项特征同时规定样本分配数。

表 3.3 相互控制配额抽样样本配额表

	2 000 元以上		1 500 ~ 2 000 元		1 000 ~ 1 500 元		500 ~ 1 000 元		500 元以下		合计
	男	女	男	女	男	女	男	女	男	女	
60 岁以上	4	4	5	5	6	6	3	3	2	2	40
50 ~ 60 岁	6	6	7	7	8	8	5	5	4	4	50
40 ~ 50 岁	8	8	9	9	10	10	7	7	6	6	80
30 ~ 40 岁	8	8	9	9	10	10	7	7	6	6	80
30 岁以下	4	4	5	5	6	6	3	3	2	2	50
合计	30	30	35	35	40	40	25	25	20	20	300
总计	60		70		80		50		40		

从表 3.3 中可以看出,相互控制配额抽样分配样本数目时,是将各类控制特性综合在一起安排的,调查人员只要按样本配额数抽取调查单位,样本对总体的代表性就强。例如,50 ~ 60 岁的被调查者应有 50 人,其中:月收入 2 000 元以上男女各 6 人,1 500 ~ 2 000 元男女被调查者各 7 人,1 000 ~ 1 500 元男女各 8 人,500 ~ 1 000 元男女各 5 人,500 元以下男女各 4 人。

根据实践经验,采用配额抽样法大致有四个步骤:

1)确定控制特性,即决定调查对象的分层基础或标准,如收入、年龄、性别、职业、地区、文化程度等。控制特别的选定,应依据市场调查目的、调查对象的性质和客观环境条件而定;

2)根据控制特性将总体分层,并确定各层数目总体中的比例;

3)根据各层数目在总体中所占的比例来决定各层的样本数;

4)进行配额分配。根据已确定的各层样本数目,由市场调查人员分配数额,在样本数额内自由选择调查对象进行调查。

3.3.4 滚雪球抽样

滚雪球抽样,是指抽样者先找出少数几个个体,通过对这些个体调查了解其他个体,由已了解别的个体去发现认识更多的个体。这就像滚雪球一样,调查到的个体越多,就得到越接近总体的真实的估计。它是在不知道总体的情况下,力求通过抽样调查来了解和估计总体的状态。

滚雪球抽样三个基本前提：

（1）具有此种特征的样本在总体中所占的比例很低，采用其他任何方法不但成本高，而且不容易得到足够的样本数量。

（2）样本之间一定要有互动、互相联系的特点。

（3）样本不集中、较分散。

滚雪球抽样是一种非随机的多阶段抽样，具体的操作方法如下：

①选取少量的样本，一般是具有某种与调查目标有直接关系特征的调查对象。

②对第一阶段的样本进行调查，然后请被调查者推荐其他的作为进一步调查的样本。

③对第二阶段的样本进行调查，然后再请被调查者推荐第三阶段调查对象。以此类推，直到达到调查者认为满意的调查数量为止。

思考题

3.1 什么叫抽样调查？

3.2 相对于市场普查，抽样调查有何优越性？

3.3 抽样调查的样本容量如何确定？

3.4 什么叫随机抽样？它包括哪几种抽样方法？

3.5 什么叫非随机抽样？它包括哪几种抽样方法？

3.6 简单随机抽样有何优点及局限性？

3.7 系统抽样存在什么缺点？

3.8 分层抽样的几种方法有何不同？

3.9 分层抽样与整群抽样有何区别？

第4章 市场调查的方法与技术

4.1 问卷调查法

4.1.1 调查问卷的概念及特征

市场调查问卷是收集市场信息的工具,是一份精心设计的调查提纲,是一套印刷在纸上的问答题目。采用问卷进行市场调查是国际通行的一种作业方式,也是我国近年来最流行的一种调查手段。现代市场调查问卷最基本的特征可以概括为"四易",即易于回答、易于记录、易于整理统计和易于辨别回答的真伪。这些基本特征主要表现在以下几个具体方面:

1. 问卷主题突出,问题关联紧凑

现代市场调查问卷重点突出、紧凑,没有多余的问题;问卷把调查主题分解为不同的类别和细目,每个问题的询问形式都具体、清楚,问题之间既不重复,又相互关联。一个好的市场调查问卷就是一个完整的理论体系。

2. 问卷形式多样,简明易懂易读

现代市场调查问卷大都采用封闭式问题设计,列出完备的可能答案,尽可能让被调查者少写字。这既可提高调查效率,又可使回答者采取使用的态度。在需要回答者书写时,除留有足够空间外,还经常采取图文并茂的提问方式,以提高回答者的兴趣。

3. 问卷用语准确规范,注意被调查者的身份和思维习惯

现代市场调查问卷充分尊重被调查对象的社会阶层、行为规范等社会文化特征,采取过滤性问题设计技术,使答者感到问题提法有礼貌,不唐突,能回答。此外,在问题顺序排列上,注意到时间、类别顺序等,使之尽量符合答者的思维习惯。

4. 问卷尽可能采用高级别的测量尺度

现代市场调查问卷测量精度高,在可能的情况下尽量采用较高级别的测量尺度,获得较多的信息,以便于以后的统计分析。如在询问年龄时,可直接问"您的出生年份是＿＿＿＿年"。

5. 问卷设计严密,注意质量控制性问题

现代市场调查问卷在设计时要注重对回答质量的控制,将实质性问题与控制性问题相结合,将同类备选答案的顺序适当调整,并通过对问题间的逻辑关系分析等手段,以求达到能够对草率应付或乱答的问题给予识别。

6. 问卷格式整齐,编码规范

现代市场调查问卷多采用前编码技术,设计题目与编码同步进行,使问卷所载信息易于整理和统计。

4.1.2 调查问卷设计的理论基础

高质量的市场调查问卷的首要条件是能够准确把握市场调查主题,使提出的问题既相互独立又相互联系,既简单短小,又内容完整,形成一个能够和其他资料接口的体系。因此,需要精心设计和反复筛选。这也需要设计者有多方面的基础知识。从市场调查方法角度看,其中两种基础知识是基本的,即建立假设和提出操作定义知识以及测量尺度理论知识。前者关系到问卷项目结构的完整性和严密性;后者则是选择具体提问角度和方式的基础,关系到收集到信息的质和量。

1. 提出假设和下操作定义

提出假设是总结探索性研究结果的有效方法,是直接与设计问卷有重要关联的前奏性工作。所谓提出假设是指问卷设计应依据一定的市场学理论或市场现象,得出对于有关本次市场调查主题的"因素"或"概念"之间关系的推测性判断。在设计初期,设计者应尽可能列出所有想到的假设,并以清楚的文字表述出

来。书写假设的方式可以多样,经常使用的有三种类型。

1)条件式假设。格式为:如果 A 则 B。

2)差异式假设。格式为:不同的 A 则 B 不同。

3)函数式假设。格式为:B 是 A 的函数。如果想指出这两者之间共变关系的方向,则可写为:B 是 A 的递增(减)函数。

当列出所有可能的假设之后,就可得到本次市场调查项目的基本框架。该框架中可能包含一些需要通过查阅文献等非询问方式收集市场信息的项目,经筛选排除后,就得到了本次调查问卷的基本项目结构。这种问卷项目结构不仅紧扣市场调查主题,而且指明了要与哪些非调查问卷所包含的项目相连接,得到设计者的充分注意。例如,当一项市场调查的主题为关于某产品市场价格与营销策略时,问卷设计者通过大量探索性研究,得到如下假设:①不同的产品或成本就会有不同的定价;②不同的市场竞争状况,就会有不同的定价策略;③产品的性质和特征不同,其价格变动对供需的影响也不同;④消费者心理状态不同,其定价的策略也不相同。

经讨论,上述假设中,①项假设可通过收集文献得到有关资料,不包括在本次问卷调查项目之内。而其余 3 条则构成本次市场调查问卷项目的基本结构。

问卷设计者下一步的任务就是指出三个假设中所涉及的基本概念或"因素"的准确含义,并提出相应的测量指标。例如,在上述假设②中,"市场竞争状况"是指市场中同类产品生产和销售的状况,是完全竞争还是垄断性竞争。这就需要进一步指出何为"完全竞争"和"垄断性竞争",并提出在本次市场问卷调查中是指"在市场上有多少类同质的同种商品及分属多少个厂商",以及"这些商品在品牌、商标、质量、服务等方面都有哪些差别,如商品的保质期、服务措施、三包期限"等。

通过上述两个步骤的分析,一个由调查员通过询问商店销货员的调查项目,就初步设计出来了。

2. 测量尺度级别理论

在市场调查中常用各种测量尺度去测定一次得到的信息多少,且这种测量尺度有高级与低级之分,它由低到高的排列为:定类测量尺度、定序测量尺度、定距测量尺度和定比测试尺度。这四种尺度之间的关系为:高级尺度包含低级尺度的信息,并能够转化为低级尺度;而反之,则不成立。

定类测量尺度的特征是,测量代号系统只表示客观现象的类别间差别。如用 1 表示男性,2 表示女性。再如我们常用的"房间号"、"电话号码"等。

定序测量尺度的特征为,测量的代号系统不仅能区分类别,而且能将客观现象按一定方向排出顺序。例如,用"1"表示销售量第一,用"2"表示第二,还有常用的"优、良、中、差"等。我们可知被测现象的顺序差异,但它们间差距有多大却并不知道。

定距测量尺度的特征为,在特定测量中,测量的代号系数一般以数字组成,并且具有数值意义。这就是说,不仅能区分类别、排列顺序,而且可计算出客观现象之间的距离。例如,对货物周转量的测量,当按每批进货与销售量来评定时,可以得知该种货物目前的周转量比以前是快或慢了多少,其间的差距是多少。又如,将消费者对某商品的喜爱程度分为"很喜欢、比较喜欢、一般、较不喜欢、很不喜欢"五级,分别用1~5表示,并假定这五级之间的距离是相等的。这时用的也是定距尺度。

定距尺度虽然可以利用加减法,代号有了数值意义,但是它的缺点是没有绝对零点,造成不同种类之间不好比较。例如,当测量货物周转量时,如果商品之间质量和体积差别较大,就无法比较不同种类商品的周转量的差异。但如果用销售金额来比较,就可相互比较。因为"销售金额"的单位不但是等距的,而且有绝对零点,即没有销售一个。而当测量尺度有了等距和绝对零点时,该测量尺度就是定比尺度,便能实行加减和乘除的四则运算。所以,定比尺度是最高级的测量尺度。

在市场调查中使用不同的测量尺度会得到不同类的变量,采用的统计方法各异,最终的测量精度也不同。定类和定序尺度的测量只能得到离散变量,定距和定比测量才能获得连续变量。

测量尺度级别理论在市场调查问卷设计中应用的具体表现是,注意对问题提问的角度,尽量采用高级别的测量尺度,以求获得尽量多的信息,提高调查的精确度,增强分析的灵活性。

4.1.3　调查问卷设计技术

1. 问卷的格式

一份完整的调查问卷通常包括标题、问卷说明、被调查者基本情况、调查内容、编码号、调查者情况等内容。

(1)问卷的标题

问卷的标题是概括说明调查的研究主题,使被调查者对要回答哪方面的问题有一个大致的了解。标题应简明扼要,易于引起回答者的兴趣。例如"大学生消费状况调查","我与广告——公众广告意识调查"等。而不要简单采用"问卷调查"这样的标题,它容易引起回答者因不必要的怀疑而拒答。

(2)问卷说明

问卷说明旨在向被调查者说明调查的目的、意义。有些问卷还有填表须知、交表时间、地点及其他事项说明等。问卷说明一般放在问卷开头,通过它可以使被调查者了解调查目的,消除顾虑,并按一定的要求填写问卷。问卷说明既可采取比较简洁、开门见山的方式,也可在问卷说明中进行一定的宣传,以引起调查对象对问卷的重视。下面举两个实例加以说明:

[例4.1]

"同学们:

为了了解当前大学生的学习、生活情况,并做出科学的分析,我们特制定此项调查问卷,希望广大同学予以积极配合,谢谢。"

[例4.2]

"女士(先生):

改革开放以来,我国广告业蓬勃发展,已成为社会生活和经济活动中不可缺少的一部分,对社会经济的发展起着积极的推动作用。我们进行这次公众广告意识调查,其目的是加强社会各阶层人士与国家广告管理机关、广告用户和经营者等各方的沟通和交流,进一步加强和改善广告监督管理工作,促进广告业的健康发展。本次问卷调查并非知识性测验,只要求您根据自己的实际态度选答,不必进行讨论。根据统计法的有关规定,对您个人情况实行严格保密。"

(3)被调查者基本情况

这是指被调查者的一些主要特征,如在消费者调查中,消费者的性别、年龄、民族、家庭人口、婚姻状况、文化程度、职业、单位、收入、所在地区等等。又如,对企业调查中的企业名称、地址、所有制性质、主管部门、职工人数、商品销售额(或产品销售量)等情况。通过这些项目,便于对调查资料进行统计分组、分析。在实际调查中,列入哪些项目,列入多少项目,应根据调查目的、调查要求而定,并非多多益善。

(4)调查主题内容

调查的主题内容是调查者所要了解的基本内容,也是调查问卷中最重要的部分。它主要是以提问的形式提供给被调查者,这部分内容设计的好坏直接影响整个调查的价值。主题内容主要包括以下几个方面:①对人们的行为进行调查。包括对被调查者本人行为进行了解或通过被调查者了解他人的行为;②对人们的行为后果进行调查;③对人们的态度、意见、感觉、偏好等进行调查。

(5)编码

编码是将问卷中的调查项目变成数字的工作过程,大多数市场调查问卷均需加以编码,以便分类整理,易于进行计算机处理和统计分析。所以,在问卷设计时,应确定每一个调查项目的编号和为相应的编码做准备。通常是在每一个调查项目的最左边按顺序编号。如①您的姓名;②您的职业;……而在调查项目的最右边,根据每一调查项目允许选择的数目,在其下方划上相应的若干短线,以便编码时填上相应的数字代号。

(6)作业证明的记载

在调查表的最后,附上调查员的姓名、访问日期、时间等,以明确调查人员完成任务的性质。如有必要,还可写上被调查者的姓名、单位或家庭住址、电话等,以便于审核和进一步追踪调查。但对于一些涉及被调查者隐私的问卷,上述内容则不宜列入。

2. 调查问卷中问题的类型及设计技术

市场调查问卷是一套设计严密的问题答卷,是市场信息的载体。因而,市场调查收集资料阶段各环节的要求,都需要在这组问题上得到反映和满足,如内容完整、信息可靠、测量精度高等。恰当地设定分析市场调查问卷中问题的类型和功能,对于提高问卷设计水平是十分必要的。下面从问题的功能、格式、测量尺度、现象特征等四个角度,考虑现代市场调查问卷的结构及设计技术。

(1)问题的功能

从问题的功能划分,市场调查问卷包括:心理调节性问题、过滤性问题、控制性问题和实质内容性问题。

调节性问题是指起着消除调查对象紧张、担心、疲劳等作用的题目。在问卷的开头和较难回答的问题之后,用几个简明易答、趣味性的问题,可以引起回答者的兴趣或松弛一下紧张的大脑,从而得到回答完整的问卷。

过滤性问题是指供被调查者筛选回答的问题。这样可使得问题的承接顺序清楚,并体现出对回答者的充分尊重,不至于被认为在提荒唐问题。例如在要求回答者回答一项关于女用化妆品问题之前,先用一个问题说明该回答者是不是女性,是否使用过该种化妆品,请男性和没有使用过该化妆品的女性跳过这一问题而直接去回答下面的问题。这种让被调查者决定是否回答某个问题而设计的问题,就是所谓过滤性问题。

控制性问题是指用以识别回答真伪及认真程度的问题。通过设置内容上有关联或相互参照的问题,调查者可以经过逻辑分析比较,识别该问卷回答者是否抱认真回答的态度。例如,收入水平与消费水平、店堂营业面积与照明灯的数量都存在着高度相关的逻辑关系,把这些问题分别安排在问卷的不同位置,在分析

57

时再将它们加以综合,就可起到识别问卷回答质量的作用。

实质内容性问题是指完成调查主题所要求的调查项目问题,这是问卷的核心,应依据探索性研究得出的题目框架精心设计。

(2)问题的格式

从问题的格式看,市场调查问卷中的问题格式可分为两大类型:封闭回答式问题和开放回答式问题。

所谓开放回答式问题,是指所提出的问题并不列出所有可能的备选答案,而是由被调查者自由做答。这类问题一般比较简单,回答比较真实,以期发现调查者想不到的信息。但是开放回答式问题的回答结果不规范,答案各异,难以统计整理,不易作定量分析。

所谓封闭回答式问题,是指已经事先设计了各种可能答案的问题,采用被调查者可从中挑选一个或几个现成答案的提问格式。这种问题由于答案标准化,不仅回答方便,而且易于问卷的整理和统计分析。但封闭回答式问题也有其弱点:一是容易造成强迫式回答;二是给草率应付的调查对象提供了乱答的条件。

(3)问题询问现象的特征

从问题询问现象的特征上看,市场调查问卷涉及的问题包括事实性、行为性、动机性和态度性问题。

事实性问题是要求被调查者明确回答有关现实情况的问题,如"受教育程度"、"收入水平"等。

行为性问题是对被调查者的行为特征给予描述的问题。例如,"您是否做过某事情?";"您是否买过某种商品?"等。

动机性问题是了解调查对象某种行为的原因的问题,如,"您为什么到这个商场购买物品?";"您在购物时首先考虑的是商品的价格还是质量?"等。

态度性问题是关于回答者的情绪、评价、意见等方面的问题。例如,"您对×牌洗衣粉的态度是'喜欢'、'不好说'、'不喜欢'"等。

(4)问句的答案设计

在市场调查问卷设计中,无论是何种类型的问题,都需要事先对问句答案进行设计。在设计答案时,可以根据具体情况采用不同的形式。

1)二项选择法　二项选择法也称真伪法或二分法,是指提出的问题仅有两种答案可以选择。"是"或"否","有"或"无"等。这两种答案是对立的、排斥的,被调查者的回答非此即彼,不能有更多的选择。

例如,"您家里现在有吸尘器吗?"

答案只能是"有"或"无"。

又如,"您是否打算在近五年内购买住房?"

回答只有"是"或"否"。

这种方法的优点是易于理解和可迅速得到明确的答案,便于统计处理,分析也比较容易。但回答者没有进一步阐明理由的机会,难以反映被调查者意见与程度的差别,了解的情况也不够深入。这种方法,适用于互相排斥的两项择一式问题以及询问较为简单的事实性问题。

2)多项选择法 多项选择法是指所提出的问题事先预备好两个以上的答案,回答者可任选其中的一项或几项。

例如,"您喜欢下列哪一种牌号的牙膏?"(在您认为合适的□内划√)

中华□   芳草□   洁银□   蓝天□   高露洁□

美加净□   黑妹□   其他□

由于所设答案不一定能表达出填表人所有的看法,所以在问题的最后通常设置"其他"项目,以便使被调查者表达自己的看法。

这个方法的优点是比二项选择法的强制选择有所缓和,答案有一定的范围,也比较便于统计处理。但采用这种方法时,设计者要考虑以下两种情况:

①要考虑到全部可能出现的结果以及答案可能出现的重复和遗漏。

②要注意选择答案的排列顺序。有些回答者常常喜欢选择第一个答案,从而使调查结果发生偏差。此外,答案较多,会使回答者无从选择,或产生厌烦。一般这种多项选择答案应控制在 8 个以内,当样本量有限时,多项选择易使结果分散,缺乏说服力。

3)顺位法 顺位法是列出若干项目,由回答者按重要性决定先后顺序,顺位方法主要有两种:一种是对全部答案排序。另一种是只对其中的某些答案排序。究竟采用何种方法,应由调查者来决定。具体排列顺序,则由答案者根据自己所喜欢的事物和认识事物的程度等进行排序。

例如,"您选购空调的主要条件是(请将所给答案按重要顺序 1,2,3,…n 填写在□中)

价格便宜□   外形美观□   维修方便□

牌子有名□   经久耐用□   噪音低□

制冷效果□   其他□

顺位法便于被调查者对其意见、动机、感受等做衡量和比较性的表达,也便于对调查结果加以统计。但调查项目不宜过多,过多则容易分散,很难顺位,同时所询问的排列顺序也可能对被调查者产生某种暗示影响。

这种方法适用于要求答案有先后顺序的问题。

4）回忆法　回忆法是指通过回忆，了解被调查者对不同商品质量、牌子等方面印象的强弱。例如："请您举出最近在电视广告中出现的电冰箱有哪些牌子"。调查时，可根据被调查者所回忆牌号的先后和快慢以及各种牌号被回忆的频率进行分析研究。

5）自由回答法　自由回答法是指回答者可以对提出的问题由自由发表意见，并无已经拟定好的答案。例如，"您觉得软包装饮料有哪些优、缺点"；"您认为应该如何改进电视广告"等。

这种方法的优点是涉及面广，灵活性大，回答者可充分发表意见，可为调查者搜集到某种意料之外的资料，缩短问者和答者之间的距离，迅速营造一个调查气氛。缺点是由于回答者提供答案的想法和角度不同，因此在答案分类时往往会出现困难，资料较难整理，还可能因回答者表达能力的差异而形成调查偏差。同时，由于时间关系或缺乏心理准备，被调查者往往放弃回答或答非所问，因此，此种问题不宜过多。这种方法适用于那些不能预期答案或不能限定答案范围的问题。

6）过滤法　过滤法又称"漏斗法"，是指最初提出的是离调查主题较远的广泛性问题，再根据被调查者回答的情况，逐步缩小提问范围，最后有目的地引向要调查的某个专题性问题。这种方法询问及回答比较自然、灵活，使被调查者能够在活跃的气氛中回答问题，从而增强双方的合作，获得回答者较为真实的想法。但要求调查人员善于把握对方心理，善于引导并有较高的询问技巧。此方法的不足是不易控制调查时间。这种方法适合于被调查者在回答问题时有所顾虑，或者一时不便于直接表达对某个问题的具体意见时所采用。例如，对那些涉及被调查者自尊或隐私等问题，如收入、文化程度、妇女年龄等，可采取这种提问方式。

（5）问卷设计应注意的几个问题

对问卷设计总的要求是：问卷中的问句表达要简明、生动，注意概念的准确性，避免提似是而非的问题。具体应注意以下几点：

1）避免提一般性的问题。一般性问题对实际调查工作并无指导意义。例如："您对某百货商场的印象如何"这样的问题过于笼统，很难达到的预期效果，可具体提问：您认为某百货商场商品品种是否齐全、营业时间是否恰当、服务态度怎样等。

2）避免用不确切的词。例如"普通"、"经常"、"一些"等，以及一些形容词，如"美丽"等，这些词语，各人理解往往不同，在问卷设计中应避免或减少使用。例如："您是否经常购买洗发液？"回答者不知经常是指一周、一个月还是一年，可以改问："您上月共购买了几瓶洗发液？"

3）避免使用含糊不清的句子。例如："您最近是出门旅游，还是休息？"出门旅游也是休息的一种形式，它和休息并不存在选择关系，正确的问法是："您最近是出门旅游，还是在家休息？"

4）避免引导性提问。如果提出的问题不是"执中"的，而是暗示出调查者的观点和见解，力求使回答者跟着这种倾向回答，这种提问就是"引导性提问"。例如："消费者普遍认为××牌子的冰箱好，您的印象如何？"引导性提问会导致两个不良后果：一是被调查者不加思考就同意所引导问题中暗示的结论；二是由于引导性提问大多是引用权威或大多数人的态度，被调查者考虑到这个结论既然已经是普遍的结论，就会产生心理上的顺向反应。此外，对于一些敏感性问题，在引导性提问下，不敢表达其他想法等。因此，这种提问是调查的大忌，常常会引出和事实相反的结论。

5）避免提断定性的问题。例如："您一天抽多少支烟？"这种问题即为断定性问题，被调查者如果根本不抽烟，就无法回答。正确的处理办法是加一个"过滤"性问题。即："您抽烟吗？"如果回答者回答"是"，可继续提问；否则，就可终止提问。

6）避免提令被调查者难堪的问题。如果有些问题非问不可，也不能只顾自己的需要而穷追不舍，应考虑回答者的自尊心。例如："您是否离过婚？离过几次？谁的责任？"等。又如，直接询问女士年龄也是不太礼貌的。

7）问句要考虑到时间性。时间过久的问题易使人遗忘，如"您去年家庭的生活费支出是多少？用于食品、衣服分别为多少？"除非被调查者连续记账，否则很难回答出来。一般可问："您家上月生活费支出是多少？"显然，这样缩小时间范围可使问题回忆起来较容易，答案也比较准确。

8）拟定问句要有明确的界限。对于年龄、家庭人口、经济收入等调查项目，通常会产生歧义的理解，例如，年龄有虚岁，也有实岁；家庭人口有常住人口，还有生活费开支在一起的人口；收入是仅指工资，还是包括奖金、补贴、其他收入、实物发放折款收入在内。如果调查者对这些没有很明确的界定，调查结果也很难达到预期要求。

9）问句要具体。一个问句最好只问一个要点，一个问句中如果包含过多的询问内容，会使回答者无从答起，给统计处理也带来困难。例如："您为何不看电影而看电视？"这个问题包含了"您为何不看电影？"、"您为何要看电视？"和"什么原因使您改看电视？"等。防止出现此类问题的办法是分离语句中的提问部分，使得一个语句只问一个要点。

10）要避免问题与答案不一致。所提问题与所设答案应做到一致，下面就是所提问题和所设答案不一致的提问方式："您经常看哪个栏目的电视？"

①经济生活；②电视红娘；③电视商场；④经常看；⑤偶尔看；⑥根本不看。

4.2　询问调查法

询问调查法又称直接调查法，是调查人员以询问为手段，从调查对象的回答中获得信息资料的一种方法。它是市场调查中最常用的方法之一。

询问调查法在实际应用中，按传递询问内容的方式以及调查者与被调查者接触的方式不同，可以分为面谈调查、电话调查、邮寄调查、留置问卷调查等方法。这些方法各有特点，并应用于不同场合，下面分别介绍。

4.2.1　面谈调查法

面谈调查法是调查人员直接面对被调查者了解情况，获得资料的方法。它是一种最常用的方法。

面谈调查法依据谈话方式不同，有两种方式：一是自由交谈方式。这种方式能使被调查者有充分发表见解的机会，有利于沟通双方思想，深入地讨论问题，弄清所需了解问题的来龙去脉，有时还可能了解到未列入调查提纲的重要资料。运用这种谈话方式要求调查人员有较高的谈话技巧，善于启发和引导被调查者的思路。这种调查方法常用于调查了解消费者的购买动机、消费倾向、产品质量等问题。二是调查表提问方式。这种方式只是调查人员按事先拟好的调查表（或提纲）项目，逐一向被调查者提问，请被调查者逐一回答。这种面谈方式，谈话内容明确，调查人员容易控制谈话进程，调查表回收率高，调查结果容易统计处理。这种方式适用于需要获得统计资料的市场调查，如产品的需求预测等。

面谈调查也可以采取个别访问或集体座谈的方式。集体座谈也即是开调查会，由于众多的被调查者同时出席，往往可以互相启发思路，使调查者获得较多的信息。这种方式在选择被调查者人数上要适当控制，人数过少，不能起到集思广益的效果；人太多，则易使调查会难以控制。

面谈调查法的优点是：

1）调查表的回收率高。一个有经验的调查者亲自去调查总能或多或少地得到被调查者的回答，面对面的接触，往往可以避免被调查者因忙碌等原因而拒绝回答的情况,因而这是回收率最高的调查方法。

2)真实性较强。由于调查者与被调查者是面对面的,调查者可以观察到周围的环境、气氛,了解被调查人的心理状况,掌握非语言信息,判断信息的可靠程度。

3)偏差小。面对面调查,调查者可以对调查表中不清楚的问题加以解释,以免由于被调查者的理解错误而产生调查偏差。

4)灵活性较强。在面对面的调查中,调查者可以根据实际情况,确定对被调查者是进行一般性调查还是重点调查。

面谈调查也存在着明显的不足:

1)费用高。派员进行调查,尤其是被调查者的样本分布地域较广时,各种费用都比较高,有时还需支付调查人员的培训费等。这种方法是询问调查法中成本最高的。

2)主观因素影响大。在面对面调查中,调查者能够启发、引导被调查者思考问题,这是有利一面;但同时也不可避免地存在着调查对象回答问题受调查者的见解、语气、态度的影响,从而使调查结果真实性受影响。

3)问话的语气、措词、方式要适合被调查者的身份、知识水平。问话的水平过高或过低,都会招致回答者的不安或产生错误答案。

4)询问的问题应按一定程序进行,以便于调查顺利进行。一般先问简单有趣的问题,增强信心,而涉及被调查者本身的问题,如年龄、教育程度、经济收入等,应放在最后询问。

5)遇到对方不乐意合作、拒绝回答或随便回答时,要具体问题具体分析,采取相应措施。一般可采用以下方法:注意与对方沟通交流思想,可穿插一些能引起对方感兴趣的话题;对于被调查者的发言,应耐心、聚精会神地听,以提高对方发言的积极性;若对方工作忙,要约期再访,对确定无意合作的可以放弃。

6)掌握调查时间。调查时间不宜过长,通常在二十分钟的时间内,被调查者注意力是最集中的,若时间过长或问题过长都会令人厌倦而不愿继续回答。

7)仪表大方,口齿清楚,语言流利,善于随机应变。

面谈调查法适用于调查对象不多,但需要了解较多、较深入的情况的场合。

4.2.2　邮寄调查法

邮寄调查法就是将设计好的调查表通过邮局寄给被调查者,请被调查者填好后在规定的日期内寄回。

邮寄调查法的优点是：

1）调查面广。采用邮寄调查方式，调查的区域可以广些，调查数量可以多些。不仅费用较省，而且在时间上也允许，因为调查可以同时进行。

2）费用低。与面谈调查法相比，邮寄调查法所需的邮资费用远比面谈所需的差旅费用要少得多。

3）调查结果较为客观，不受调查人员态度及主观因素诱导的影响。

邮寄调查法的不足是：

1）回收率低。被调查者往往因工作繁忙或不感兴趣而不答卷。据一份国外统计资料表明，一般情况下，邮寄调查表的回收率只有5%～24%。因此，人们常采用以下两种方式提高回收率：一是给被调查者一定的好处，如免费赠送新产品的样品或小礼品、购物优惠券或一定的咨询费；二是与有关的行政主管部门联手搞调查，这样可以大大提高回收率。

2）容易产生理解差错。由于调查人员不在场，无法了解和消除被调查者对问题的误解。

3）调查表的回收期较长。

4.2.3 电话调查法

电话调查法是指通过电话与调查者交谈，从而获得调查资料的方法。

电话调查法的优点是：

1）速度快。这是它的最大的优点。

2）费用低。电话费用与面谈所需费用相比少得多。

3）回答率较高。

电话调查法的缺点是：

1）不适宜复杂的调查。因电话交谈时间不宜太长，所询问的问题无法深入进行。这种方法比较适用于探索性的初步调查，为以后进一步深入调查奠定基础。

2）受调查者主观影响小。这种调查法有利于被调查者独立思考问题，避免调查者主观意见对被调查者的影响。

4.2.4 留置问卷调查法

该方法是将问卷由访员当面交给被调查人，并说明回答方法后，留置给被调查者,让其自行填写,再由访员定期收回。

留置问卷调查法的缺点是:

1)费用高。与面谈调查法的费用不相上下。

2)调查地域不广。由于需要调查人员亲自送调查表给被调查者,人力、财力、时间上都不可能允许访问地域相差甚远的被调查者。

4.3　观察法

4.3.1　观察调查法的概念

观察调查法是指调查人员在调查现场对调查对象的情况直接观察和记录,从而获得信息资料的一种调查方法。这种方法的特点是调查人员不直接向调查对象提出问题要求回答,而是依赖于调查人员耳闻目睹的亲身感受,或者利用照相机、摄像机、录音机等现代化记录仪器和设备间接地进行观察以搜集资料。

4.3.2　观察调查法的优缺点

观察调查法和其他调查法相比,有其独到的特点。主要优点如下:

1)真实性高。由于调查人员不直接向调查对象提问,被调查对象并未意识到自己正接受调查,故言行不受外界因素的影响,较为客观,比面谈询问法更为可靠。

2)受调查人员偏见影响小。在面谈询问中,调查人员自身对问题的看法常常会在提问中不由自主地流露出来,如提一些诱导性问题,而在观察调查法中,因调查双方并不正面接触,故不会出现上述问题。尤其是依赖记录器械的记录观察,调查资料更为深入、详细、真实。

3)观察调查法简便易行、灵活性强,可随时随地进行调查。

观察调查法也具有较为明显的缺点,主要有以下几个方面:

1)观察不够深入、具体,只能说明事实的发生,而不能说明发生的原因和动机。

2)观察调查法常需要大量观察员到现场做长观察,调查时间较长,调查费用支出较大,因此,这种方法在实施时,常会受到时间、空间和经费的限制,它比较适用于小范围的微观市场调查。

3)对调查人员的业务技术水平要求较高,要求调查人员具有敏锐的观察力,良好的记忆力,以及必要的心理学、社会科学知识和现代化设备的操作技能等,否则,将无法胜任此项工作。

4.3.3 观察调查法应用中应注意的几个问题

1)为了避免某些表面或片面现象,使观察结果具有代表性,能够反映某类事物的一般情况,应选择具有代表性的环境及最合适的时间进行观察。

2)要全面深入地观察客观事物发展变化过程,对各种资料进行全面、动态地分析比较,从而了解事物变化的全貌。对观察资料的比较分析,主要有三种方法:一是时间序列(纵向)对比分析,即在不同时期加以观察,取得一系列观察资料,并对此加以分析研究,以了解被观察对象的发展变化过程和规律;二是横断面对比分析,即是在某一特定的时间内,对若干调查对象所发生的事态同时加以观察记录,进行横向比较研究;三是时间序列和横断面两项合并分析,对事物的纵横两个侧面同时观察研究。

3)要尽可能借助记录工具,如各种记录信息的仪器设备,以取得真实的原始信息。若是依赖耳闻目睹,调查人员必须及时记录,以免事后追忆时发生误差。

4)不论是直接观察,还是借助记录器械,要注意尽量不让被调查对象察觉,使其处于自然真实的状态。

4.4 实验调查法

4.4.1 实验调查法的概念

实验调查法起源于自然科学的实证法,它是指在实验条件下,在一定范围内观察经济现象中自变量与因变量之间的变动关系,并做出相应的分析判断,为预测和决策提供依据。例如:为了探明某种商品采用新的包装或施行其他营销策略(如价格、质量、样式、颜色、规格、包装、广告等)后,是否可以改善这种商品的销售状况以及改善的程度如何,则可运用实验法,在小范围内进行对比实验,通

66

过分析实验结果,来确定是否采取新的营销策略。

实验法从其实验内容上来看,可分为分割实验和销售区域实验。分割实验是用于了解不同的市场营销因素,如产品质量、式样、包装、商标、价格、销售渠道、促销等对产品销售的影响,也就是从影响产品销售的诸多因素中分割出一个或几个因素来考察;销售区域试验,是将同一产品放到不同地理市场销售,了解同样的市场营销因素,在不同地区市场的销售效果。

4.4.2 实验调查法的应用形式

1. 无控制组的事前事后对比实验

这是一种最简单的实验调查法,它是在不设置控制组(对照组)情况下,考察实验组在引入实验因素前后状况的变化,从而测定实验因素对实验对象(调查对象)的影响。这种实验模式可以用表 4.1 示意。

表 4.1 无控制组的事前事后对比实验模式

组别\项目	实验组	控制组(对照组)
事前测定值	x_1	/
事后测定值	x_2	/

实验效果 E 可表达为

$$E = x_2 - x_1$$

上述实验效果 E 是一个绝对量,其值的大小与实验组原有销售规模有关,为了能更真实地度量实验效果,可用实验效果的相对指标来反映,相对实验效果 RE 可表达为

$$RE = \frac{(x_2 - x_1)}{x_1} \times 100\%$$

无控制组的事前事后实验法的最大优点是简便易行,但也存在一定的不足,主要是实验结果受非实验因素影响。这是由于事前事后测量相隔一段时间,各种非实验因素(即除实验因素以外的其他因素,如自然季节、商业季节、心理因素等)可能发生变化,从而影响实验结果的准确性。

2. 有控制组的事后实验

这是一种横向比较实验,它同时设立实验组和控制组,实验组按设定的实验

条件(即引入实验因素)进行实验,作为对照的控制组,实验前后均不受实验因素影响,按常规状况活动。通过比较实验组与控制组来考察实验效果。这种实验模式可用表4.2示意。

表4.2 有控制组事后实验模式

组别 项目	实验组	控制组
事前测定值 事后测定值	x_2	y_2

实验效果 E 可表达为

$$E = x_2 - y_2$$

相对实验效果 RE 可表达为:

$$RE = \frac{(x_2 - y_2)}{y_2} \times 100\%$$

3. 有控制组的事前事后对比实验

这种实验法是上述两种实验法的结合,即在实验中,分别设立控制组和实验组,实验组引入实验变量,控制组不引入实验变量,同时考察控制组与实验组在实验前后不同时期的变化。其实验模式见表4.3。

表4.3 有控制组的事前事后对比实验模式

组别 项目	实验组	控制组对照组
事前测定值	x_1	y_1
事后测定值	x_2	y_2

实验效果 E 可表达为

$$E = (x_2 - x_1) - \frac{x_1}{y_1}(y_2 - y_1)$$

式中,$(x_2 - x_1)$是实验组的某一经济变量(如销售量等)在实验前后的变化量,它不仅反映了实验因素的影响,而且包含了其他非实验因素(由于时间不同所致)所产生的影响;$(y_2 - y_1)$表示控制组受非法实验因素影响的绝对变化量,其相对变化量可表示为$(y_2 - y_1)/y_1$,它表示某一经济变量受非实验因素影响后每单位上所产生的变化量,即反映了非实验因素的影响程度。由于非实验因素对同一经济变量的影响程度是相同的,因而这一相对变化量也同样反映非实验因素对实验组的影响,此时,非实验因素对实验组所产生的绝对变化量可表达为 $x_1 \cdot (y_2 - y_1)$,因此,上述公式所表示的实验效果是指消除非实验因素影响,而仅受实验因素影响的净实验效果。

相对实验效果 RE 可表达为

$$RE = \frac{E}{x_1} = \frac{1}{x_1}\left\{(x_2 - x_1) - \frac{x_1}{y_1}(y_2 - y_1)\right\} \times 100\%$$

4. 实验调查法的优缺点

实验调查法的优点主要表现在两个方面:一是比较灵活。它可以有控制、有选择地分析某些市场变量之间是否存在着因果关系,以及这种因果关系之间的互相影响程度。这是因果关系型调查的最理想方法。二是比较科学。它通过实地考察实验,获得调查对象的表态和动态资料,不受调查人员主观偏见的影响,因而具有相当的科学性。

与其他调查法相比,实验调查法也存在着不足:一是用实验法获取调查资料需较长时间,费用也比较高;二是难以选择一个主客观条件均相同或相似的"比较市场",即控制组,从而使实验法获得的结果不可能很准确。

4.5 态度测量表法

4.5.1 态度测量的涵义

1. 态度的涵义

这里的态度特指人们脑海中对某件事物或环境的认识、判断以及指导他们的反应、行动的某种思维活动。市场调查中使用的态度有三个方面的内容:一是人们对某个目标所了解的信息,如对某个产品及其特性的了解程度,对产品及服务功能的相信程度,以及对这些功能的重要程度的判断;二是人们对某个目标,如情形、产品及其某个特征等的总体感觉或偏爱程度;三是人们对未来行动或意向的期望,如购买某品牌商品的意向,买或不买。

2. 态度测量的涵义

态度测量就是调查人员根据被调查者的可能认识或认识程度,就某一问题列出若干答案,设计态度测量表,再根据被调查者的选择来确定其认识或认识程度(态度)。

4.5.2 态度测量表法的涵义

在许多市场调查中,常常需对被调查者的态度、意见、感觉等心理活动方面的问题进行判别和测定,如消费者对某种洗衣机的喜欢程度、居民对房改的态度和评价等,都要借助各种数量方法加以测定。态度测量表法作为对人们心理行为的分析手段,在心理学、社会学领域得到广泛的运用,在市场调查中也得到了一定的重视。

所谓态度测量表,就是通过一套事先拟定的用语、记号和数目,来测量人们心理活动的度量工具,它可将我们所要调查的定性资料进行量化。态度测量表的种类很多,可以按照各种不同标志加以划分,市场研究者必须对这些测量表的种类有一个基本的认识,才能设计出符合调查目的的各种量表,并应用各种统计处理方法,提高问卷调查的效度和信度。

4.5.3 态度测量表的种类

根据态度测量表的性质不同,可分为类别量表、顺序量表、等距量表和等比量表。

1. 类别量表

类别量表又称名义量表,是根据调查对象的性质作出的分类,如问及消费者对某种洗衣机的喜欢程度时,答案可有两个,即:①喜欢;②不喜欢。当然,答案也可以有三个或三个以上,比如:①喜欢;②无所谓;③不喜欢等。

类别量表的主要目的是在分类的基础上,得到并分析各类统计资料。可供选择的统计方法有频数分析、比例分析、求众数、部分相关分析等。应当注意的是,上面例子中每类答案的代表数字(1,2,3)只作分类之用,对这些数字不能作加、减、乘、除计算。

2. 顺序量表

顺序量表又称次序量表,它能表示各类别之间不同程度的顺序关系。比如:"您是否喜欢××牌空调器?"答案可为:①非常喜欢;②喜欢;③无所谓;④不喜欢;⑤很不喜欢。1,2,3,4,5等符号仅表示顺序,并不表明量的绝对大小和不同编号的差异,例如:A > B > C > D > F。

对于顺序量表的结果,主要运用以下几种方法进行统计分析:

1)与类别量表统计分析方法相似,可计算结果的频数,得出持非常喜欢、喜欢等态度的消费各占的百分比。

2)计算每一小题和整个大题的平均分。如对上例中五个等级从左至右对每一等级相应给出1,2,3,4,5的分数(或者从右至左对每一等级相应给出5,4,3,2,1的分数),统计时,可将五个等级回答者频数分别乘以相应的等级分,得出各等级的一个总分数,再将它们加总除以各频数之和,即为该题的平均分,据此可估计人们对该问题的态度。如上例中五个等级,分别从左至右给出 1~5 分,最后计算求得平均分为 4.5 分,表明人们对该问题态度的平均分界于很不喜欢和不喜欢之间。

3)还可作部分相关分析、非参数统计等。

3. 差距量表

它比顺序量表更为精细,不仅能表示顺序关系,还能测量各顺序位置之间的距离。这种量表在自然现象的测量中用得较多,例如:温度计量数之间是等距的,80 ℃与50 ℃的差距和40 ℃与10 ℃的差距是相等的。此法也能用于对产品质量评比,产品质量得分6分与5分之差和4分与3分之差是相同的。但应注意的是,不能说80 ℃为40 ℃的两倍或者6分为3分的两倍,这是由于等距量表上没有一个真正的零点(原点),线性方程 $y = a + bx$ 中的 a 点并不一定在零点。

差距量表可以进行相加或相乘计算,但不能相互做乘、除计算。常用的统计方法有:求平均数、标准差、方差分析、回归分析等。统计检验方法用 t 或 F 检验法。

4. 等比量表

等比量表是表示各个类别之间的顺序关系成比率的量表,比如对身高、体重、年龄等变量的测量。等比是除了具有差距量表的全部特性外,尚有真零这一特性。它可以做相互间的加、减、乘、除计算,并适用各种统计方法。但采用这种量表对被调查者态度进行测量有一定的困难,例如,我们可以说身高1.8米的人是身高0.9米的人的两倍,但当消费者给予某种洗衣机的评价为10分,给另一种洗衣机评价为5分时,只能说明其喜爱程度有差别,并不能表示消费者对第一种的喜欢程度为第二种的两倍。

71

4.5.4 市场调查常用的几种量表

目前,在市场调查中态度测量方法很多,所使用的量表的种类也比较多,常用的有:评比量表、语义差异量表、瑟斯顿量表、李克特量表和配对比较量表等,下面分别作简要说明。

1. 评比量表

评比量表是市场调查中最常用的一种顺序量表,调查表在问卷中事先拟定有关问题的答案量表,由回答者自由选择回答,量表的两端为极端性答案,在两个极端之间划分为若干阶段,阶段可多可少,少则 3 个阶段,多则 5 个、7 个或 7 个以上阶段,例如:

1)划分为 3 个阶段的量表为:

不喜欢	无所谓	喜欢
1	2	3

注:表中的记分也可采用 -1,0,1。

2)划分为 7 个阶段的量表为

很不喜欢	不喜欢	稍不喜欢	无所谓	稍喜欢	喜欢	很喜欢
1	2	3	4	5	6	7

注:表中的记分也可采取 -3,-2,-1,0,1,2,3。

在制定评比量表时,应注意中间阶段划分不宜过细,过细往往使回答者难以做出评价。当然,在定标时,也可采用不平衡量表,偏向于有利态度的答案,以减少答案数目。

2. 语义差异量表

语义差异量表是用成对反义形容词测试回答者对某一项目的态度。在市场调查中,它主要用于市场比较、个人及群体之间差异的比较以及人们对事物或周围环境的态度研究等。

这种方法是将被测量的事物印在量表上方,然后将对该事物加以描述的各种反义形容词列于两端,中间可分为若干等级(一般为 7 个),每一等级的分数从左至右分别为 7,6,5,4,3,2,1 或 +3,+2,+1,0,-1,-2,-3。最后,由回答者按照自己的感觉在每一量表的适当位置划上记号。例如,要了解人们对某别

墅的看法和态度,可用如下语义差异量表:

调查者可通过上述记号所代表的分数进行统计,了解人们对某种事物的看法,并可进行个人和团体间的比较分析。

3. 瑟斯顿量表

1929 年,瑟斯顿的物理测定法被应用于测定社会态度。根据瑟斯顿的构想,人类社会的态度虽然极为复杂,但在某一事物的一个极端到另一个极端之间,决定每个人态度的位置是一件可能的事。

瑟斯顿量表是由一系列要求测试对象加以评判的表述组成,然后由被测试者选出他所同意的表述。这种量表和前面所讲的两种量表的显著区别是,上述两种量表中的各种询问语句及答案是由调查者事先设计拟定的,而这种量表的语句是由应答者自行选定的,调查者在应答者回答的基础上建立起差异量表。由应答者选定所提问题的语句,有利于更准确地反映出应答者的态度,避免由调查者设计答案语句可能产生的主观片面性。所以,这种根据应答者态度而制定的量表,也称评定员量表。这种量表的基本设制步骤为:

第一步,由调查者提出若干个表述,通常有几十条之多,以说明对一个问题的一系列态度,有的完全肯定,有的完全否定。例如,调查消费者对某种女式服装的意见,可先由调查者拟定有关态度的语句如下:

1)这种服装式样新颖大方,逗人喜爱;

2)这种服装样式一般;

3)这种服装式样陈旧刻板;

4)这种服装色鲜明朗轻快;

5)这种服装色泽显得沉郁;

6)这种服装价格过高；

7)这种服装价格适中；

……

第二步,将这些表述提供给一组评判人员,通常在20人左右,要求他们将这些表述划分为若干组(7,9,11组等),这些组别划分可以反映他们对每一个表述肯定或否定的情况,如果分为7类,则可将中立态度列入第4组,不利态度列入1~3组,最不利的放在第1组,有利态度列入第5~7组,最有利的放在第7组。

第三步,根据评定人员所确定的各组语句的次数,计算其平均数和标准差,平均数反映了评定人员对某语句态度的集中程度,而标准差则反映了他们态度的离散程度。

第四步,在各组中分别选出标准差最小的两条语句,向真正调查时的被调查者提出,要求他们回答。

瑟斯顿量表的优点是:语句是根据各评定人员的标准差确定的,有一定的科学性。缺点有:①量表确定费时、费力;②评定人员的选择应有一定的代表性,否则,当评定人员态度和实际被调查者态度发生较大差异时,会使这种方法失去可信度;③无法反映被调查者态度在程度上的区别,即当他们表示"反对"时,并不知道他们是反对,很反对,还是极力反对。李克特量表则可弥补这一不足。

4. 李克特量表

李克特量表是问卷设计中运用十分广泛的一种量表。它也是要求被调查者表明对某一表述赞成或否定。与瑟斯顿量表不同之处在于,回答者对这些问题的态度不再是简单的同意和不同意两类,而是将赞成度分为若干类,范围从非常赞成到非常不赞成,中间为中性类,由于类型增多,人们在态度上的差别就能充分体现出来。李克特量表的设计者应尽力保证表述能反映出态度的适当范围,因为太偏激或绝对化的表述都会影响人们对事物的评价。

李克特量表的确定步骤与瑟斯顿量表相似,在此不再重复。

思考题

4.1 简述调查问卷的概念及特征。

4.2 问卷基本格式由什么内容构成?

4.3 设计问卷应注意哪些问题?

4.4 询问调查法主要有哪几种?

4.5　面谈调查法的优点是什么?

4.6　比较几种询问调查法的优缺点。

4.7　使用观察调查法时应注意哪些问题?

4.8　实验调查法的应用形式有哪几种?

4.9　态度测量表的种类有哪些?

第 5 章　调查资料的处理

5.1　调查资料的整理

　　当市场信息被收集上来以后,各种数据资料是零散的、不系统的,为了使大量的、零散的资料实现有序化、综合化,并进而获得准确有用的信息,必须对调查资料进行科学的整理。调查资料的整理包括商务调研中介于调研展开阶段与成果形成阶段之间的过渡步骤的若干工作。调查资料的整理既是市场调查的继续和深入,又是市场分析的基础和前提。

　　资料整理的内容,是根据市场调查研究的目的和要求,在对原始资料进行审核分析的基础上,选择能反映问题本质的主要标志进行统计分组、编码,并将资料转化成可供计算机统计分析的统一完整的数据库形式。资料的审核旨在保障为分析工作所投入的资料具有真实性、准确性和完整性。所谓编码,就是为每一个问题及其答案赋予适当的代码,它是对调查数据进行计算机录入的前提和数据处理的必备条件。资料整理的最终成果是统计表和统计图的生成。

　　在计算机手段支持的商务调研中,建立完整的数据库是资料整理阶段的核心内容;在此基础上对调查资料进行定性和定量分析,是整个调查工作中最重要的内容。在分组的基础上对原始数据进行汇总称为表列,通过表列的成果——统计表和统计图可以展示一组数据的分布状况和变量间的关系。表列既是资料整理的一个环节,也有对资料进行初步分析的作用。

5.1.1 资料的整理

调查资料整理的基本步骤是:制定整理方案,审核原始资料,审查次级资料;分组、汇总和计算;编制统计报表或统计资料汇编。

1. 制定整理方案

整理方案是指导整个整理工作的提纲。制定整理方案,包括明确规定各种统计分组和各项汇总指标、整理工作的组织领导、干部培训、资料汇总方法、完成期限以及各项责任制度等。

2. 资料的审核

在对资料进行分析之前,应该对原始资料的准确性、及时性、全面性和系统性进行审核,发现问题应及时纠正。其中对资料准确性的审核,是检查调查过程中所发生的误差,例如资料的内容是否合理;项目之间有无相互矛盾之处;报表或调查表中各项数字在指标口径、计算方法和结果的准确性上有无差错等。

(1)审核方式

在审核工作开始之前,应确认参加审核工作的人员。审核员应当具有较丰富的审核经验和较广的阅历,一般建议选用调研机构常年聘用的专职人员。调研项目负责人要向审核员交待清楚本项目的调查目的和调查内容、样本选取方式、问卷设计格式和特点、访员背景和工作进展概况。较大规模的调研项目回收问卷量大,需要多名审核员进行集中审核。每名审核员各分配若干份问卷,对每一份问卷从头到尾进行全面审核,这种作业方式有利于贯彻审核的一致性原则。如果将各份问卷的每一类问题分别派给不同的审核员,采用流水作业的方法进行审核,可能有利于提高审核的速度和效率,但绝对不利于贯彻一致性原则,是不可取的。

(2)审核工作的重点

实地审核的工作主要是进行复查和追访,集中审核的工作最后要确定对查出的问题如何处理。在调查的实施过程中,漏答、拒答某一个问题,误答或不回答的情况是很难避免的。在回收上来的问卷中,主要存在着不完整回答、明显的错误答案以及由于被访人缺乏兴趣而作的搪塞回答等三类问题。集中审核的重点就是对这三类问题的查找、区分和处理。

1)对不完整答案的处理。不完整答案产生的原因可能是调查对象拒答、漏答,也可能是由于调查人员工作失误造成的漏问或漏记,对这类答案的处理可以分为三种情况:第一种是大面积的无回答,或相当多的问题无回答,此类问卷对调查分析没有实际意义,反而会影响对真实情况的了解和对真实数据的整理分类工作,因此应宣布为废卷;第二种是个别问题无回答(空项),应定为有效问卷,所遗空白待后续工作采取补救措施;第三种是相当多的问卷对同一个问题(群)无回答,仍定为有效问卷。这种"无回答"虽然会对整个项目的资料分析工作造成一定影响,但是反过来也能让调研组织者和问卷设计者思考:为什么相当多的被调查者对这一问题(群)采取了"无回答"的方式?是否因为这个问题(群)用词含混不清让他们无法理解,还是该问题(群)太具敏感性或威胁性使他们不愿意回答,或是根本就无法给此问题(群)找到现成的答案?

2)对明显错误答案的处理。明显的错误答案是指那些不合逻辑、自相矛盾或答非所问的答案。比如,没有去过医院,却回答了住院的天数;或从来没有得过某种疾病,却回答了得这种疾病的天数。这种错误在集中审核阶段出现的可能性很小,但一旦出现就不好处理。有时能够根据全卷答案的内部逻辑联系对某些前后不一致的回答进行修正,但多数情况只好按"不详值"对待。对于最后判定按"不详值"处理的答案,审核员要用绿笔注明"不详值"字样或其代码。

3)对乏兴回答的处理。有些被调查者对问题的回答反映出他显然对所提问题缺乏兴趣。例如有人连续对 20 个问题都作了"不知道"或"不好说"的回答,或者有人不按答卷要求回答,而是在问卷上随笔一勾,一笔带过若干个问题。如果仅有个别问卷出现这种乏兴回答的现象,可以作为废卷处理。如果这类答卷具有一定的数目,且集中出现在某个或少数几个问题(群)上,表明这种回答也是有意义的,这可依据调查的目的给予鉴别,把这些问卷当作一个相对独立的子样本看待,在编码的时候,一定要给这类无效回答分配特定的编码,不能空,也不要过于笼统。

4)对开放性问题乱序回答的处理。还有一种情况,往往出现在以访谈形式进行的调查中。在回答开放性问题时,被访人可能因一些问题的相关性而顺口把将要在该问题之后某处才会出现的另一问题的答案也提到了,访问员在某些情况下不好制止,便让其继续讲完。当访问进行到接下来那个相关问题时,访问员自然会跳过此题不问。在这种时候,访问员一般应当在相应的题目上做出标记。在集中审核时,要把问卷里这些作过标记的答案照抄到它本来应该出现的地方,填补空白,以便于后继的统计和编码工作的进行。

(3)审核次级资料

次级资料的审核,是对整理好的资料再一次进行审核,校正在汇总过程中发生的差错。根据次级资料的来源不同可以分别采用下述两种审核方式:

1）对文献资料的审核。对于著述性文献和行会文献这类以文字为主的文献,当从中摘取资料时,首先要注意文献的客观性,要弄清作者或编纂者的身份和背景,对客观性相对较差的文献要持保留态度;其次要注意文献的编撰时间,要根据调查目的来选取资料。一般地说,文献编写日期离事件发生时间越近,其具体内容就越可靠,对事件的叙述也越详细;然而文献编写时间离事件发生时间越远,就越有可能突破历史的局限性,较大幅度摆脱当时社会政治影响,较客观地反映和较深入地分析事情的真实情况。

2）对引用统计资料的审核。引用现成的统计资料之前,要注意它们的指标口径和资料分组问题。指标口径是指标的内涵、外延、计量单位、空间或时间等因素的总合。在引用资料的时候,我们必须按照统计指标的科学概念,对现象数量表现细致地观察、分析、判断,要确认这些资料的统计口径是与本调研项目所设计的口径相一致或吻合的,如果不符合这个要求,则需要对原有资料进行必要的"加工"和"改造",即利用现有的资料和统计方法进行推算和改算。同时,要尽可能采用国家统计部门统一规定的口径。我国现行的统计指标体系可以分为反映全社会和整个国民经济全貌的国民经济基本统计指标体系和反映各部门或专业的部门专业统计指标体系。联合国教科文组织建立的《社会和人口统计体系(SSDS)》共有 12 个方面,200 多个指标;我国在社会统计方面,国家统计局已经制定的社会统计指标体系也有 1 000 多个指标。在引用统计资料时,应该尽量使用统一的指标体系,以避免造成统计工作的混乱和不一致现象。

统计分组,是根据统计研究的目的,按照某一主要标志,将总体单位划分为若干类型或组别的一种统计方法。统计分组是审核次级资料时要注意的另一个问题,如果次级资料的分组与调研设计不一致,则需要做重新分组而不能直接引用。

对于次级资料,还要仔细分析其来源。有的资料是经过直接整理的,可以直接为项目所引用;而有些资料是经过多次整理而形成的,这样的资料最好仅作为参考,或向前追溯到其真正来源以得到直接整理的资料。

3. 资料的整理

（1）资料整理的主要任务

资料整理的主要任务是:根据调研目的将经过审核的原始资料进行分组汇总,使资料能系统、综合、条理、全面地反映所研究现象总体的数量表现及数量关系,必要时可以表列的形式反映出这种总体特征。

在二十年以前,计算机还不像现在这样普及。人们进行数据分析主要靠手工计算,而数理统计分析要求进行大量复杂的数学运算,由于没有计算机,在大量的调查数据面前人们束手无策,只能进行一些简单的数据分析,如方差,均值以及简单回归等,以致大量的数据信息白白丢失。随着计算机的日益普及,特别是计算机软件的大量开发,从前的困难已不复存在,现在人们只要有一台好的计算机,有一个功能强大的软件,就可以做任何形式的统计分析。因此,我们在研究资料的整理时就不能离开计算机要求的编码和录入环节以及计算机的分组表列技术。可以说,随着计算机技术在商务调研领域中的应用,资料整理的内容,就逐渐发展成为借助于计算机手段,对调查所得资料进行初步加工和分组汇总的工作过程。

资料整理所要达到的目的是:

——将原始资料转化为容易为计算机判读的数据文件。

——对数据文件进行科学地分组段,使其能够在分组的基础上进行统计汇总。

——以简单易懂的形式展示分组汇总的结果。

(2)分组

1)分组(classification)的涵义。分组是根据调研和所研究现象的本质特征,将现象按照一定的标志分成不同的组别。通过分组,总体内性质相同的各单位归并在一起,性质不同的各单位被区分开来。因而使组内单位具有同质性,组间单位具有差异性。

2)分组的原则。分组的关键在于正确选择分组标志,确定分组数目和划分各组界限。分组标志一经选定,就必然突出总体在此标志下的性质差异,而掩盖总体在其他标志下的差异。缺乏科学根据的分组不但无法提示现象的根本牲,甚至还会把不同性质的事物混淆在一起,歪曲社会经济的实际情况。因此,选择分组标志必须遵循以下原则:

①根据调研的目的来选择分组标志。同一个研究对象,由于研究目的不同,需要采用的分组标志也不同。如研究的目的是为了分析不同规模企业的生产经营情况,就应该选择工业总产值或生产经营资金作为分组标志;若研究目的在于研究工业内部比例及平衡关系,则需要按行业分类,划分为机械、电子、冶金、化工、轻纺、食品等工业部门。

②要选择最终反映事物本质特征的标志。满足第一个原则的标志有时候仍有多个,其中有些是本质的、主要的,而有些是非本质的、次要的,因此要避免选用形式的、非本质性的标志。

③选择分组标志时要考虑事物所处的具体历史条件和现时条件。此外,还要遵循互斥和穷尽原则,力求能把总体各类现象的特征、各类现象之间的特点反

映清楚。例如研究学生的学习成绩时,一般要分不及格、及格、中、良、优等 5 个组。划分各组界限时,就必须划清不及格与及格,良好与优秀等各组之间的分数界限。

3)统计分组方法。统计分组可以按品质标志分组,也可以按数量标志分组。

按品质标志分组是指按事物质的特征分组,按品质标志分组往往情况复杂、类别繁多,所以又称为分类。比如国民经济部门分类、城乡分类、产品分类等等,它们通常都由权威部门根据所研究事物的内在规律加以分类,并公布其分类目录。国家统计机关对于一些比较复杂现象的主要分组,制定了标准的统一分类目录,如《行业分类目录》、《工业产品目录》、《商品目录》等。

按数量标志分组就是按事物量的特征分组。比如人口按年龄分组,企业按资本多少、利润计划完成程度分组等。按数量标志分组的目的,不仅在于确定各组的数量标志的差异,而且要通过数量差异来反映各组的不同类型。实际工作中,按数量标志分组常常用来分析某种指标的变动以及在各组的分配情况。

5.1.2　编码

编码是将原始资料转化为容易为计算机判读的数字规则,即何种数字代表何种回答或资料。编码可以理解为名词(code),即对资料进行确认记录和分组的一套规则。作为动词(coding),则是指设计这样一套规则,并且按照规则把以文字形式记录的资料,转化成数码符号形式的数据的全部过程。编码方案应能使转化后的数据完全保持原始资料特性,并为减少编码过程和统计过程的误差打下基础。

[例 5.1]　1999 年调查 A 公司某部门 20 名职工的性别、年龄、月收入以及年终业务考核成绩的数据如表 5.1 所示。

如果想用计算机处理这套资料,就必须把表中所载资料转换成数码符号形式的数据。为此,可以规定这样一套规则:

职工编号——按原数码形式;

性别——"男"以"1"表示,"女"以"2"表示;

年龄——按原数码形式;

月收入——原数码形式去掉小数点;

考核成绩——"优"以"1"表示,"良"以"2"表示,"中"以"3"表示,"及格"以"4"表示,"不及格"以"5"表示。

表5.1　公司年终考核表

职工编号	性别	年龄	月收入	考核成绩	职工编号	性别	年龄	月收入	考核成绩
0001	女	25	2 000.00	良	0011	男	32	3 000.00	良
0002	男	37	3 000.00	中	0012	男	29	2 600.00	中
0003	女	42	3 200.00	良	0013	男	42	3 400.00	良
0004	男	26	2 000.00	中	0014	女	27	2 400.00	及格
0005	男	28	2 200.00	良	0015	男	53	3 600.00	中
0006	男	30	2 800.00	中	0016	女	34	2 600.00	良
0007	男	38	3 200.00	良	0017	男	35	3 000.00	良
0008	女	55	4 000.00	中	0018	男	34	3 600.00	优
0009	男	46	3 400.00	优	0019	男	37	3 000.00	良
0010	女	27	2 200.00	良	0020	男	40	3 200.00	良

再按这套规则将表载资料转换成数码符号,列入表5.2之中。

表5.2　公司年终考核表编码表

职工编号	性别	年龄	月收入	考核成绩	职工编号	性别	年龄	月收入	考核成绩
0001	2	25	200 000	2	0011	1	32	300 000	2
0002	1	37	300 000	3	0012	1	29	260 000	3
0003	2	42	320 000	2	0013	1	42	340 000	2
0004	1	26	200 000	3	0014	2	27	240 000	4
0005	1	28	220 000	2	0015	1	53	360 000	3
0006	1	30	280 000	3	0016	2	34	260 000	2
0007	1	38	320 000	2	0017	1	35	300 000	2
0008	2	55	400 000	3	0018	1	34	360 000	1
0009	1	46	340 000	1	0019	1	37	300 000	2
0010	2	27	220 000	2	0020	1	40	320 000	2

编码与分组有密切的关系。只有选择和确定了分组标志和相应的标志表现,才可以为每一种标志表现指定数值符号。当我们完成了编码的数码转换工

作,并将这些数码输入到计算机内形成数据文件后,计算机的数据处理软件就可以对所输入的数据进行分组和汇总工作。数据处理一般不涉及很复杂的数学计算,但要求处理的数据量很大,因此进行数据处理时就需要考虑:数据以何种方式存储在计算机中,采用何种数据结构能有利于数据的存储和取用,采用何种方法从已组织好的数据中检索数据。

1. 数据文件的结构

数据文件是为了某一特定目的而形成的同类记录的集合,数据的组织方式及内在联系的表示方式决定着数据处理的效率,因而设计数据文件的结构是数据处理工作的主要内容之一。目前,最常用的数据文件结构是关系数据库结构:字段—记录—文件,如果用文件描述某一事物的总体(例如工资单),则文件中的若干记录描述的就是总体中的个体的情况(例如每个人的工资情况),而字段则是描述该事物某一方面的属性(例如姓名、基本工资、津贴、房租、水电费等)。这种结构中的最小单元称为字段(Field),一个字段对应着待录入数据的一个变量值。同一个观测单位的不同特征表现为不同的变量值。这些变量值对应的一系列字段就组成一条记录(Record)。即是说,一条记录通常含有一个以上的字段。一个观测样本含有许多样本单位,这些样本单位所对应的记录的总合称为文件(File)。

83

2. 文件的格式

一条记录中所有字段的数字编码紧密排列在一起,就形成了一个无间隙的数码串。此时,如果不对该记录的数码串结构加以说明,指出哪几个数码组成一个字段,对应于哪个变量,人们就无法理解这样的记录。那么这样的数码串构成的文件对于商务调研不能提供有实际意义的信息,也就失去了其对于商务调研的意义。如:下面给出的一个名为"NZKH. DAT"数据文件就是以无间隙数码串形式存在。

为了使这个文件能提供有意义的信息,需要对其字段和相应的编码形式加以说明。说明的方法可能因具体的数据处理软件而异,但其依据的原理是一致的。

00012252000002
00021373000003
00032423200002
00041262000003
00051282200002

```
00061302800003
00071383200002
00082554000003
00091463400001
00102272200002
00111323000002
00121292600003
00131423400002
00142272400004
00151533600003
00162342600002
00171353000002
00181343600001
00191373000002
00201403200002
```

在使用 SPSS/PC + 软件读取此文件时,需要发出如下命令:

　　DATA LISTFILE = "NZKH. DAT"

　　　　/V1 1—4 V2 5 V3 6-7 V4 8—13 V5 14

若由 Minitab 软件来读取此文件,则发出的命令是

READ 'NZKH. DAT' C1-C5;

FORMAT(A4, F1, F2, F6, F1)。

　　以上列举的是由读取文件时的命令语句,如果是存储文件,就需要相反方向的命令。无论是读取,还是存储,对这种无间隙的"数码串"文件,都需要注明其字段和相应的数码存在形式,这在计算机数据处理中称为固定格式(Format)。

5.1.3　编码说明书

　　编码说明书(codebood)是一份说明问卷中各个问题(即变量)及其答案与数据文件中的编码值之间一一对应关系的文件。我们可以从下面给出的问卷(片断)和说明书来展示这种对应关系。

尊敬的顾客:

　　您好,我们是×××公司的市场调查员,希望得到关于汕头房地产的市场信息,请您协助我们搞好这次调查。您的意见将对我们的工作提供有益的帮助,请

在问卷上按照您的实际情况填写,谢谢合作!

(1)您最想在汕头置业的区域:

○龙湖区　○金园区　○升平区　○达濠区　○河浦区

(2)您所能接受的住房价格(元/平方米):

○1 000~1 500　○1 500~2 000　○2 000~2 500　○2 500~3 000

○3 000 以上

(3)您想购买的住宅面积(平方米):

○60 以下　○60~100　○100~130　○130~150　○150 以上

(4)您希望入住的楼房层次是:

○8 层以下　○9~16 层　○16 层以上

(5)您考虑的购房付款方式是:

○一次性付款　○分期付款　○银行按揭

(6)您购买楼盘的各种因素依次考虑的顺序是(在空格内填上①,②,③…):

□价格　□环境　□位置　□交通　□面积　□品牌　□物业管理

(7)您目前想要置业的类型是:

○住宅　○写字楼　○商铺　○车库　○别墅　○厂房

(8)您喜欢到哪些场所选购房产:

○房展会　○开发商售房处　○中介经纪公司

(9)住宅小区信息智能化管理等设施对您是否有吸引力?

○有　○较有　○无所谓　○无

(10)您访问过汕头房地产信息网站(WWW. STRE. NET)吗?

○有　○无　○不知道有这个网站

对于这样一张问卷,相应地可以制定一份编码明细表,如表 5.3 所示。

表 5.3　编码明细表

问题	字段所占数码列	问题摘要	编码值涵义
——	1~4	问题编号	——
一	5	想在汕头置业的区域	1 = 龙湖区 2 = 金园区 3 = 升平区 4 = 达濠区 5 = 河浦区

续表

问题	字段所占数码列	问题摘要	编码值涵义
二	6	住房价格	1 = 1 000 ~ 1 500 2 = 1 500 ~ 2 000 3 = 2 000 ~ 2 500 4 = 3 500 ~ 3 000 5 = 3 000 以上
三	7	住宅面积	1 = 60 以下 2 = 60 ~ 100 3 = 100 ~ 130 4 = 130 ~ 150 5 = 150 以上
四	7	楼房层次	1 = 8 层以下 2 = 9 ~ 16 层 3 = 16 层以上
五	8	购房付款方式	1 = 一次性付款 2 = 分期付款 3 = 银行按揭
六	9 ~ 15	因素排序	—
七	16	想要置业的类型	1 = 住宅 2 = 写字楼 3 = 商铺 4 = 车库 5 = 别墅 6 = 厂房
八	17	到哪些场所选购房产	1 = 房展会 2 = 开发商售房处 3 = 中介经纪公司
九	18	智能化管理设施的吸引力	1 = 有 2 = 较有 3 = 无所谓 4 = 无
十	19	访问过汕头房地产信息网站	1 = 有 2 = 无 3 = 不知道有这个网站

86

在制订编码说明书时,要注意以下几个问题:

1) 所有的资料都必须转换成数值,不允许使用字母或其他字符。

2) 使编码的内容保持一致性,通常的操作技巧是,用固定的数字顺序表示回答项的次序。例如,对所有测量等级、程序内容的项目答案,都以从小到大的原则分派编码。比如:"1"表示最不喜欢;"2"表示不太喜欢;"3"表示喜欢等。

3) 每一个数值码占据一列。要为每个变量留出足够的码位。

4) 对无信息的答案赋予标准代码。例如,可以用"0"表示"不知道";"9"表示"无回答";"0"表示"不适合"。

5) 尽可能用真实的数字作为编码,例如,对于年龄、分数、收入等在调查时获得的数据,在编码时,就以原数据作为编码。如"59"岁,编码就为"59";"98"分,编码就为"98";"2 000"元,编码就为"2 000"。这样可以保持数据库的原始资料性质。

总之,制定编码方案是组建数据库的关键一步,其质量决定着今后计算机处理的效率和速度。要依据编码方案,编制出编码说明书,以准确的语言和清晰的格式说明每一个问题、每一种回答的编码是什么,含义是什么。

5.1.4 预编码

一般来说,调查问卷中的多数问题都是封闭性的,预先已经设计出可供选择的答案。有时,为了方便计算机处理,在设计问卷时就预先给这些答案设计了编码,这种编码方式称为预编码(precoding)。对于大型问卷调查来说,由于调查的范围、对象、所调查的内容、问题形式等都比较复杂,为了便于统一处理,一般会对某些问题答案进行预编码。预编码印在问卷每页的右侧,用纵线将其与问题及答案隔开。例如一份人力资源基本信息调查的问卷中问题与相应的编码安排如下:

A. 员工的性别	1. 男 2. 女	1
B. 员工的工龄	年	2 – 3
C. 员工的文化程度	1. 大学 2. 大专 3. 高中 4. 初中 5. 小学 6. 其他	4

此外还有另一种预编码方式,即在问卷之外另行制作登录卡(coding sheet)。登录卡是一个空白的数码矩阵,编码员根据编码说明书的编码方案将问卷所载的答案转化成数码填入适当的矩阵单元内,经过审核后,计算机就可以

直接读取数码了。

5.1.5　后编码

后编码是整理开放式问题答案并对其进行编码的有效方法。开放式问题的提出，是补充封闭式问题的不足，为深入追问被调查者对待特定问题的一些深层次看法而设计的。因为，调研设计者事先对问题不可能预见到所有可能的答案，无法在问卷中给出数目不太多，又能互斥、穷举的一组供选择答案。对这类问题所给的答案进行编码时，首先要阅读部分（最好是全部）回答，记录和分析出包括多少类别，这些类别应该是相互独立的和穷尽所有可能的，然后对这些类别编码。

对开放式问题的答案进行整理和编码，不是机械性的作业。它所依据的不应该仅是答案的文字，更重要的是这些文字所能反映出来的被调查者的思想、认识和心理。如何将从各种角度、依据不同标准给出的叙述性和评论性文字答案，整理出按同一尺度计量的单一系列答案编码是对开放式问题的答案进行整理和编码工作的难点。正因为这种编码只能是在对答案进行整理归纳之后进行，所以叫做后编码。

后编码可以按下列步骤进行：

1）挑选少量具有代表性的答卷，对答案进行全面的阅读和初步分类，以便初步判断答案的分布状况。通常会抽取全部问卷数的20%来实施这一步工作。

2）将所有有效的答案列成频数分布表。

3）拟定适宜的分组数。要从调研目的出发，考虑分组的标准是否能确实符合调研目的；同时也要考虑计算机的处理能力和数据处理软件的处理要求。

4）根据拟定的分组数，对列在答案频数分布表中的答案进行选择和归并。在不影响调研目的的前提下，保留频数多的答案，然后把频数分布较少的答案尽可能归并成意义相近的几组。对那些或含义相距甚远，或者虽然含义相近但合起来频数仍然不够多的，一律并入"其他"一组。

5）为所确定的分组选择正式的组别标志。

6）根据分组结果为数据制订编码规则。

7）对全部回收问卷（开放式问题答案）进行编码。

5.2 表 列

经过整理之后的调查资料,含有许多描述调研总体属性的分布态势和相互间关系的信息,要对这些资料进行有效的表述,使之能够清晰明了地反映出调查的成果,有助于后续的分析与预测等工作。表列(tabulation)就是描述这些资料的方法。表列的任务就是根据市场调查的目标,把这些资料按照一定的组合规律,用表格的形式展现出来。

表列一般有单向表列和交叉表列之分,仅计数一个变量和不同数值的出现次数的,称为单向表列(one-way tabulation);而同时计数两个或多个变量的不同数值联合出现的次数,这种表列就是交叉表列(cross tabulation)。

在市场调研所收集得来的资料中,根据资料使用者的不同目的,可以生成形式各异,内容丰富的各种统计整理表,供调查者从多方面去观察、认识和研究问题。能生成整理表的份数,首先与调研资料所涉及的变量数目有正比关系。如果是生成交叉列表,除了与变量的总数有关之外,还与下述两个参数有关:一是抽样调查的样本容量(个案),即资料包含了多少记录;二是要同时列入交叉表列中的变量数目。

5.2.1 单向表列

1. 编误与飞点

数据的单向表列包括列出频数分布表、频数分布图、主要描述量等,它是单变量统计描述方法的总称。在进行单变量统计描述时,要尊重事实,如实记录数据。有时候在资料中会出现一些特殊数值,切不可只凭主观判断而随意处理,注意以下几种情形:

编误(blunder):在数据编码和登录过程中产生的误差。在作单向表列时,发现一些不正常的数值,将其与原值进行核对发现与原值有出入,此时,将其视为编误。编误要采取适应的手段进行纠正,以防止其影响观测结果的真实性。

飞点(outlier):在作单向表列时,发现不正常的数值,与原值进行核对之后确认无误的特殊的观测值。这些观测值与其他的观察值之间有较大的差值,这些数值称为飞点。因为飞点是真实的观测值,所以不能被"纠正",只能在表列和数据分析中作为特例来对待。绘制箱索图是发现飞点的有效方法。

箱索图(box-and-whisker)是由一组观测值的主要位次量数和一些极端值构成的数据态势分布图形。

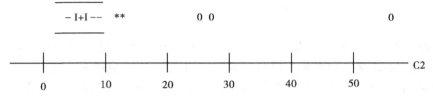

上图中的所谓"箱",指的是由左右两个"I"和上下两条横线封住的矩形,形如一个箱子。所谓"索",指的是箱体两侧向外延伸的线段,它们像拉扯箱子的两条绳索。箱体的左边线指示第一四分位数 Q1 的数值,右边线指示第三四分位数 Q3 的数值,箱体内"+"号指示中位数数值。由此可知,箱体连同两侧绳索涵盖了一组数据的正常部分。如果一组数据存在极端值,则极端值必在绳索的外侧。箱索图用"0"表示极端值,用"*"表示次极端值。在图中,右端存在3个极端值,最远一个远远游离于箱体、绳索及邻近的极端值所组成的群体之外,它即被称作"飞点"。

2. 频数分布表和直方图

在统计分组的基础上,将总体所有单位按组别归类,便形成了总体单位在各组的分布,这就叫做频数分布,也叫次数分布。经过统计分组以后,将各组及其频数依次排列构造成表格形式,就称为频数分布表。频数分布表是统计整理的结果,它能全面显示出分组标志及其分布次数,反映总体内部结构和数量依存关系,它是统计描述和分析的重要方式,也是研究总体某一数量标志值的平均水平及其变动规律的依据。

频数分布表可以分为品质分布表和变量分布表两种。

(1)品质分布表:

总体按品质标志分组所形成的分布表,叫品质分布表。它是由分组的品质标志和次数两个要素构成,如表5.4所示。

表5.4 1996年某地区人口性别分布

性 别	人 数/人	比重/%
男	4 348 610	51.10
女	4 161 390	48.90
合计	8 510 000	100.00

(2)变量分布表

总体按数量标志(即变量)分组以后,各组单位数按标志值大小顺序排列所形成的分布表,叫做变量分布数表。它由变量和频数两个要素组成。单项变量表的编制方法是:先按各变量值分组,列于表格的左方,然后将各变量值出现的次数列于表格的右方,即构成单项变量表。

[例5.2] 随机抽出某班32名大学生,调查他们的年龄如下:

17,18,17,19,17,18,19,19,17,19,19,18,20,21,21,20,18,19,21,20,19,19,18,20,18,19,18,19, 19,20,19,20

对上述数据进行频数分析,由于变量数值较少,变动幅度不大,且总体单位数不多,所以可以用单向列表来表示。

表5.5　某班大学生年龄表

年龄/岁	大学生/人
17	4
18	7
19	12
20	6
21	3
合计	32

根据列表中的数据和变量,可以绘制频数分布直方图。在表5.5中,以年龄为横轴,频数为纵轴,可得如图5.1所示的直方图。

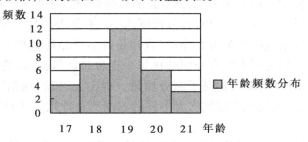

图5.1　某班大学生年龄分布直方图

3. 单向表列的主要描述量数

统计学分为描述统计学和推断统计学,描述统计是整个统计学的基础和统计研究工作的第一步,它包括数据的收集、整理、显示以及对数据中有用信息的提取和分析,而对变量集中趋势和离中趋势的分析则是其主要内容。

集中趋势反映的是数据资料的一致性,其常用的分析指标包括算术平均数、调和平均数、几何平均数、众数、中位数、分位数等。算术平均数是资料的中心和均衡点,而调和平均数和几何平均数可看做是算术平均数的变形。当所获得的数据资料无法直接计算算术平均数时,则采用调和平均法进行计算;当数据成几何级差变动或是比率变量时,则采用几何平均法进行计算,如计算平均发展速度等。它们三者都属于均值体系。

众数和中位数是位置平均数。众数是指研究总体中出现次数最多的标志值。例如,某车间工人日产零件 18 件的有 3 人,19 件的有 5 人,20 件的有 12 人,21 件的有 7 人,22 件的有 3 人。可以看出,生产 20 件的工人人数最多,20 件则称为众数。众数通过其次数的多少来反映研究总体分布的集中趋势。中位数是将被研究总体中各个单位的某一标志值按大小顺序排列起来,居中间位置的那一个变量值称为中位数,中位数处于次数分配的中点,它是从另一侧面即变量值的大小来反映研究总体分布的集中趋势。与此相似的还有四分位数、十分位数和百分位数等。

离中趋势分析反映的是数据资料的差异程度或扩散程度,例如商品价格背离价值而上下波动,如果背离的平均程度愈大,说明变量分布愈分散,总体同质性相对也就差。其常用的分析指标包括全距、内距、平均差、方差、标准差、离散系数等。

全距是指研究总体中单位标志值的最大值与最小值的差距,但是该指标的局限性较大。内距是对全距的一种修正;平均差和标准差都是差异的平均数,指标含义相同但数学处理方法不同,标准差的数学处理方法更为合理,它是离中趋势最主要的测量值,标准差越小,离散程度越小。数据差异性的研究在工业产品生产和商业服务质量中极为重要,研究差异是许多产品质量提高和商业成功的关键。例如某邮局将原来顾客分别站在每一柜台排队等候,改变为现在顾客都在同一等候线上等候,从而提高了服务质量。事实上,按新规则排列,顾客等待时间并没有改变,但是顾客感觉大家等候的时间不是各凭运气而是更趋向一致,减少了差异。

使用计算机数据处理软件可以很容易地计算出一组数据的主要描述量数。例如 SPSS 统计软件,它能够提供如四分位数、标准差、方差、全距、最小值、最大值、平均标准差、算术平均数、中位数、众数、偏度与峰度等指标的计算功能,同时可给出变量简单频数分布表、绘制多种变量分布图。

5.2.2　交叉表列

单向表列只有一个变量参加分组,对于离散型变量或变量数值较少,变动幅度不大,且总体单位数不多的情况下,是比较适宜编制单向表列的。然而对事物的描述与分析,有时不能满足于仅仅考虑一个变量的情况,而要综合分析相互联系的多个变量之间的变动关系,这就需要更加复杂的表列形式来说明这类关系,这种形式就是交叉表列。交叉表列是研究变量间关系的最重要工具,在作交叉分析时,总是要把样本分成几个组,以便研究因变量是如何变化的。在商务调研中,交叉表列是使用最为经常、最为广泛的一种方法。

1. 双向交叉表列

双向交叉表列是复杂形式交叉表列的基础,它描述的是当有两个变量同时产生影响作用时,频数分布的情况,这种参数分布表称为列联表。

例如某市场研究公司对 2001 年上半年全国大都市冰箱市场进行了调查,调查地点为北京、上海、广州、成都四个大城市,采用随机电话访问的方法,样本量为 2 177。要研究四大都市的家庭中拥有冰箱台数情况,我们以消费者所在城市为标志,将消费者划分为北京、成都、上海、广州四组;再按拥有冰箱的台数将拥有一台的归为第一组,拥有两台的归为第二组,3 台或 3 台以上的归为第三组。这样就得到一份消费者城市分布与冰箱拥有量的交叉列表,如表 5.6 所示。

表 5.6　四大都市拥有冰箱的家庭中冰箱台数拥有情况

所在城市	冰箱拥有量		
	1 台	2 台	3 台或 3 台以上
北京	85%	13%	2%
成都	92%	8%	8%
上海	93%	6%	1%
广州	96%	3%	3%

若要研究冰箱品牌占有率的城市差异,则为简明起见,只选取了有代表性的四大冰箱的品牌进行分组,将其划分为海尔、华凌、伊莱克斯、上菱等四组;再以消费者所在城市为标志,将消费者划分为北京、成都、上海、广州等四组,得到冰箱品牌与城市分布的交叉列表,如表 5.7 所示。

表5.7　四大都市拥有冰箱的品牌占有情况

城市	冰箱品牌			
	海尔	华凌	伊莱克斯	上菱
北京	44%	0%	9%	0%
成都	53%	1%	3%	1%
上海	31%	0%	6%	18%
广州	13%	27%	4%	0%

　　在交叉表列中,要注意自变量和因变量的关系,一般来说,交叉表列都将自变量沿横向展开,将因变量沿纵向展开,相对频数计算行百分比。这种行百分比就相当于一种条件概率,例如在表5.7中,表芯第一行第一列表示,在居住于北京的消费者中,有44%的家庭偏好于海尔品牌的冰箱。

2. 三向交叉表列

　　从上面的分析可知,消费者所居住的城市不同,其家庭拥有冰箱的台数、对品牌的偏好程度都有所不同,那么,能不能把这几个因素综合起来分析呢? 这就要通过三向交叉表列来进行。

　　三向交叉表列的构成,是首先选中其中的一个变量,将其值稳定在各种变量值中的一个值上,然后对另外的一个自变量和因变量作双向交叉分组;第二步再将第一个变量稳定在其下一个变量值上,作另外两个变量的交叉列表,以此类推,直到第一个变量的所有变量值被一一穷举完毕。

　　例如,研究冰箱品牌、城市分布和家庭月收入之间的关系,其中,月收入分为低收入(2 000 元以下)、中等收入(2 001~6 000 元)和高收入(6 001 元以上)三组,其列表结构见表5.8。

　　在表中每一个局部双向交叉,都存在着三列,对于这样的结构,只要抽出其中的两类变量,就可以形成满足各种统计分析需要的其他表列形式。通过对变量值的变动分析,可以研究几个变量分别会对研究目标产生什么影响,影响的程度有多大。例如根据表5.8可以进行讨论:人群的地域分布和人们的收入水平这两个因素,究竟哪一个对人们的品牌偏好影响较大?

　　对于一个双向交叉表列,可以得到一个两变量间有关系或无关系的结论。双向交叉表列所能传达的信息是表面性的。其结论可能真实,也可能会引起误解或曲解。判断这种初始结论正确性的办法是引入第三个变量,作三向交叉分析,检查一下引入新变量之后原有自变量与因变量之间的关系的变化情况,由此认清和深化对初始关系的认识。这种分析方法称作详细相关分析(elaboration-analysis)。而引入的新变量称作中介变量(moderator variable)。

表 5.8 喜欢几大主要冰箱品牌的人群分布

品牌	城市											
	上海			广州			北京			成都		
	低收入	中等收入	高收入	低收入	中等收入	高收入	低收入	中等收入	高收入	低收入	中等收入	高收入
海尔	229	236	290	96	99	122	326	335	412	392	404	496
华凌	0	0	0	41	47	35	0	0	0	15	17	13
伊莱克斯	4	9	9	3	6	6	6	14	14	2	5	5
上凌	19	19	12	0	0	0	0	0	0	11	11	8

如果双向表列中的自变量和因变量分别有 m 和 n 类,双向交叉表列中的数据就分别占 m 行和 n 列。此时若引进的中介变量有 k 个类别或档次,则三向交叉表列就是一个由 k 个 m 行 n 列的分表组成的总表。但是为简化起见,往往对总表进行压缩,保留其中最重要的信息。中介变量引入后,是否对初始结论产生影响,需要将总表中每个分表中的数据与相应的双向交叉表列中的数据相对照才能下判断。

中介变量引入后可能导致以下几种结论:

1)继续支持初始结论;

2)初始结论提出的关系减弱(或加强);

3)初始结论被认为是有条件存在;

4)初始结论被认为虚假关系。

第三个变量的引入有助于人们深化对两变量间关系的认识。以此类推,如果继续引入第四个变量,第五个变量……问题会更加清楚明了。然而新变量的引入是受到一些因素制约的。一方面,要新引入的变量必须是在设计调查方案时就已经存在的调查项目,而调研人员在设计时尽管从多方面考虑问题,也可能满足不了在事后提出的新要求;另一方面,引入变量过多就要求有更多的样本数据,这必然会增加调查的成本。因此,在调研实践中一般只延伸到三向交叉分析,而且引入的中介变量一般来说应该是与原有的因变量之间有某种联系的。

5.3 资料的定量分析

资料的统计分析是指运用一定的数据处理技术对事物的数量特征的分析，从而揭示出事物的特征及其规律性的分析方法。

市场调查资料的统计分析可以分为定性分析和定量分析两大类。定性分析是探索性研究的一个主要方法。调研者利用定性研究来定义问题或寻找处理问题的途径。在寻找处理问题的途径时，定性分析常常用于制定假设或是确定研究中应包括的变量。有时候定性分析和二手资料分析可以构成调研项目的主要部分。因此，掌握定性分析的基本方法对调研者来说是很有必要的。定量分析是要寻求将数据定量表示的方法，并要采用一些统计分析的形式。一般考虑进行一项新的调研项目时，定量分析之前常常都要以适当的定性分析开路。有时候定性分析也用于解释由定量分析所得的结果。定性分析和定量分析在调查资料的分析工作中都有着重要的作用，它们的特点如表 5.9 所示。

表 5.9　定性研究与定量研究的比较

	定 性 分 析	定 量 分 析
目的	对潜在的理由和动机求得一个定性的理解	将数据定量表示，并将结果从样本推广到所研究的总体
样本	由无代表性的个案组成的小样本	由有代表性的个案组成的大样本
数据收集	无结构的	有结构的
数据分析	非统计的方法	统计的方法
结果	获取一个初步的理解	建议最后的行动路线

在本章主要介绍探索资料内在数据特性的定性分析法。

5.3.1 总量指标的推断

抽样调查得来的数据在一定程度上反映了总体的信息，可以对这些数据用统计分析的方法进行处理，对总体的平均数或是总量进行推断，本节介绍的方法适用于定距、定比数据。

1. 有关统计推断的基本概念

（1）总体与样本

研究对象的全部元素组成的集合，称为总体，组成总体的每一个元素称为个体。例如：检查一批电冰箱的质量，则该批电冰箱的全体就可看成一个总体，其中一台电冰箱就是一个个体。在研究总体性质时，我们关心的往往是总体的一个或几个数量指标，如检查电冰箱质量时往往是检查"电冰箱的寿命"、"电冰箱的耗电量"等。这些数量指标是通过每一个个体共同表现出来的，而总体中的每个个体不尽相同，因此，表征总体的数量指标可以看做一个随机变量，用 X 表示。通常，这个随机变量 X 取值的全体就称为总体，每一个个体的数值是总体 X 的一个观测值，这样就可以借助随机变量来研究总体。

对全部个体即总体的检验是困难的，一个恰当的替代办法就是在这一总体中检验一小部分。利用这部分个体提供的信息对总体特征做出推断。例如检查电冰箱，可以从这批电冰箱中随机抽取 n 台，获得总体 X 的 n 个观值 $x_1, x_2, x_3, \cdots, x_n$，然后根据这组观察值对整体电冰箱的寿命或耗电量（总体 X）进行分析和判断。

从总体中随机抽取的 n 个个体称为容量为 n 的子样，就是要从子样的观察或试验结果的特性来对总体的特性做出推断，这些被抽取出来的个体必须满足两个要求：一是独立性，样本中的每一个个体都应该相互独立；二是在样本当中的每一个个体都与总体 X 有相同分布。

（2）常用统计量的分布

如果获得的数据是所研究问题总体的全部数据，那么通过对数据的描述就可以直接得到表示总体数量规律性的参数及其分布，然而在实际研究中，往往无法得到全部总体数据，只能抽取部分总体单位作为样本。利用样本可以构造出样本的统计量，通过统计量的分布来推断总体的特征。而统计推断的理论基础就是概率和概率分布。一般来说，如果众多因素可能影响随机变量的取值，又没有某个因素是起很显著作用时，随机变量往往服从正态分布，因此在市场调查中，常常假定总体服从正态分布。来自正态总体的样本的统计量对于数据资料的统计起着重要的作用，下面是几个重要的统计量的抽样分布。

1）样本均值的分布：设 $(X_1, X_2, \cdots, X_n)$ 为来自正态总体 $N(\mu, \sigma^2)$，则样本均值 $\overline{X} = \dfrac{1}{n} \sum\limits_{i=1}^{n} X_i$ 服从正态分布 $N\left(\mu, \dfrac{\sigma^2}{n}\right)$。即 $P\left(\dfrac{\overline{X} - \mu}{\sigma / \sqrt{n}} < x\right) = \dfrac{1}{\sqrt{2\pi}} \int_{-\infty}^{x} \mathrm{e}^{-\frac{t^2}{2}} \, \mathrm{d}t$

2）χ^2 分布：设 $X_1, X_2, \cdots, X_n$ 是相互独立的，而且同服从于 $N(0,1)$ 分布的随

机变量,则称随机变量$\chi^2 = \sum_{i=1}^{n} X_i^2$ 所服从的分布自由度为 n 的 χ^2 分布,记为 $\chi^2 \sim$

$\chi^2(n)$。$\chi^2(n)$ 分布的概率密度为 $f(y) = \begin{cases} \dfrac{1}{2^{\frac{n}{2}} \Gamma\left(\dfrac{n}{2}\right)} y^{\frac{n}{2}-1} e^{-\frac{y}{2}}, \text{当} y \geq 0, \\ 0, \text{当} y < 0, \end{cases}$ 其中参数

n 为自由度,它表示 $\chi^2 = \sum_{i=1}^{n} X_i^2$ 中独立变量的个数。

注:$\Gamma\left(\dfrac{n}{2}\right)$ 为珈玛函数,是一个含参数 $n/2$ 的积分,即 $\Gamma\left(\dfrac{n}{2}\right)$

$= \int_0^{+\infty} t^{\frac{n}{2}-1} e^{-\frac{t}{2}} dt$。

$\chi^2(n)$ 的性质:设 $\chi_1^2 \sim \chi^2(n_1)$,$\chi_2^2 \sim \chi^2(n_2)$,且它们相互独立,则 $\chi_1^2 + \chi_2^2 \sim \chi^2 (n_1 + n_2)$。

3)t 分布:设 $X \sim N(0,1)$,和 $Y \sim \chi^2(n)$,且 X 与 Y 相互独立,则称随机变量 $T = \dfrac{X}{\sqrt{Y/n}}$ 所服从的分布为 t 分布。n 称为它的自由度,记为 $T \sim t(n)$。t 分布的性质如下:

- 设 $t_\alpha(n)$ 为 t 分布的上 100α 分位点,则 $t_{1-\alpha}(n) = -t_\alpha(n)$;
- 当 n 足够大时,t 分布 $\approx N(0,1)$ 分布;当 $n > 45$ 时,$t_\alpha(n) \approx Z_\alpha$($Z_\alpha$ 为标准正态分布的上 100α 分位点)。

4)F 分布:设 U 和 V 是相互独立的 χ^2 分布随机变量。自由度分别为 n_1 和 n_2,则称随机变量 $F = \dfrac{U/n_1}{V/n_2} = \dfrac{U}{V} \cdot \dfrac{n_2}{n_1}$ 所服从的分布为 F 分布,(n_1, n_2) 称为它的自由度,且通常写为 $F \sim F(n_1, n_2)$。

F 分布的性质:$F_{1-\alpha}(n_1, n_2) = \dfrac{1}{F_\alpha(n_2, n_1)}$

上式常用来求 F 分布表中没有列出的某些值。

在社会经济问题中,许多随机变量的概率分布都服从正态分布。例如人的智商、考试成绩、社会调查中某种态度的得分,还有人的身高、体重等都近似服从正态分布。此外,其他类型的概率分布,如二项分布等,当样本容量 $n > 30$,$np \geq 5$,$nq \geq 5$ 时,也可以用正态曲线来近似表示。

2. 参数估计

服从正态分布的随机变量,其概率分布 $N(\mu, \sigma^2)$ 由一对参数 μ, σ^2 确定,也

就是说,对所要研究的随机变量 X,当它的概率分布的类型已知时,还要确定分布函数中的参数是什么值,这样随机变量 X 的分布函数才能完全确定。若总体 X 的分布函数为 $F(x,\theta)$,其中参数 θ 为未知,那么怎样由子样 $X_1,X_2,\cdots,X_n$ 提供的信息,建立子样的统计量来对未知参数 θ 做出估计,并且估计量的"最佳"准则又怎样确定? 这类统计问题,就是参数估计问题。

参数估计的方法有点估计和区间估计两种。

(1)点估计。设 θ 是总体 X 的一个未知参数,用样本 $X_1,X_2,\cdots,X_n$ 的某个函数 $\hat{\theta}=(X_1,X_2,\cdots,X_n)$ 去估计 θ,就称为对 θ 作点估计。如果随机变量 X 的分布函数 $F(x,\theta_1,\theta_2,\cdots,\theta_k)$ 中含有 k 个不同的未知参数,则要由样本 $X_1,X_2,\cdots,X_n$ 建立 k 个不同的不带有任何未知参数的统计量作为这些未知参数的估计量。

点估计是不考虑抽样误差的估计,常用的点估计法有:矩估计法、顺序统计量法、最大似然估计、最小二乘法等。当总体服从正态分布时,根据所抽样本计算的统计量基本上就是总体参数的点估计值。

求参数 θ 的估计值,可以先构造一个估计量,再把样本观测值代入估计量得到未知参数的估计值。因此构造估计量是求参数估计值的一个前提。以下是求估计量的两种常用方法:

1)矩估计。用样本矩作为总体矩估计的一种方法。

设总体 X 的均值为 $E(X)$,方差 $D(X)$,则用 $\overline{X}=\dfrac{1}{n}\sum\limits_{i=1}^{n}x_i$ 估计 $E(X)$;用样本方差 $S^2=\dfrac{1}{n-1}\sum\limits_{i=1}^{n}(x_i-\overline{X})^2$ 估计 $D(X)$。

2)最大似然估计。最大似然估计是建立在最大似然原理基础上的一种常用的估计方法。其思路是:一个随机试验如果有若干可能的结果 $A,B,C,\cdots$,若在一次试验中,结果 A 出现,则一般认为试验条件对 A 出现有利,即 A 出现的概率最大。例如一个大学生与一射击选手一同进行实弹射击,两人同打一个靶子,每人各打一发,结果仅中一发,我们估计这一发是选手打中的显然是合理的。

设总体 X 的分布形式为 $P(X_i,\theta_1,\theta_2,\cdots,\theta_k)$,其中 $\theta_i(i=1,2,\cdots,k)$ 为 k 个未知参数,若 $x_1,x_2,\cdots,x_n$ 为样本 $X_1,X_2,\cdots,X_n$ 的观测值,则称样本 $X_1,X_2,\cdots,X_n$ 的联合分布:

$$L(x_1,x_2,\cdots,x_n;\theta_1,\theta_2,\cdots,\theta_k)=\prod_{i=1}^{n}p(x_i;\theta_1,\theta_2,\cdots,\theta_k)$$ 为样本的似然函数,简记为

$$L(\theta),(\theta=(\theta_1,\theta_2,\cdots,\theta_k))$$

99

若 $L(\theta)$ 在 $\hat{\theta} = (\theta_1, \theta_2, \cdots, \theta_k)$ 达到最大值,则称 $\hat{\theta}$ 为 θ 的最大似然估计量。

[**例** 5.3] 已知某种白炽灯泡寿命服从正态分布,在某个星期里所生产的该种灯泡中随机抽取 10 只,测得其寿命(以小时计)为:1 067,919,1 126,936,918,1 156,920,948,980,1 001。设总体参数均未知,试估计这个星期里所生产的灯泡能使用 1 300 小时以上的概率。

解

用最大似然法进行估计:

$$\sum_{i=1}^{10} X_i = 9\ 971, \overline{X} = 997.1$$

$$\hat{\sigma}^2 = \frac{1}{10} \sum_{i=1}^{10} (X_i - \overline{X})^2 = 15\ 574.29$$

$$\hat{\sigma} = 124.80$$

所以,$P\{x > 1\ 300\}$ 的最大似然估计为 $1 - \Phi\left(\dfrac{1\ 300 - 997.1}{124.8}\right) = 0.008$。

(2)区间估计

点估计法可以给出一个非常明确的估计值,但因样本的不同而有很大的差异,同时点估计不能解决参数估计精确度与可靠性问题。区间估计是以抽样分布为基础所给出的总体未知参数所在的可能区间即置信区间,它不会随样本的不同而不同,该方法的估计值能够以一定的置信度保证估计的正确性。

1)正态总体期望的区间估计:设总体 $X \sim N(\mu, \sigma^2)$,$X_1, X_2, \cdots, X_n$ 是取自总体 X 的样本。

①已知 $\sigma^2 = \sigma_0^2$(σ_0 已知),对总体期望 μ 进行区间估计,取随机变量 $U = \dfrac{\overline{X} - \mu}{\sigma_0/\sqrt{n}} \sim N(0,1)$,临界值 $u_{\frac{\alpha}{2}}$ 由 $P\{|U| < u_{\frac{\alpha}{2}}\} = P\left\{\overline{X} - u_{\frac{\alpha}{2}}\dfrac{\sigma_0}{\sqrt{n}} < \mu < \overline{X} + u_{\frac{\alpha}{2}}\dfrac{\sigma_0}{\sqrt{n}}\right\} = 1 - \alpha$ 确定,μ 的置信度为 $1 - \alpha$ 的置信区间为 $\left(\overline{X} - u_{\frac{\alpha}{2}}\dfrac{\sigma_0}{\sqrt{n}}, \overline{X} + u_{\frac{\alpha}{2}}\dfrac{\sigma_0}{\sqrt{n}}\right)$

②总体方差 σ^2 未知,对 μ 进行估计:

取随机变量 $\left(T = \dfrac{\overline{X} - \mu}{S/\sqrt{n}}\right) \sim t(n-1)$,则 μ 的置信区间为 $1 - \alpha$ 的置信区间为

$$\left(\overline{X} - t_{\frac{\alpha}{2}}(n-1)\dfrac{S}{\sqrt{n}}, \overline{X} + t_{\frac{\alpha}{2}}(n-1)\dfrac{S}{\sqrt{n}}\right)$$

2)正态总体方差的区间估计:设总体 X 服从正态公布 $N(\mu, \sigma^2)$,其中 μ, σ^2

未知。$X_1, X_2, \cdots, X_n$ 是取自总体 X 的样本,对给定置信度 $1-\alpha$ 进行 σ^2 估计。

取随机变量 $\chi^2 = \dfrac{(n-1)S^2}{\sigma^2} \sim \chi^2(n-1)$

由 $P\{\chi^2 > \chi^2_{1-\frac{\alpha}{2}}\} = 1 - \dfrac{\alpha}{2}, P\{\chi^2 > \chi^2_{\frac{\alpha}{2}}\} = \dfrac{\alpha}{2}$

查自由度为 $n-1$ 的 χ^2 分布表,确定 $\chi^2_{1-\frac{\alpha}{2}}, \chi^2_{\frac{\alpha}{2}}$,从而确定置信度为 $1-\alpha$ 的 σ^2 置信区间为 $\left[\dfrac{(n-1)S^2}{\chi^2_{\frac{\alpha}{2}}(n-1)}, \dfrac{(n-1)S^2}{\chi^2_{1-\frac{\alpha}{2}}(n-1)}\right]$。

[例 5.4] 从一批钉子中随机抽取 16 枚,测得长度(单位为 cm)为:2.14, 2.10, 2.13, 2.15, 2.13, 2.12, 2.13, 2.10, 2.15, 2.12, 2.14, 2.10, 2.13, 2.11, 2.14, 2.11,假设钉子的长度 X 服从正态分布 $N(\mu, \sigma^2)$,若已知 $\sigma = 0.01$,由观察值可得 $\overline{X} = 2.125, S = 0.017\,13$,选取随机变量 $U = \dfrac{\overline{X} - \mu}{\sigma/\sqrt{n}} \sim N(0,1)$,$P\{|U| < \mu_{0.05}\} = 0.90$,查标准正态分布表得:$\mu_{0.05} = 1.645$,计算置信区间得

$$\overline{X} - \frac{\mu_{0.05} \times \sigma}{\sqrt{n}} = 2.125 - \frac{1.646\,5 \times 0.01}{\sqrt{16}} = 2.121$$

$$\overline{X} + \frac{\mu_{0.05} \times \sigma}{\sqrt{n}} = 2.125 + \frac{1.646\,5 \times 0.01}{\sqrt{16}} = 2.129$$

所以,当 $\sigma = 0.01$ 时,置信区间为 $(2.121, 2.129)$。

若 σ 未知,用随机变量 $T = \dfrac{\overline{X} - \mu}{S/\sqrt{n}} \sim T(n-1)$,由 $P\{|T| < t_{0.05}(n-1)\} = 0.90$,查 t 分布表得 $t_{0.05} = 1.753\,1$,计算得:

$$\overline{X} - t_{0.05}(15)\frac{S}{\sqrt{n}} = 2.125 - \frac{1.753 \times 0.017\,13}{\sqrt{16}} = 2.117$$

$$\overline{X} + t_{0.05}(15)\frac{S}{\sqrt{n}} = 2.125 - \frac{1.753 \times 0.017\,13}{\sqrt{16}} = 2.135$$

所以,所求的总体平均数的置信区间为 $(2.117, 2.135)$。

3. 假设检验

所谓统计假设就是关于"总体的某个声明"或"某事是真的之叙述"。请考察以下的一些例子。

某航空公司的代表声称该公司民航客机的平均机龄不超过 10 年;

一位电视台的行政主管认为绝大多数的成年人不会受电视上的暴力所影响;

一位银行行长说顾客在该行排队时不会超过 3 分钟。

以上的叙述是否是真的,可以通过抽取随机样本来进行检验。因此,假设检验就是对我们所关心的、却又是未知的总体参数先提出假设,然后抽取样本,利用样本提供的信息对假设的正确性进行判断的过程。在该过程中,若对假设检验的原理没有较深的理解,将很容易陷入迷惘中。

例如上述某航空公司的代表声称公司民航客机的平均机龄不超过 10 年,假设随机抽取了 40 架客机,测得其平均机龄为 11.6 年,而标准差为 5.2 年。那么,样本结果和总体假设之间的差异是否大得足以下结论说该航空公司客机总体的机龄并非如前所说的不超过 10 年? 或者这个差异仅仅是由于样本中的偶然差异或随机变异所造成的呢? 对此我们应考虑若是真的,即公司民航客机的平均机龄确实不超过 10 年,那么观测到平均机龄为 11.6 年的机会将是多大,结合运用小概率的原理,发生概率很小的随机事件在一次试验中是几乎不可能发生的,以此机会的大小在一定把握下判断原声明的对错。

(1)假设检验的步骤:

首先看一个例子:糖果厂用自动包装机将糖果装箱,以便于外运。每箱的标准重量规定为 100 kg。每天开工时,需要先检验一下包装机工作是否正常。根据以往的经验知道,用自动包装机装箱,其各箱重量的标准差 $\sigma = 1.15$ kg。某日开工后,抽测了 9 箱,其重量如下:(单位:kg)

99.3,98.7,100.5,101.2,98.3,99.7,99.5,102.1,100.5,试问此包装机的工作是否正常?

在这个例子中,我们关心的问题是:包装机工作是否正常,即包装机装出的糖果箱的平均重量是否符合标准为 100 kg。一般认为自动包装机装箱重量的起伏是服从正态分布的。因此可以作如下处理:先假设总体(包装机装出的糖果箱)的平均值 $\mu = 100$ kg,然后利用上述抽出的 9 个数据,来推断所做这一假设的正确性,从而拒绝或接受这种假设。

一个完整的假设检验,通常包括以下 5 个步骤:

①提出零假设和对立假设;

②确定适当的检验统计量;

③规定显著性水平 α;

④计算当 H_0 为真时的临界值;

⑤作出统计决策。

正确地提出零假设和对立假设是假设检验的关键问题。另外,在做统计判断时,若检验统计量落在拒绝域内,则否定 H_0;若不落在拒绝域内,则不能否定

H_0。根据检验的问题不同,假设检验有对单个总体均值和成数的检验以及对多个总体均值之差或成数之差的检验,同时也存在双侧(双尾)检验和单侧(单尾)检验之分,单尾又分为左尾与右尾。某一假设检验究竟属于哪一种,则依赖于 H_1 的情况,若 H_1: $\mu \neq \mu_0$,则为双尾检验;若 H_1:$\mu < \mu_0$,则为左尾检验;若 $\mu > \mu_0$ 则为右尾检验。同时,由于已知条件的不同,所构造的检验统计量也不同。以单个总体均值和成数的假设检验为例,不同条件下的统计量可概括如下表所示:

表 5.10

已 知 条 件	检 验 统 计 量
正态总体,方差 σ^2 已知	$Z = \dfrac{\overline{X} - \mu_0}{\sigma/\sqrt{n}}$
正态总体,方差 σ^2 未知	$t = \dfrac{\overline{X} - \mu_0}{s/\sqrt{n}}$
非正态总体,$n \geqslant 30$,方差 σ^2 已知	$Z = \dfrac{\overline{X} - \mu_0}{\sigma/\sqrt{n}}$
非正态总体,$n \geqslant 30$,方差 $\sigma2$ 未知	$Z = \dfrac{\overline{X} - \mu_0}{s/\sqrt{n}}$
np 和 nq 都大于 5	$Z = \dfrac{\hat{P} - P_0}{\sqrt{\dfrac{P_0 Q_0}{n}}}$

103

一个正态总体的假设检验步骤分为以下几种情况:

1)已知 $\sigma = \sigma^2$,检验假设 $H_0 : \mu = \mu_0$。检验步骤为:

①提出待检验假设 $H_0 : \mu = \mu_0$ 与备择假设 $H_1 : \mu \neq \mu_0$;

②选取统计量 $U = \dfrac{\overline{X} - \mu_0}{\sigma/\sqrt{n}}_{H_0 成立时} \sim N(0,1)$;

③在给定的显著性水平 $\alpha(0 < \alpha < 1)$ 下,查标准正态分布表找出使 $P\{|U| > u_{\alpha/2}\} = \alpha$ 成立的临界值 $u_{\alpha/2}$,从而确定 H_0 的拒绝域 $(-\infty, -u_{\alpha/2}) \cup (+u_{\alpha/2}, +\infty)$;

④根据样本观测值 $x_1, x_2, \cdots, x_n$,计算统计量 U 的观测值,若其落入拒绝域,则拒绝接受 H_0;否则,接受 H_0。

2)未知 σ^2,检验假设 $H_0 : \mu = \mu_0$。检验步骤为:

①提出待检验假设 $H_0 : \mu = \mu_0$;

②选取统计量 $T = \dfrac{\overline{X} - \mu_0}{S / \sqrt{n}}_{H_0成立时} \sim t(n-1)$;

③在给定的显著性水平 α 下,查 t 分布表找出使 $P\{|T| > t_{\alpha/2}(n-1)\} = \alpha$ 成立的临界值 $t_{\alpha/2}$;

④根据样本观测值 $x_1, x_2, \cdots, x_n$,计算统计量 T 的观测值 T_0,若其落入拒绝域,则拒绝接受 H_0;否则,接受 H_0。

3)未知 σ^2,检验假设 $H_0 : \mu \leqslant \mu_0$。检验步骤为:

①提出待检验假设 $H_0 : \mu \leqslant \mu_0$;

②选取统计量 $T = \dfrac{\overline{X} - \mu_0}{S / \sqrt{n}}_{H_0成立时} \sim t(n-1)$;

③在给定的显著性水平 α 下,查 t 分布表找出使 $P\{|T| > t_\alpha\} = \alpha$ 成立的临界值 t_α;

④根据样本观测值 $x_1, x_2, \cdots, x_n$,计算统计量 T 的观测值 T_0,若其落入拒绝域,则拒绝接受 H_0;否则,接受 H_0。

4)未知 μ,检验假设 $H_0 : \sigma^2 = \sigma_0^2$。检验步骤为:

①提出待检验假设 $H_0 : \sigma^2 = \sigma_0^2$;

②选取统计量 $\chi^2 = \dfrac{(n-1)S}{\sigma_{0\,H_0成立时}^2} \sim \chi^2(n-1)$;

③在给定的显著性水平 α 下,查 χ^2 分布表找出临界值 $\chi_{\frac{\alpha}{2}}^2(n-1), \chi_{1-\frac{\alpha}{2}}^2(n-1)$,使得 $P\{\chi^2 > \chi_{1-\frac{\alpha}{2}}^2(n-1)\} = 1 - \dfrac{\alpha}{2}$,及 $P\{\chi^2 > \chi_{\frac{\alpha}{2}}^2(n-1)\} = \dfrac{\alpha}{2}$。从而确定 H_0 的拒绝域:$(0, \chi_{1-\frac{\alpha}{2}}^2(n-1)) \cup (\chi_{\frac{\alpha}{2}}^2(n-1), +\infty)$;

④计算统计量 χ^2 的观测值 $\chi_0^2 = \dfrac{(n-1)S^2}{\sigma_0^2} = \dfrac{\sum\limits_{i=1}^{n}(x_i - \overline{X})}{\sigma_0^2}$,若其落入拒绝域,则拒绝接受 H_0;否则,接受 H_0。

5)未知 μ,检验假设 $H_0 : \sigma^2 \leqslant \sigma_0^2$。检验步骤为:

①提出待检验假设 $H_0 : \sigma^2 \leqslant \sigma_0^2$;

②选取统计量 $\chi^2 = \dfrac{(n-1)S}{\sigma_{0\,H_0成立时}^2} \sim \chi^2(n-1)$;

③在给定的显著性水平 α 下,查 χ^2 分布表找出临界值 $\chi_\alpha^2(n-1)$,使得 P

$$\{\chi^2 > \chi_\alpha^2(n-1)\} = \frac{\alpha}{2};$$

④计算统计量 χ^2 的观测值 $\chi_0^2 = \frac{(n-1)S^2}{\sigma_0^2} = \frac{\sum_{i=1}^{n}(x_i - \bar{X})}{\sigma_0^2}$，若其落入拒绝域，则拒绝接受 H_0；否则，接受 H_0。

[**例 5.5**]　食品厂用自动装罐机装罐头食品,每罐标准重量为 500 克,每隔一定时间需要检验机器的工作情况,现抽取 10 罐,测得其重量为:(单位:g)

495,510,505,498,503,492,502,512,497,506

假设重量 X 服从正态分布 $N(\mu,\sigma^2)$,试问机器工作是否正常?（$\alpha = 0.05$）

解　$H_0:\mu = 500$

取统计量:$T = \frac{\bar{X} - \mu_0}{S/\sqrt{n}} = \frac{\bar{X} - 500}{S/\sqrt{10}} \sim t(9)$

由样本数据得 $\bar{X} = 502, S = 65, T_0 = \frac{502 - 500}{6.5/\sqrt{10}} = 0.97$,查 t 分布表得 $t_{\frac{\alpha}{2}}(n-1) = t_{0.01}(9) = 2.82$。因为 $|T| = 0.97 < 2.82$,故可认为自动装罐机工作正常。

5.3.2　差异性检定

在现实生活中,影响某一事物的因素往往很多,常常要确定哪些因素的影响是显著的,差异性检定是解决这一问题的有效方法,而差异性检定的主要工具是方差分析。所谓方差分析是一种通过分析样本资料各项差异的来源以检验三个或三个以上总体平均数是否相等或是否具有显著差异的方法。例如要判断 5 种化肥的效力,可将一大片种植小麦的农田划分为 5 块,分别施以不同的化肥,利用方差分析法检验这 5 种施以不同化肥的平均小麦收获是否相等。

进行方差分析一般要符合以下条件:

1)被检验的各总体均服从正态分布;

2)各总体的方差皆相等;

3)从每一个总体中所抽出的样本是随机且独立的。

方差分析按所涉及因素的多少可分为单因素方差分析(涉及的因素只有一个)、双因素方差分析(涉及的因素为两个)和多因素方差分析(涉及多个因素)。

1. 单因素方差分析

所谓单因素方差分析是只考虑一个因素的不同水平对试验结果影响的显著

程度分析。

如果对事件 A 的 c 个不同水平 A_j（假定都是来自正态总体）进行试验；分别抽取等容量 r 的样本，在 j 水平下的第 i 次试验结果为 x_{ij}，得到试验数据 $\{x_{ij}\}$（$i=1,2,3,\cdots,r;j=1,2,3,\cdots,c$）。假定各水平的方差相等的条件下，检验这 c 个抽样总体的平均数是否有显著性差异。

建立统计假设：

$$H_0: \overline{X}_1 = \overline{X}_2 = \overline{X}_3 = \cdots = \overline{X}_c$$

H_1：各 $\overline{X}_j(j=1,2,3,\cdots,c)$ 至少有两个不相等。即认为组内变异程度有显著差异。

单因素方差分析的步骤为：

1）在一定 α,β 与允许误差情况下，抽取样本容量 r，获得试验数据，可采用表 5.11 所示的格式。

表 5.11　单因素试验方差分析

因素 A / 试验号	单因素试验方差分析						$\sum\limits_{j=1}^{c}$
	A_1	A_2	$\cdots$	A_j	$\cdots$	A_c	
1	x_{11}	x_{12}	$\cdots$	x_{1j}	$\cdots$	x_{1c}	$\sum\limits_{j=1}^{c} x_{1j}$
2	x_{21}	x_{22}	$\cdots$	x_{2j}	$\cdots$	x_{2c}	$\sum\limits_{j=1}^{c} x_{2j}$
$\vdots$	$\vdots$	$\vdots$	$\vdots$	$\vdots$	$\vdots$	$\vdots$	$\vdots$
i	x_{i1}	x_{i2}	$\cdots$	x_{ij}	$\cdots$	x_{ic}	$\sum\limits_{j=1}^{c} x_{ij}$
$\vdots$	$\vdots$	$\vdots$	$\vdots$	$\vdots$	$\vdots$	$\vdots$	$\vdots$
r	x_{r1}	x_{r2}	$\cdots$	x_{rj}	$\cdots$	x_{rc}	$\sum\limits_{i=1}^{r} x_{rj}$
$\sum\limits_{i=1}^{r}$	$\sum\limits_{i=1}^{r} x_{i1}$	$\sum\limits_{i=1}^{r} x_{i2}$	$\cdots$	$\sum\limits_{i=1}^{r} x_{ij}\cdots$	$\sum\limits_{i=1}^{r} x_{ij}$	$\sum\limits_{j=1}^{c}\sum\limits_{i=1}^{r} x_{rj}$	
$\overline{X}_i$	$\overline{X}_1$	$\overline{X}_2$	$\cdots$	$\overline{X}_j$	$\cdots$	$\overline{X}_c$	$\overline{X}$

2）分解总离差平方和。每个观察值 x_{ij} 对其总平均数 $\overline{X}$ 的总离差平方和可以分解为试验因素 A 变动水平不同所产生的离差平方和 S_A 与在同一水平 A_j 下的不同试验次数所产生的离差平方和 S_E 两部分。即各列水平的平均值对总平

均数的离差平方和与各列观察值对该水平均值的离差平方和两部分。

3）计算统计量，列方差分析表：

$$F = \frac{S_A^2}{S_E^2} = \frac{S_A / \nu_A}{S_E / \nu_E} = \frac{S_A}{C - A} \div \frac{S_E}{C(r-1)}$$

列出方差分析表：

表 5.12　方差分析表

方差来源	离差平方和	自由度	方差	F 比值	显著性
组间（水平变动）	$S_A = r \sum\limits_{j=1}^{c} (\overline{X}_j - \overline{X})^2$	$\nu_A = c - 1$	$S_A^2 = \dfrac{S_A}{\nu_A}$	$F = \dfrac{S_A^2}{S_E^2}$	$F_a(\nu_A, \nu_E)$
组内（实验次数）	$S_E = \sum\limits_{i=1}^{r} \sum\limits_{j=1}^{c} (x_{ij} - \overline{X}_j)$	$\nu_E = c(r-1)$	$S_E^2 = \dfrac{S_E}{\nu_E}$		
总和	$S = \sum\limits_{i=1}^{r} \sum\limits_{j=1}^{c} (x_{ij} - \overline{X})^2$	$\nu = cr - 1$	$\sigma^2 = \dfrac{S^2}{cr - 1}$		

4）进行 F 检验，做统计推断。

[例 5.6]　某车间 12 名技工在三种投料方式下制作零件，其日产零件试验结果如表 5.13 所示，求解在显著性水平 $\alpha = 0.05$ 下，三种投料方式对该班日产零件是否有显著性影响。

表 5.13　单因素试验方差分析

试验次序号	因素 A 水平（不同投料方式日产零件）			$\sum\limits_{j=1}^{c} x_{ij}$
	A_1	A_2	A_3	
1	16	19	24	59
2	21	20	21	62
3	18	21	22	61
4	13	20	25	58
$\sum\limits_{i=1}^{r} x_{ij}$	68	80	92	240
均值	17	20	23	20

解

原假设 H_0：$\overline{X}_1 = \overline{X}_2 = \overline{X}_3$；

备选假设 H_1：$\overline{X}_1, \overline{X}_2, \overline{X}_3$ 不完全相等。

将上表进行数值变换 $(x_{ij} - 20)$，将获得的试验数据整理得单因素方差分析表：

表5.14

试验次序号	因素 A 水平（不同投料方式日产零件）			$\sum\limits_{j=1}^{c} x_{ij}$
	A_1	A_2	A_3	
1	-4	-1	4	-1
2	1	0	1	2
3	-2	1	2	1
4	-7	0	5	-2
$\sum\limits_{j=1}^{c} x_{ij}$	-12	0	12	0
$\left(\sum\limits_{i=1}^{r} x_{ij}\right)^2$	144	0	144	288
$\sum\limits_{i=1}^{r} x_{ij}^2$	70	2	46	118

根据简捷公式，计算离差平方和：

$$S_A = \frac{1}{r}\sum_{j=1}^{c}\left(\sum_{i=1}^{r} x_{ij}\right)^2 - \frac{1}{rc}\left(\sum_{i=1}^{r}\sum_{j=1}^{c} x_{ij}\right)^2 = 1/4 \times 288 - \frac{1}{4 \times 3} \times 0^2 = 72$$

$$S_E = \sum_{i=1}^{r}\sum_{j=1}^{c} x_{ij}^2 - \frac{1}{r}\sum_{j=1}^{c}\left(\sum_{i=1}^{r} x_{ij}\right)^2 = 118 - 1/4 \times 288 = 46$$

$S = S_A + S_E = 72 + 46 = 118$

计算统计量：

自由度：$v_A = c - 1 = 3 - 1 = 2$

$v_E = c(r-1) = 3(4-1) = 9$

$v = v_A + v_E = cr - 1 = 12 - 1 = 11$

方差：$S_A^2 = S_A/v_A = 72/2 = 36$

$S_E^2 = S_E/v_E = 46/9 = 5.1$

F 比值：$F = S_A^2/S_E^2 = 36/5.1 = 7.1$

列出方差分析表：

表 5.15　方差分析

方差来源	离差平方和	自由度	方差	F 比值	显著性
因素 A	72	2	3.6	7.1	$F_{0.05}(2,9)$
残差 E	46	9	5.1		
总和	118	11			

进行 F 检验，以做统计推断。

比较 F 与 $F_a[(c-1),(cr-1)]$ 值，查 F 分布表得临界值：$F_{0.05}(2,9)=$ 4.26，$F=7.1>F_{0.05}(2,9)=4.26$，故 S_A^2 显著地大于 S_E^2，说明投料方式对该班组工人日产零件具有显著性影响。因而在置信度 $\alpha=0.05$ 下，拒绝原假设 H_0：$\overline{X}_1 = \overline{X}_2 = \overline{X}_3$，接受备择假设 H_1：$\overline{X}_1, \overline{X}_2, \overline{X}_3$ 不完全相等。

2. 双因素方差分析

单因素试验方差分析只讨论一个因素变化对试验结果有无显著性影响，但实践中，影响事物变化的不止一个因素，而常常有多个因素，因而必须进行多因素试验。双因素方差分析可以测定双因素水平对试验结果是否有显著性影响。双因素试验就是把两个变异因素各分成若干个"水平"相互交错地进行全面试验。设 A,B 为两个变异因素，A 有 c 个水平，B 有 r 个水平。A_j,B_i 相互交错搭配试验的观测值 x_{ij} 可列成双因素试验方差分析的计算表，如表 5.16 所示。

双因素方差分析的程序同单因素试验方差分析类似，只是建立的假设不同，双因素方差分析要检验：

H_{0A}：因素 A_j 对试验结果无显著性影响。

H_{1A}：因素 A_j 对试验结果有显著性影响。

H_{0B}：因素 B_j 对试验结果无显著性影响。

H_{1B}：因素 B_j 对试验结果有显著性影响。

其具体步骤是：

1）分解总离差平方和。仍将双因素试验的各观测值 x_{ij} 对总平均数的总离差平方和 S 分解成 A 因素与 B 因素所引起的离差平方和进行分析：

表 5.16 双因素试验方差分析

因素A \ 因素B	双因素试验方差分析						$\sum\limits_{j=1}^{c} x_{ij}$	$\overline{X}$	$\sum\limits_{j=1}^{c} x_{ij}^2$	$(\sum\limits_{j=1}^{c} x_{ij})^2$
	A_1	A_2	$\cdots$	A_j	$\cdots$	A_c				
B_1	x_{11}	x_{12}	$\cdots$	x_{1j}	$\cdots$	x_{1c}	$\sum\limits_{j=1}^{c} x_{1j}$	$\overline{X}_1$	$\sum\limits_{j=1}^{c} x_{1j}^2$	$(\sum\limits_{j=1}^{c} x_{1j})^2$
B_2	x_{21}	x_{22}	$\cdots$	x_{2j}	$\cdots$	x_{2c}	$\sum\limits_{j=1}^{c} x_{2j}$	$\overline{X}_2$	$\sum\limits_{j=1}^{c} x_{2j}^2$	$(\sum\limits_{j=1}^{c} x_{2j})^2$
$\vdots$	$\vdots$	$\vdots$	$\vdots$	$\vdots$	$\vdots$	$\vdots$	$\vdots$	$\vdots$	$\vdots$	$\vdots$
B_i	x_{i1}	x_{i2}	$\cdots$	x_{ij}	$\cdots$	x_{ic}	$\sum\limits_{j=1}^{c} x_{ij}$	$\overline{X}_i$	$\sum\limits_{j=1}^{c} x_{ij}^2$	$(\sum\limits_{j=1}^{c} x_{ij})^2$
$\vdots$	$\vdots$	$\vdots$	$\vdots$	$\vdots$	$\vdots$	$\vdots$	$\vdots$	$\vdots$	$\vdots$	$\vdots$
A_r	x_{r1}	x_{r2}	$\cdots$	x_{rj}	$\cdots$	x_{rc}	$\sum\limits_{j=1}^{c} x_{rj}$	$\overline{X}_r$	$\sum\limits_{j=1}^{c} x_{rj}^2$	$(\sum\limits_{j=1}^{c} x_{rj})^2$
$\sum\limits_{i=1}^{r} x_{ij}$	$\sum\limits_{i=1}^{r} x_{i1}$	$\sum\limits_{i=1}^{r} x_{i2}$	$\cdots$	$\sum\limits_{i=1}^{r} x_{ij}$	$\cdots$	$\sum\limits_{i=1}^{r} x_{ic}$	$\sum\limits_{j=1}^{c}\sum\limits_{i=1}^{r} x_{rj}$		$\sum\limits_{i=1}^{r}\sum\limits_{j=1}^{c} x_{rj}^2$	$\sum\limits_{i=1}^{r}(\sum\limits_{j=1}^{c} x_{ij})^2$
$\overline{X}_i$	$\overline{X}_1$	$\overline{X}_2$	$\cdots$	$\overline{X}_j$	$\cdots$	$\overline{X}_c$	$\overline{X}$			
$\sum\limits_{i=1}^{r} x_{ij}^2$	$\sum\limits_{i=1}^{r} x_{i1}^2$	$\sum\limits_{i=1}^{r} x_{i2}^2$	$\cdots$	$\sum\limits_{i=1}^{r} x_{ij}^2$	$\cdots$	$\sum\limits_{i=1}^{r} x_{ic}^2$	$\sum\limits_{j=1}^{c}\sum\limits_{i=1}^{r} x_{rj}^2$			
$(\sum\limits_{i=1}^{r} x_{ij})^2$	$(\sum\limits_{i=1}^{r} x_{i1})^2$	$(\sum\limits_{i=1}^{r} x_{i2})^2$	$\cdots$	$(\sum\limits_{i=1}^{r} x_{ij})^2$	$\cdots$	$(\sum\limits_{i=1}^{r} x_{ic})^2$	$\sum\limits_{j=1}^{c}(\sum\limits_{i=1}^{r} x_{rj})^2$			

$$S = \sum_{i=1}^{r}\sum_{j=1}^{c}[(x_{ij} - \overline{X})^2]$$
$$= \sum_{i=1}^{r}\sum_{j=1}^{c}(x_{ij} - \overline{X}_i - \overline{X}_j - \overline{X})^2 + r\sum_{j=1}^{c}(\overline{X}_j - \overline{X})^2 +$$
$$c\sum_{i=1}^{r}(\overline{X}_i - \overline{X})^2$$

2)求各离差平方和的自由度：

$$\upsilon = cr - 1, \upsilon_A = c - 1, \upsilon_B = r - 1$$
$$\upsilon_E = \upsilon_A \times \upsilon_B = \upsilon - \upsilon_A - \upsilon_B = (c-1)(r-1)$$

3)计算统计量,列方差分析表：

方差:$S_A^2 = S_A/\upsilon_A, S_B^2 = S_B/\upsilon_B, S_E^2 = S_E/\upsilon_E$

F 比值:$F_A = S_A^2/S_E^2, F_B = S_B^2/S_E^2$

表 5.17 方差分析

方差来源	离差平方和	自由度	方差	F 比值	显著性
因素 A	$S_A = r \sum\limits_{j=1}^{c} (\overline{X}_j - \overline{X})^2$	$v_A = c-1$	$\dfrac{S_A}{v_A}$	$\dfrac{S_A^2}{S_E^2}$	
因素 B	$S_B = c \sum\limits_{i=1}^{r} (\overline{X}_i - \overline{X})^2$	$v_B = r-1$	$\dfrac{S_B}{v_B}$	$\dfrac{S_B^2}{S_E^2}$	$F_\alpha(v)$
残差	$S_E = \sum\limits_{i=1}^{r}\sum\limits_{j=1}^{c}(\overline{X}_{ij} - \overline{X}_i - \overline{X}_j + \overline{X})^2$	$v_E = (c-1)(r-1)$	$\dfrac{S_E}{v_E}$		
总和	$S = \sum\limits_{i=1}^{r}\sum\limits_{j=1}^{c}(\overline{X}_{ij} - \overline{X})^2$	$v = cr-1$	$S_A^2 + S_B^2 + S_E^2$		

4）进行 F 检验。

[**例** 5.7] 某公司采用三种价格 $A_j(j=1,2,3)$ 销售三种型号 $B_i(i=1,2,3)$ 的同种产品，试验结果其市场占有率如下表。当 $\alpha = 0.05$ 时，检验价格和型号对该产品销售市场占有率是否有显著性影响。

表 5.18 某公司某产品市场占有率/%

因素 A ＼ 因素 B	A_1	A_2	A_3
B_1	25	21	7
B_2	45	35	12
B_3	28	27	16

其方差分析过程如下：

1）建立统计假设：

H_{0A}：因素 A_j 对试验结果无显著性影响；H_{1A}：因素 A_j 对试验结果有显著性影响；H_{0B}：因素 B_j 对试验结果无显著性影响；H_{1B}：因素 B_j 对试验结果有显著性影响。

2）根据试验资料计算有关数据，列方差分析计算表，如表 5.19 所示。

表5.19　方差分析

因素 A ＼ 因素 B	A_1	A_2	A_3	$\sum_{j=1}^{c} x_{ij}$	$\overline{X}$	$\sum_{j=1}^{c} x_{ij}^2$	$\left(\sum_{j=1}^{c} x_{ij}\right)^2$
B_1	25	21	7	53	17.67	1 115	2 809
B_2	45	35	12	92	30.67	3 394	8 464
B_3	28	27	16	71	23.67	1 769	5 041
$\sum_{i=1}^{r} x_{ij}$	98	83	35	216		6 278	16 314
$\overline{X}_i$	32.67	27.67	11.67		24		
$\sum_{i=1}^{r} x_{ij}^2$	3 434	2 395	449	6 278			
$\left(\sum_{i=1}^{r} x_{ij}\right)^2$	9 604	6 889	1 225	17 718			

3)计算各离差平方和：

$$S = \sum_{i=1}^{r} \sum_{j=1}^{c} x_{ij}^2 - \frac{1}{cr}\left(\sum_{i=1}^{r} \sum_{j=1}^{c} x_{ij}\right)^2 = 6\ 278 - \frac{1}{9} \times 216^2 = 1\ 094$$

$$S_A = \frac{1}{r} \sum_{j=1}^{c}\left(\sum_{i=1}^{r} x_{ij}\right)^2 - \frac{1}{cr}\left(\sum_{i=1}^{r} \sum_{j=1}^{c} x_{ij}\right)^2 = \frac{1}{3} \times 17\ 718 - \frac{1}{9} \times 216^2 = 722$$

$$S_A = \frac{1}{c} \sum_{i=1}^{r}\left(\sum_{j=1}^{c} x_{ij}\right)^2 - \frac{1}{cr}\left(\sum_{i=1}^{r} \sum_{j=1}^{c} x_{ij}\right)^2 = \frac{1}{3} \times 16\ 314 - \frac{1}{9} \times 216^2 = 254$$

$$S_E = S - S_A - S_B = 1\ 094 - 722 - 254 = 118$$

计算各离差平方和的自由度：

$$v = cr - 1 = 3 \times 3 - 1 = 8, v_A = c - 1 = 3 - 1 = 2$$

$$v_B = r - 1 = 3 - 1 = 2, v_E = (c-1)(r-1) = 2 \times 2 = 4$$

4)计算统计量,列方差分析表：

方差：$S_A^2 = S_A/v_A = 722/2 = 361$；$S_B^2 = S_B/v_B = 254/2 = 127$

$S_E^2 = S_E/v_E = 118/4 = 29.5$；$S^2 = \sigma^2 = S/v = 1\ 094/8 = 136.75$

F 比值：$F_A = S_A^2/S_E^2 = 361/29.5 = 12.2$

$$F_B = S_B^2/S_E^2 = 127/29.5 = 4.3$$

表 5.20　方差分析

方差来源	离差平方和	自由度	方差	F 比值	显著性
因素 A	$S_A = 254$	$v_A = 2$	$S_A^2 = 361$	$F_A = 12.2$	
因素 B	$S_B = 722$	$v_B = 2$	$S_B^2 = 127$	$F_B = 4.3$	$F_{0.05}(2,4)$
残差 E	$S_E = 118$	$v_E = 4$	$S_E^2 = 29.5$		
总和	$S = \sigma = 1\,094$	$v = 8$	$S^2 = 136.75$		

5)F 检验,做出推断:

查 F 分布得 $F_{0.05}(2,4) = 6.94$。

$F_A = 12.2 > F_{0.05}(2,4) = 6.94$,故拒绝 H_{0A},即因素 A_j(价格)对该产品销售市场占有率有显著影响。$F_B < F_{0.05}(2,4) = 6.94$,接受 H_{0B},即因素 B_i(型号)对该产品销售市场占有率无显著影响。

在某些双因素试验中,有时不仅因素水平对试验结果有影响,而且因素之间由于交互作用,还会对试验结果产生联合影响。两个变量因素在试验条件交错的情况下,联合起来对试验结果产生影响。A 与 B 两因素的交互作用,记作 $A \times B$。

此时,应该进行两次以上的重复试验,在前面双因素试验方差分析符号和格式的基础上,进一步假定各交错试验都重复 m 次,在因素 A_j 和 B_i 交错下第 k 次试验的观察值用 X_{ijk} 表示。然后再分解总离差平方和、计算统计量,列方差分析表,最后进行 F 检验。

5.3.3　关联性检定

在企业经营管理中,经常需要分析事物之间的关系,例如,商品的销售量和广告费有无关系;如果有,其关系如何;假如下月广告费增加1%,产品销量将受何影响等,对于这类变量间关系的研究就属于相关回归问题。

变量间的关系分为确定性关系和非确定性关系两类,确定性关系即函数关系,非确定性关系即相关关系。相关分析和回归分析都是对客观事物数量依存关系的分析,均有一元和多元、线性和非线性之分,在应用中互相结合与渗透,但仍存在差别,主要是:①相关分析主要是刻画两类变量间线性相关的密切程度,而回归分析则是揭示一个变量如何与其他变量相联系,并可由回归方程进行预测和控制;②在相关分析中,变量 y 与变量 x 处于平等的地位,在回归分析中因素 y 处于被解释的特殊地位;③相关分析中所涉及的变量 y 与 x 全是随机变量,而回归分析中,因变量 y 是随机变量,自变量 x 可以是随机变量,也可以是非随机变量。一般来说,只有存在相关关系,才可以进行线性回归分析,相关程度愈高,回归测定的结果愈可靠。

1. 相关分析

相关关系可以通过绘制散点图和计算相关系数来描述与测定。散点图描述了两个变量之间的大致关系,从中可以直观地看出变量间的关系形态及联系程度。相关系数是准确测定变量之间相关关系密切程度的量,不同的资料计算不同的相关系数,具体可参见表 5.21。

表 5.21 几种相关系数

相关系数	资料类型	使用范围	计算公式
皮尔逊积矩相关系数（pearson）	计量资料	仅限于简单线性相关关系的测定	$r_p = \dfrac{\text{cov}(x, y)}{\sigma_x \sigma_y}$
斯皮尔曼等级相关数（spearman）	等级资料	测定两等级之间的联系强度	$r_s = 1 - \dfrac{6 \sum d^2}{n(n^2 - 1)}$
复相关系数	计量资料	测定一个因变量同多个自变量之间的相关关系	$r_{y123 \cdot n} = \sqrt{\dfrac{\sum (\hat{y_1} - \bar{y})^2}{\sum (y_i - \bar{y})^2}}$
偏相关系数	计量资料	多元回归测定中在其他自变量固定不变时,单个变量同因变量的相关关系	$r_{yx_i} = \dfrac{-\Delta_{iy}}{\sqrt{\Delta_{yy}\Delta_{ii}}}$ Δ 为相关系数行列式

皮尔逊积矩相关系数应用较广。当 $r_p = 0$ 时表示不存在线性相关,但不存在线性相关,并不意味着 y 与 x 无任何关系:当 $0 < |r_p| \leqslant 0.3$ 时为微弱相关;当 $0.3 < |r_p| \leqslant 0.5$ 时为低度相关;当 $0.5 < |r_p| \leqslant 0.8$ 为显著相关;当 $0.8 < |r_p| \leqslant 1$ 时为高度相关;当 $|r_p| = 1$ 时为完全线性相关。一般情况下,相关系数能对变量之间的关系作出合理说明,但也可能是错误的。首先,相关系数的计算涉及变量的标准差和协方差,其数值大小受变量极端值的影响,特别是在抽到极端值时,则较易得出错误说明;其次,相关系数接近于 1 的程度与数据组数 n 有关,当 n 较小时,$|r_p|$ 容易接近于 1,当 n 较大时,$|r_p|$ 容易偏小,特别当 $n = 2$ 时,$|r_p|$ 总为 1,因此当 n 较小时,不能仅凭 r_p 下结论;最后,相关只是描述数据型态的数学概念,它只是发现一个变量与另一变量线性相关,但不能彻底解释其关系。所以,

对所求得的相关系数有必要进行显著性检验。

2. 回归分析

相关关系不等于因果关系，即使存在因果关系，也不能靠相关分析来区分哪个是因，哪个是果，要明确因果关系必须借助于回归分析。回归分析是研究客观事物变量间的关系，它是建立在对客观事物进行大量试验和观察的基础上，通过建立数学模型寻找不确定现象中所存在的统计规律的方法。回归模型有多种形式，如一元回归模型和多元回归模型、线回归模型和非线性回归模型。其中，线性回归模型是最基本的，其一般形式为：$y = f(x_1, x_2, \cdots, x_p) + \varepsilon$，回归分析的主要任务就是根据样本数据估计参数，建立回归模型，对参数和模型进行检验和判断，并进行预测等。

（1）一元线性回归分析

现象间变量的相关关系近似地表现为一条直线，则须配合回归直线方程式，又称线性回归方程。公式为：

$$y_c = a + bx + \varepsilon$$

式中　a——代表直线起点值（截距）；

　　　b——回归参数（斜率）；

　　　ε——随机误差。

y_c 是推算出来的因变量估计值，又称趋势值或理论值。

求解回归参数的公式是：

$$b = \frac{\sum (x - \bar{x})(y - \bar{y})}{\sum (x - \bar{x}^2)}$$

$$a = \frac{\sum y}{n} - b\frac{\sum x}{n} = \bar{y} - b\bar{x}$$

只要根据已有资料，先求出 b 值，代入求得 a 的值，即回归参数。然后将自变量 x 代入一元回归方程，进而求得趋势值 y_c。因而求解 b 是计算一元回归方程的关键，a, b 参数的计算可采用表上作业法，在原资料表上加一行，加两列 (x^2, xy)，依次将计算结果代入回归参数 a, b 值公式就能得到一元回归方程了。

由于并不是所有的相关点都落在回归直线上，所以线性回归方程不能百分之百反映两个变量之间的关系，存在着随机误差 ε。估计标准就是用来说明回归方程推算结果的准确程度或代表性的统计指标，它是将一系列理论估计值与实际观察值的离差平方的平均数的平方根。如果回归直线的代表性越强，那么理论估计值与实际观察值的估计标准误差也就越小。标准误差可以用下面公式

计算:

$$S_{yx} = \sqrt{\frac{\sum (y - y_c)^2}{n - 2}}$$

式中 S_{yx}——估计标准误差;

　　　　y——因变量实际观察值;

　　　　y_c——因变量理论估计值;

　　　　$n-2$——自由度。当 $n > 30$ 时,也可以用 n 代替 $n-2$。

3. 多元线性回归分析

多元线性回归分析实质上是一元线性回归的扩充,它的主要过程与一元线性回归基本相同,在确定最佳模型时,应考虑以下几个方面:最佳多元回归方程式应具全面显著性;最佳多元回归方程式与其他回归式相比,包括较少的自变量;在自变量个数不变的条件下,判定系数 R^2 为最大,多加入其他自变量于回归式中,不会增加 R^2 值;每一个斜率系数均显著或几乎显著。

多元线性回归方程的基本数学模型为:

$$y_c = \beta_0 + \beta_1 x_1 + \beta_2 x_2 \cdots + \beta_p x_p + \varepsilon$$

式中 y_c——因变量;

　　　　x_j——自变量($j = 1,2,3,\cdots,p$);

　　　　β_i——回归参数($i = 0,1,2,3,\cdots,p$);

　　　　ε——随机误差,也称线差。

在多元线性回归分析中由于自变量增加,回归方程的求解计算量比简单回归方程成倍地增加。若模型为三元、四元或更多元,则只有借助计算机来完成。在此主要介绍二元线性回归方程模型:$y_c = \beta_0 + \beta_1 x_1 + \beta_2 x_2$。

其求解公式为:

$$\sum y = n\beta_0 + \beta_1 \sum x_1 + \beta_2 \sum x_2$$

$$\sum x_1 y = \beta_0 \sum x_1 + \beta_1 \sum x_1^2 + \beta_2 \sum x_1 x_2$$

$$\sum x_2 y = \beta_0 \sum x_2 + \beta_1 \sum x_1 x_2 + \beta_2 \sum x_2^2$$

度量多元线性回归估计误差仍采用估计值的标准差。其计算公式:

$$S_e = \sqrt{\frac{\sum (y_c - \bar{y})^2}{n - k - 1}}$$

式中,n 为单位数,k 为自变量个数。

在多元线性回归分析中,若因变量涉及许多自变量的情况下,采用联立方程求解多元线性回归方程的方法,就感到复杂而困难,因此可以用矩阵行列式表达多元线性回归模型的参数估计。

根据多元线性回归模型,因变量 y_c 与 k 个自变量间有如下线性关系:$y_{ci} = \beta_0 + \beta_1 x_{1i} + \beta_2 x_{2i} + \cdots + \beta_k x_{ki} + \varepsilon_i$。将多个变量的 n 个数据代入模型,得多元线性回归模型表达式:

$$\begin{bmatrix} y_{c1} = \beta_0 + \beta_1 x_{11} + \beta_2 x_{21} + \cdots + \beta_k x_{K1} + \varepsilon_1 \\ y_{c2} = \beta_0 + \beta_1 x_{12} + \beta_2 x_{22} + \cdots + \beta_k x_{K2} + \varepsilon_2 \\ \cdots \\ y_{cn} = \beta_0 + \beta_1 x_{1n} + \beta_2 x_{2n} + \cdots + \beta_k x_{kn} + \varepsilon_n \end{bmatrix}$$

将上式用矩阵形式表示:

$$\begin{bmatrix} y_1 \\ y_2 \\ \vdots \\ y_n \end{bmatrix} = \begin{bmatrix} 1 & x_{11} & x_{21} & \cdots & x_{k1} \\ 1 & x_{12} & x_{22} & \cdots & x_{k2} \\ \cdots & \cdots & \cdots & \cdots & \cdots \\ 1 & x_{1n} & x_{2n} & \cdots & x_{kn} \end{bmatrix} \begin{bmatrix} \beta_0 \\ \beta_1 \\ \vdots \\ \beta_k \end{bmatrix} + \begin{bmatrix} \varepsilon_1 \\ \varepsilon_2 \\ \vdots \\ \varepsilon_n \end{bmatrix}$$

同时令:

$$Y = \begin{bmatrix} y_1 \\ y_2 \\ \vdots \\ y_n \end{bmatrix}, \quad X = \begin{bmatrix} 1 & x_{11} & x_{21} & \cdots & x_{k1} \\ 1 & x_{12} & x_{22} & \cdots & x_{k2} \\ \cdots & \cdots & \cdots & \cdots & \cdots \\ 1 & x_{1n} & x_{2n} & \cdots & x_{kn} \end{bmatrix}$$

$$\beta = \begin{bmatrix} \beta_0 \\ \beta_1 \\ \vdots \\ \beta_k \end{bmatrix}, \quad \varepsilon = \begin{bmatrix} \varepsilon_1 \\ \varepsilon_2 \\ \vdots \\ \varepsilon_n \end{bmatrix}$$

则多元线性回归分析矩阵形式写成:

$$Y = X\beta + \varepsilon$$

式中　Y——因变量列向量;

　　　X——自变量矩阵;

　　　β——回归参数列向量;

　　　ε——随机误差(线差)列向量。

经过矩阵运算,得到

$$\beta = (X^T X)^{-1} X^T Y$$

117

式中，$(X^TX)^{-1} = \dfrac{\text{adj}(X^TX)}{A \cdot B}$；$\text{adj}(X^TX)$ 为矩阵 (X^TX) 的伴随矩阵；$|A^TA|$ 为矩阵的行列式。

[**例**5.8]　某企业各年实现产品利润和生产 A、B 两种主要产品产量的资料，如表5.22 所示：

表5.22　某企业生产 A、B 产品产量资料

年度	利润 y /万元	A 品 x_1 /台	B 品 x_2 /套	年度	利润 y /万元	A 品 x_1 /台	B 品 x_2 /套
1	10	2	1	6	10	3	4
2	12	2	2	7	14	5	7
3	17	8	10	8	12	3	3
4	13	2	4	9	16	9	10
5	15	6	8	10	18	10	11

求该企业 10 年中产品利润 y 与 A 品产量 x_1 和 B 品产量 x_2 之间的二元线性回归方程。

解　该企业在 10 年中产品利润与 A，B 产品产量的相关关系拟合二元线性回归模型为：

$$y_c = \beta_0 + \beta_1 x_1 + \beta_2 x_2$$

已知：$Y = \begin{bmatrix} 10 \\ 12 \\ 17 \\ \vdots \\ 18 \end{bmatrix}$，$X = \begin{bmatrix} 1 & 2 & 1 \\ 1 & 2 & 2 \\ 1 & 8 & 10 \\ \vdots & \vdots & \vdots \\ 1 & 10 & 11 \end{bmatrix}$，$X^TX = \begin{bmatrix} 10 & 50 & 60 \\ 50 & 336 & 398 \\ 60 & 398 & 480 \end{bmatrix}$

$$(X^TX)^{-1} = \begin{bmatrix} 10 & 50 & 60 \\ 50 & 336 & 398 \\ 60 & 398 & 480 \end{bmatrix}^{-1} = -\frac{1}{7\,160} \begin{bmatrix} 2\,876 & -120 & -260 \\ -120 & 1\,200 & -980 \\ -260 & -980 & 860 \end{bmatrix}$$

$$X^TY = \begin{bmatrix} 1 & 1 & 1 & \cdots & 1 \\ 2 & 2 & 8 & \cdots & 10 \\ 1 & 2 & 10 & \cdots & 11 \end{bmatrix} \begin{bmatrix} 10 \\ 12 \\ \vdots \\ 18 \end{bmatrix} = \begin{bmatrix} 137 \\ 756 \\ 908 \end{bmatrix}$$

所以，可以求得

$$\beta = (X^T X)^{-1} X^T Y = \begin{bmatrix} 9.387 \\ 0.129 \\ 0.617 \end{bmatrix}$$

因此,该厂在 10 年间实现产品利润 y 与 A 品产量 x_1 和 B 品产量 x_2 之间的二元线性回归方程为:

$$y_c = 9.387 + 0.129x_1 + 0.617x_2$$

在客观实际中各因素之间呈现直线关系的现象并不是很多,更多的是呈现曲线关系,这时应采用非线性回归分析。非线性回归模型包括两种形式:一种是可线性化的,如双曲线模型、二次曲线模型、三次曲线模型、对数模型、指数模型、幂函数模型;另一种是不可线性化的,如逻辑曲线模型、龚柏兹曲线模型、修正指数曲线模型。非线性回归主要过程与线性回归基本相同,只是估计参数时采用的方法不同,一元线性回归采用最小平方法估计参数;非线性回归采用迭代法求解参数。因此,具体问题应该具体分析,选择最合适的参数估计办法,以求出令误差达到最小的参数估计值。

5.4　常用统计分析软件

随着我国市场经济的发展,统计方法的应用日益受到人们的重视,而现代统计方法的使用必须借助于先进的统计分析软件,以下是几种常用的统计分析软件:

5.4.1　SPSS

SPSS(statistical package for the social science)——社会科学统计软件包是世界著名的统计分析软件之一。20 世纪 60 年代末,由美国斯坦福大学的三位研究生研制开发成功,目前已推出 9 个语种版本,广泛地应用于自然科学、技术科学、社会科学的各个领域。它使用 Windows 的窗口方式展示各种管理和分析数据方法的功能,使用对话框展示出各种功能选择项,只要掌握一定的 Windows 操作技能,粗通统计分析原理,就可以使用该软件为特定的科研工作服务。

SPSS 的基本功能包括数据管理、统计分析、图表分析、输出管理等。SPSS 统计分析过程包括描述性统计、均值比较、一般线性模型、相关分析、回归分析、对数线性模型、聚类分析、数据简化、生存分析、时间序列分析、多重响应等几大类,每类中又分好几个统计过程,比如回归分析中又分线性回归分析、曲线估计、Logistic 回归、Probit 回归、加权估计、两阶段最小二乘法、非线性回归等多个统计过程,而且每个过程中又允许用户选择不同的方法及参数。SPSS 也有专门的绘图系统,可以根据数据绘制各种图形。

SPSS for Windows 由于其操作简单,已经在我国的社会科学、自然科学的各个领域发挥了巨大作用。该软件还可以应用于经济学、生物学、心理学、医疗卫生、体育、农业、林业、商业、金融等各个领域。

5.4.2　SAS

SAS 是美国 SAS 软件研究所研制的一套大型集成应用软件系统,具有完备的数据存取、数据管理、数据分析和数据展现功能,尤其是统计分析系统部分具有强大的数据分析能力,因而在数据处理和统计分析领域,被誉为国际上的标准软件和最权威的优秀统计软件包,广泛应用于政府行政管理、科研、教育、生产和金融等不同领域。SAS 系统中提供的主要分析功能包括统计分析、经济计量分析、时间序列分析、决策分析、财务分析和全面质量管理工具等。

SAS 系统是一个组合软件系统,它由多个功能模块组合而成,其基本部分是 BASE SAS 模块。BASE SAS 模块是 SAS 系统的核心,承担着主要的数据管理任务,并管理用户使用环境,进行用户语言的处理,调用其他 SAS 模块和产品。也就是说,SAS 系统的运行,首先必须启动 BASE SAS 模块,它除了本身所具有数据管理、程序设计及描述统计计算功能以外,还是 SAS 系统的中央调度室。它除可单独存在外,也可与其他产品或模块共同构成一个完整的系统。各模块的安装及更新都可通过其安装程序非常方便地进行。SAS 系统具有灵活的功能扩展接口和强大的功能模块,在 BASE SAS 的基础上,还可以增加如下不同的模块而增加不同的功能:SAS/STAT(统计分析模块)、SAS/GRAPH(绘图模块)、SAS/QC(质量控制模块)、SAS/ETS(经济计量学和时间序列分析模块)、SAS/OR(运筹学模块)、SAS/IML(交互式矩阵程序设计语言模块)、SAS/FSP(快速数据处理的交互式菜单系统模块)、SAS/AF(交互式全屏幕软件应用系统模块)等。SAS 有一个智能型绘图系统,不仅能绘各种统计图,还能绘出地图。SAS 提供多个统计过程,每个过程均含有极丰富的任选项。用户还可以通过对数据集的一连串加工,实现更为复杂的统计分析。此外,SAS 还提供了各类概率分析函数、分位数函数、样本统计函数和随机数生成函数,使用户能方便地实现特殊统计要求。

在我国,越来越多的单位采用了 SAS 软件。尤其在教育、科研领域,SAS 软件已成为专业研究人员进行统计分析的实用标准软件。

然而,由于 SAS 系统操作至今仍以编程为主,人机对话界面不太友好,系统地学习和掌握 SAS,需要花费一定的时间和精力。

5.4.3　BMDP

BMDP 第一版诞生于 1961 年,并在 1968 年由 BMDP 公司发行,它是最早的综合专业统计分析软件,与 SAS,SPSS 被并列称为三大统计软件包,在国际上影响很大,客户达 1 万户以上。它方法全面、灵活,早期曾有很多独具特色的分析方法。但是由于 BMDP 公司发展路途不畅,从 1991 年的 7.0 版以后就没有新版本,最后被 SPSS 公司收购,www. bmdp. com 网址也只留下一孤独背影,不复存在了,而且 SPSS 公司在开发与推广 BMDP 统计软件方面的积极性也不大。

尽管如此,BMDP 统计软件作为一方霸主,在国外仍然影响巨大,国外许多大学的统计学网站均对其关照有加,著名大学统计学系开设的多变量分析课程当中就有 BMDP 软件的教学内容,而且大型学术研究机构的服务器上也通常安装着 BMDP for Unix 软件供终端用户使用。

5.4.4　SYSTAT

SYSTAT 由美国 SYSTAT 公司于 20 世纪 70 年代推出,因方法齐全、速度快、精度高、软件小、处理数据量大而大受欢迎,成为目前较为流行的通用数据分析软件包之一,一度欲与 BMDP 争夺"第三"的名分,在我国也曾风靡一时。尽管在 1994 年 9 月它被 SPSS 公司兼并,但 SPSS 公司并没有放弃 SYSTAT 的开发研究,而是通过调整产品布局,利用 SYSTAT 较为突出的图形优势,发展 MAC 平台上的产品系列,使得 SYSTAT 焕然一新,并且拟将其 UNIX 平台版本划入 SYS-TAT 发展。目前 SYSTAT 的 MAC 版最新为 5.2.1,Windows 版为 10.0,主要针对科学研究者,SYSTAT 几乎可以完成统计研究者所需要的任何统计方法,软件包含有包括世界地图、三维图、经纬图等普通及奇特的图像模型,它虽然还没有 SPSS 这样的软件包先进,但比 SPSS 便宜得多,而且硬盘容量要求更小。

5.4.5　Minitab

Minitab 同样是国际上流行的一个统计软件包,其特点是简单易懂,在国外大学统计学系开设的统计软件课程中,Minitab 与 SAS,BMDP 并列,甚至有的学术研究机构专门教授 Minitab 之概念及其使用。MiniTab for Windows 统计软件比 SAS,SPSS 等小得多,但其功能并不弱,特别是它的试验设计及质量控制等功能。MiniTab 目前的最高版本为 V13.2,它提供了对存储在二维工作表中的数据进行分析的多种功能,包括:基本统计分析、回归分析、方差分析、多元分析、非参数分析、时间序列分析、试验设计、质量控制、模拟、绘制高质量三维图形等,从功能来看,Minitab 除各种统计模型外,还具有许多统计软件不具备的功能—矩阵运算。

5.4.6　NCSS

NCSS 是美国 NCSS 公司的产品。该公司自从 1981 年开始致力于统计分析软件的开发,已经先后推出了适合于 Win3.1 环境的 NCSS6.0 和适合于 Win9x/NT 系统的 NCSS97 和 NCSS2000。NCSS 在国外有着重要影响,一些使用者对它做出了高度评价,认为是"自己 15 年来使用的统计软件中最容易上手的系统"。NCSS 目前的最新版本为 NCSS2001 版本。NCSS for Windows 是又一款小巧而优秀的统计分析软件,其界面友好,功能齐全,可以进行描述性统计、相关及回归分析、试验设计、质量控制、生存及可靠性分析、多元分析、时间序列分析及预测、统计图表绘制等操作。

5.4.7　EViews

EViews 是美国 GMS 公司 1981 年发行第 1 版的 Micro TSP 的 Windows 版本,通常称为计量经济学软件包。EViews 是 Econometrics Views 的缩写,它的本意是对社会经济关系与经济活动的数量规律,采用计量经济学方法与技术进行"观察"。计量经济学研究的核心是设计模型、收集资料、估计模型、检验模型、运用模型进行预测、求解模型和运用模型。EViews 是完成上述任务得力的必不可少的工具。正是由于 EViews 等计量经济学软件包的出现,使计量经济学取得了长足的进步,发展成为实用与严谨的经济学科。使用 EViews 软件包可以对时间序列和非时间序列的数据进行分析,建立序列(变量)间的统计关系式,并用该关系式进行预测、模拟等。虽然 EViews 是由经济学家开发的,并且大多数被用于经济学领域,但并不意味着必须限制该软件包仅只用于处理经济方面的时间序列。EViews 处理非时间序列数据照样得心应手。实际上,相当大型的非时间序列(截面数据)的项目也能在 EViews 中进行处理。

5.4.8 Statistica

Statistica 为一套完整的统计资料分析、图表、资料管理、应用程序发展系统；以及对其他技术、工程、工商企业资料挖掘应用等进阶分析之应用程序。此系统不仅包含统计上一般功能及制图程序；还包含特殊的统计应用(例如:社会统计人员、生物研究员或工程师)；全新的 Statistica 在功能上,更提供了四种线形模型的分析工具,包括 VGLM,VGSR,VGLZ 与 VPLS。对使用者而言,提供完整且具可选择性的使用者界面；亦可广泛使用程式语言辅助精灵来建立一般的范围；或整合 Statistica 与其他应用程序进行计算,这些都是非常方便好用的模组。Statistica 能提供使用者所有需要的统计及制图程序。另外,能够在图表视窗中显示各种分析,及有别于传统统计范畴外的最新统计作图技术,皆获得许多使用者的好评。Statistica 为基本系列产品,可独立使用此模组,或搭配 Statistica 其他组合产品系列。

此外还有其他一些实用的统计应用软件,我们应该根据实际情况,选择合适的统计软件,辅助我们更好地对调查资料进行整理和分析。

123

思 考 题

5.1 简述调查资料整理的基本步骤。

5.2 什么叫表列? 单向表列与交叉表列有什么区别?

5.3 定性分析与定量分析有什么区别和联系?

5.4 简述常用的统计软件。

第 *6* 章　调查报告编写

调查报告是调查活动的结果,也是对调查工作的介绍和总结。调查活动的成败以及调查结果的实际意义都通过调查报告加以体现,所以,调查报告的撰写显得特别重要。

6.1　市场调查报告的结构内容

一项市场调查活动的成败,除了与市场调查设计、调研过程的质量控制等因素有关外,调查报告的内容和质量也很关键。拙劣的调查报告能把即使是控制最好的调查活动弄得黯然失色;相反,写得好的报告可以使调查结果锦上添花。报告的好坏有时甚至影响到调查结果在有关决策中的作用。

6.1.1　调查报告的结构

目前,尚没有统一的调查报告结构。例如,究竟把摘要放在开头,还是放在序言之后,这并不存在硬性不变的法则,多是由调查人员自行开发,以使人感觉舒适为宜。一般来说,建议性的结构可以是:

①标题;

②目录;

③摘要;

④序言;

⑤调查结果;

⑥结论建议;

⑦附录。

6.1.2 内容

以上所说的结构是调查报告的主要结构。事实上,章节的标题之下详细涵盖着问题的各部分内容。结构上,每部分或每章以及每节都用数字标示;内容上,每章每节都有相对应的内容。

1. 标题

标题页也可能是报告的封面。它需要创造一种专业形象来引起读者的兴趣,鼓励人们拿起来并阅读。标题必须清楚地说明是关于什么的报告,而且最好简短明了,对准重点,并能引起好奇心和阅读欲。如果报告属于机密的,应该在标题页的某处清楚说明。可能有一个可在该页的某个角上折叠起来的档案记录或成果号码。

有时,展示在标题页上的其他信息还有工作完成人或公司,调研赞助人的姓名。还应该标示出版日期和版本号数(如果适当的话)。

封面一般只有一张纸,其内容包括:

1)调查报告的题目或标题。题目一般只有一句话,有时可加上一个副标题。文字可长可短,但应该将调查内容概括出来。

2)调查研究机构的名称。如果是单一的机构执行,写上该机构名称即可;如果是多个机构合作进行,则应该将所有机构的名称都写上,也可以同时附上调查机构的联络办法。

3)调查项目负责人的姓名及所属机构。即写清楚项目主要负责人的姓名及其所在机构。

4)日期。即报告完稿的日期。

至于封面的版面如何设计,则视调查公司的要求或研究者的兴趣而定,但一般要求是严肃、精致。图 6.1 是封面内容及版面结构的一种形式,供读者参考。

摘要的形式与设计要格外注意。写摘要通常用语言,但根据目标和调研结果,表、图也能对增强效果有作用。摘要可用段落分成若干个关键点,每一段只含少量句子,即使它是摘要,句子也应清楚、完整,不应该缩写。

```
                          CMR 市场调查公司
    Add:中国北京翠竹大厦××楼        Tel:(86) 01 - ××××××××
    Post:×××××                    Fax:(86) 01 - ××××××××××
                     ×××化妆品消费者调查报告

                                        项目经理:×××
                                        ×××年××月××日
```

图 6.1　调查报告封面例示

2. 目录

　　目录是关于报告中各项内容的完整一览表。报告的目录跟书的目录一样,一般只列出各部分的标题名称及页码(图 6.2),但由于结果部分的内容通常比较多,为了读者阅读方便,可以将细目也列进去。目录的篇幅以不超过一页为宜。

图 6.2　目录例示

　　在报告中,如果图、表资料比较多,为了阅读方便,可列一张图、表索引,也可以分别列出图、表的资料索引。索引的内容与目录相似,列出图表号、名称及所在报告中的页码。

3. 摘要

摘要是对调查活动所获得的主要结果所作的概括性说明。阅读调查报告的人往往对调查过程的复杂细节没有什么知识或不感兴趣,他们只想知道调查所得的主要结果和结论,以及他们如何根据调查结果行事。因此,摘要可以说是调查报告极其重要的一节。它也许是从调查结果得益的读者惟一阅读的部分。由于这一部分如此重要,所以它应当用清楚、简洁而概括的手法,扼要地说明调查的主要结果,详细的论证资料只要在正文中加以阐述即可。

调查结果的摘要应尽量简短,一般最多不要超过报告内容的十分之一。例如,它可以包括下列各方面的非常简要的资料:

1)本产品与竞争对手当前的市场状况;

2)产品在消费者心目中的优缺点;

3)竞争对手销售策略和广告策略;

4)本产品销售策略的成败及其原因;

5)影响产品销售的因素是什么;

6)根据调查结果应采取的行动或措施等。

在结论性资料的阐述时,必要的话还应加上简短的解释。

调查结果摘要是相当重要的报告内容,在调查报告中不可忽视。不管忽视这一部分的原因是什么,都将有损于调查报告的价值,应该引起调查人员的重视。

摘要无疑是报告的最重要部分,占据每位读者必读的前部重要位置。确实,某些人将只读这一部分。尽管它处于报告的最前面,摘要却是最后写成的部分。设定了它的重要性,写摘要时就得小心认真,它肯定不是调研人员因对项目腻烦,或将转到另一项目的最后时刻而匆匆凑合出来的一部分。

4. 调查概况

调查概况也有称之为"序言"的,是摘要之后介绍报告的一章,它告诉读者为什么做此调查,调查人员安排做什么,以及怎样得出结果。这些问题可包括在三个子标题下:背景、目标和方法。

"背景"部分将主要描述导致委托研究的因素。这可能包括简短罗列调研委托面临的问题。

"目标"部分将叙述总体研究目的以及所包含信息的范围。读者看到只用

127

一句话来表达的简短目的叙述是有好处的。

序言一章的第三节应该描述获得信息的方法,提到资料来源和初步调研中的抽样程序。根据主题或报告的类型,方法部分的长度可以变化极大。某些行业项目中的方法,可能只有桌面调研和少量的非正式访问。消费者调研中,习惯上包括详细的样本描述,数据资料是怎样收集和何时收集的,数据资料是否权衡过,以及被访者是否受到过激励等。

5. 调查结果

调查结果构成报告的主体。主体部分作为调查报告的核心部分,它决定着整个调查报告质量的高低和作用的大小。这一部分着重通过调查了解到的事实,分析说明被调查对象的发生、发展和变化过程,调查的结果及存在的问题,提出具体的意见和建议。

由于主体部分一般涉及内容很多,文字较长,可以用概括性或提示性的小标题,突出文章的中心思想。主体部分的结构安排是否恰当,直接影响着分析报告的质量。主体部分主要分为基本情况部分和分析部分两部分内容。

基本情况部分要真实地反映客观事实,但不等于对事实的简单罗列,而应该有所提炼。主要有三种方法:

1)先对调查数据资料及背景资料做客观的介绍说明,然后在分析部分阐述对情况的看法、观点或分析;

2)首先提出问题,提出问题的目的是要分析问题,找出解决问题的办法;

3)先肯定事物的一面,由肯定的一面引伸出分析部分,又由分析部分引出结论,循序渐进。

分析部分是调查报告的主要组成部分。在这个阶段,要对资料进行质和量的分析,通过分析,了解情况,说明问题和解决问题。分析有三类情况:

1)原因分析。是对出现问题的基本成因进行分析,如《对 XX 牌产品滞销原因分析》就属这类。

2)利弊分析。是对事物在社会经济活动中所处的地位、所起到的作用进行利弊分析等。

3)预测分析。是对事物的发展趋势和发展规律做出的分析。

此外,论述部分的层次段落一般有四种形式:

1)层层深入形式——各层意思之间是一层深入一层,层层剖析;

2)先后顺序形式——按事物发展的先后顺序安排层次,各层意思之间有密切联系;

3)综合展开形式——先说明总的情况,然后分段展开,或先分段展开,然后综合说明,展开部分之和为综合部分。

6.2 市场调查报告的写作技巧和注意事项

6.2.1 叙述的技巧

市场调查的叙述,主要用于开头部分,叙述事情的来龙去脉,表明调查的目的和根据,调查的过程和结果。此外,在主体部分还要叙述调查得到的情况。

市场调查报告常用的叙述技巧有:概括叙述、按时间顺序叙述、叙述主体的省略。

1)概括叙述。叙述有概括叙述和详细叙述之分。市场调查报告主要用概括叙述,将调查过程和情况概略地陈述,不需要对事件的细枝末节详加铺陈。这是一种"浓缩型"的快节奏叙述,要求文字简约,一带而过,给人以整体、全面的认识,以适合市场调查报告快速及时反映市场变化的需要。

2)按时间顺序叙述。交代调查的目的、对象、经过时间,往往用按时间顺序叙述的方法,次序井然,前后连贯。如开头部分叙述事情的前因后果,主体部分叙述市场的历史及现状,就体现为按时间顺序叙述。

3)叙述主体的省略。市场调查报告的叙述主体是写报告的单位,叙述中,用"我们"第一人称。为行文简便,叙述主体一般在开头部分中出现后,在后面的各部分即可省略,并不会因此而令人误解。

6.2.2 说明技巧

市场调查报告常用的说明技巧有数字说明、分类说明、对比说明、举例说明。

1)数字说明。市场运作离不开数字,反映市场发展变化情况的市场调查报告,要运用大量数据,以增强调查报告的精确性和可信度。

2)分类说明。市场调查中所获材料杂乱无章,根据主旨表达的需要,可将材料按一定标准分为几类,分别说明。例如,将调查来的基本情况,按问题性质归纳成几类,或按不同层次分为几类。每类前冠以小标题,按提要句的形式表述。

3)对比说明。市场调查报告中有关情况、数字说明往往采用对比形式,以便全面深入地反映市场变化情况。对比要注意事物的可比性,在同标准的前提下,作切合实际的比较。

4)举例说明。为说明市场发展变化情况,举出具体、典型的事例,这也是常用的方法。市场调查中,会遇到大量事例,应从中选取有代表性的例子。

6.2.3 议论技巧

市场调查报告常用的议论技巧有归纳论证和局部论证。

1)归纳论证。市场调查报告是在占有大量材料之后,作分析研究,得出结论的论证过程。这一过程,主要运用议论方式,所得结论是从具体事实中归纳出来的。

2)局部论证。市场调查报告不同于议论文,不可能形成全篇论证,只是在情况分析、对未来预测中作局部论证。如对市场情况从几个方面作分析,每一方面形成一个论证过程,用数据、情况等作论据去证明其结论,形成局部论证。

6.2.4 语言运用的技巧

语言运用的技巧包括用词方面和句式方面的技巧。

1)用词方面。市场调查报告中数词用得较多,因为市场调查离不开数字,很多问题要用数字说明。可以说,数词在市场调查报告中以其特有的优势,越来越显示出其重要作用。

市场调查报告中介词用得也很多,主要用于交代调查目的、对象、根据等方面,如用"为、对、根据、从、在"等介词。

此外,还多用专业词,以反映市场发展变化,如"商品流通"、"经营机制"、"市场竞争"等词。为使语言表达准确,撰写者还需熟悉与市场有关的专业术语。

2)句式方面。市场调查报告多用陈述句,陈述调查过程、调查到的市场情况,表示肯定或否定判断。祈使句多用在提议部分,表示某种期望,但提议并非皆用祈使句,也可用陈述句。

6.2.5 表格与图形运用

1. 表格的表现法

表格作为描述性统计方法,广泛应用于市场调查报告中,起到清楚、形象、直观和吸引人的作用。表格是报告中很生动的一部分,应当受到特别的重视。

制表一般应注意以下几点:

1)表的标题要简明、扼要,每张表都要有号码和标题。标题一般包含时间、地点、内容。有时也可酌情省略。

2)项目的顺序可适当排列,一般应将最显著的放在前面。如果强调的是时间,则按时间排列;如果强调的是大小,就按大小排列。当然也可以是按其他的顺序排列。

3)线条尽量少用,斜线、竖线、数之间的横线均可省去,以空白来分隔各项数据。

4)注明各种数据的单位。只有一种单位的表格,可在标题中统一注明。

5)层次不宜过多,变量较多时,可酌情列数表。

6)分组要适当,不可过细,以免冗繁,而且小格中的频数太少也难以说明问题;也不可过粗,以免有掩盖差别的可能。

7)小数点、个位数、十位数等应上下对齐。一般应有合计。

8)给出必要的说明和标注。

9)说明数据的来源,如果表中的数据是二手数据,一般应注明来源。

2. 图形的表现法

图形也广泛应用于市场调查报告之中,它以其形象、直观、富有美感和吸引人的作用受到了特别的重视。一般说来,只要有可能,应尽量用图形来表达报告的内容。市场调查中最常用的图形有直方图或条形图、饼形图、轮廓图或形象图、散点图、折线图等。

一般来说,一张精心设计的图形有可能抵得上或胜过上千个字的说明。要使统计图能够有效直观地表现尽可能多的信息,在设计和制作上一般应注意如下几点:

1)每张图都要有号码和标题,标题要简明扼要。

2)项目较多时最好按大小顺序排列,以使结果一目了然。

3)尽量避免使用附加的图标说明,应将图标的意义及所表示的数量尽可能标记在对应的位置上。

4)数据和作图用的笔墨的比例要恰当,避免太少或太多的标注、斜线、竖线、横线等,既要清楚又要简明。

5)度量单位的选择要适当,使得图形匀称,并使所有的差异都是可视的和可解释的。有时过于强调地将图形放在事情发生的度量范围之内,就像是放大的照片那样,实际上是不恰当的,因为这可能会导致误解。

6)作图时最好既使用颜色,又使用文字说明,以便在进行必要的黑白复印时仍能清晰如初。

7)颜色和纹理的选择不是随机的,要有一定的逻辑性。例如,真正重要的部分(如客户的品牌、忠诚的用户、产品的频繁使用者等)应该用更突出的颜色、更粗的线条或更大的符号等来表示。

8)图形的安排要符合人们的阅读习惯。例如,西方人阅读的图形应符合从左到右的顺序;阿拉伯人是从右到左;中国人和日本人可能更习惯从上到下,等等。

6.2.6　结论建议

132

在这一部分中,研究人员要说明调查获得哪些重要结论,根据调查的结论应该采取什么措施。结论可用简洁而明晰的语言对调查前所提出的问题做出明确的答复,同时简要地引用有关背景资料和调查结果加以解释、论证。

结论有时可与调查结果合并在一起,但要视调查课题的大小而定。一般而言,如果调查课题小,结果简单,可以直接与调查结果合并成一部分来写;如果课题比较大,内容多,则应分开写为宜。

作为一份调查报告的展示橱窗,结论与摘要同等重要。它们为调查人员提供一个超越某些较平凡信息的显示机会,这些平凡信息经常构成调研结果的主体。一份市场调查报告的结论也许比较简短,但它可能被每个阅读它的人细察详审。总之,结论中显示出报告的意义并且指出了前进道路。

在撰写结论与建议时,调研人员为了得出结论,可借鉴一种适用的范例,即:考虑使市场机会与威胁达到平衡的委托公司的优点与弱点。通常把这归入SWOT分析,它应包括如下事项:

(1)优势(strengths)

委托公司在支持产品的管理结构、产品的范围和质量、它的顾客基础和分配、价格、促销以及对顾客服务等方面的长处是什么?

（2）弱点（weaknesses）

委托公司在上述相同问题——即它的管理基础、产品、顾客基础、价格等欠缺是什么？

（3）机会（opportunities）

委托公司以外发生了什么对它和它的产品有益的事吗？比如，市场增长得有多快；竞争对手出了什么事；是否有待通过的有利的法律；是否存在提供机会的有利汇率等等？

（4）威胁（threats）

SWOT分析的最后一件重要事情，就是确认是否存在一定限度内的威胁，如果有的话，是什么威胁和什么地方。像机会一样，这些都是委托公司以外的因素，可能来自经济、政治、人口统计或法律力量。

某些报告可能要求调研人员进一步对委托公司提供建议。作为一种适宜的结构，这里我们可以看看"4个P"，即：

1）产品（product）。产品设计、质量和范围怎样变化才能更适应市场要求？包装应从各方面去改善？与产品相配合的哪些服务事项（比如交货、技术咨询、回答询问的速度等）可以改进，有什么作用？

2）价格（price）。产品及相关服务的定价怎么变化才能保证从市场上得到其最大收益？对诸如折扣策略或付款事项等定价结构能做什么改善？

3）地点（place）。公司怎样才能改善它的顾客基础？可用什么方法改变它的顾客划分以达到较好的效果，对它的分销网络能做何改进？

4）促销（promotion）。为了建立知名度，提高顾客购买该产品的兴趣和满足顾客要求，必须做些什么？应该传播什么消息？应该运用哪种媒介（电视、印刷品、杂志、邮递员、直接营销等）？多大规模的促销活动才有效？促销活动中个人销售起什么作用？

调研人员，特别是那些工作远离委托方的调研人员，不可能接近公司所有的资料和目标。这一点可能限制SWOT和"4个P"分析的深度。为了不至于在做介绍的那一天，对一份报告、一堆原始素材和许多建议进行返工，劝告调研人员首先应该与委托方就这些材料的合理性与可行性核实一下。除非保证建议是适当的和可接受的，某些空炮可能得放弃。

6.2.7 附录

有时，读者感兴趣的或者对于读者有价值的，可能并不是提供的调查结果和

133

结论,而是作为资料的附录。它们可包括问卷、信息来源、统计方法、详细表、描述和定义以及任何相关的支持文献。

附录不应该孤立存在。它们不仅是正文所必需的参考资料,而且还要真正的作为调查结果的补充而被引用。附录的长短无硬性不变的规定,但是它们不是关系模糊不清的材料的垃圾场,而且应保持报告正文与附录长度之间的合理比例。

6.3 调查成果的口头报告

调查报告,通常可分为书面报告(written reports)和口头报告(oral reports)两种。上一节所讲述的调查报告的结构内容多用于书面报告,尽管口头报告也大致应该包括了以上的这些内容,然而作为口头报告也有一些不同于书面报告的特点。

6.3.1 口头报告的重要性及特点

在很多情况下,需要将市场调查报告的结果向管理层或委托者作口头报告。口头报告可以帮助管理部门或委托方理解书面调查报告的内容并接纳书面报告,同时,可以针对委托人提出的问题及时做出解答。口头报告对于有关人士迅速掌握和理解报告内容具有重要的作用。

与书面报告相比,口头报告具有以下几个特点:

1)口头报告能用较短的时间说明所需研究的问题。

2)口头报告生动,具有感染力,容易给对方留下深刻印象。

3)口头报告能与听者直接交流,便于增强双方的沟通。

4)口头报告具有一定的灵活性,一般可根据具体情况对报告内容、时间做出必要的调整。

用于口头汇报的有以下四种辅助材料:

1)汇报提要。每位听众都应该有一份关于汇报流程(主要部分)和主要结论的提要。需要注意的是,这份提要中不应出现统计资料图表,同时应预留出充裕的空间让听众记录或评述。

2)视觉辅助。最常见的视觉辅助是投影机、幻灯机或高架投影机。现在,越来越多的调研者使用个人电脑和诸如幻灯软件之类的汇报软件。依靠这些现代化手段,不仅可以显示传统图表,还可显示电子图表。调研者能根据听众提出的问题。展示出"如果……那么……"的假设情况。摘要、结论和建议也应制作成可视材料。

3)执行性摘要。每名听众都应有一份执行性摘要的复印件(最好在几天前就发出),这样可以使经理们在听取口头汇报前就能思考所要提出的问题,使汇报中的讨论更热烈、更有收获。

4)最终报告的复印件。报告是调查结果的一种实物凭证。调研者在口头汇报中省略了报告中的许多细节。作为对此的补充,在口头汇报结束时应准备一些报告复印件,以备对此感兴趣者索取。

6.3.2 口头报告成功的基本要素

口头报告虽具有一些优点,但能否发挥其效果,还取决于许多因素,其中心内容可以归纳为3P,即取决于你是否进行了充分的准备(prepare)、你是否进行了充分的练习(practice)、你是否进行了成功的演讲(preform)。现具体归纳为以下几点:

1)按照书面调查报告的格式准备好详细的演讲提纲。用口头报告方式并不意味着可以随心所欲、信口开河。它同样需要有一份经过精心准备的提纲,包括报告的基本框架和内容。当然,其内容和风格要与听众的情况相吻合。这就首先要了解听众的状况:他们的专业技术水平怎样;他们理解该项目的困难是什么;他们的兴趣是什么;他们能接受多少等。

2)进行充分的练习。在演讲时,可能会出现紧张,可以采取做深呼吸和穿着舒适、贴身服装等方法加以缓解;但更重要的是要做充分的练习,真正掌握你的演讲资料是减少紧张的有效途径。演讲中最紧张的时刻常发生在报告开始时,为减少心理障碍,尤其要注意练习报告的开头部分。

介绍的技巧是非常个性化的,调研人员必须努力发现自己的风格。记住这句格言——问题不在于你说什么而在于你怎么说。如果介绍者缺乏热情,即使最有趣的数据资料听起来也会烦人。

3)尽量借助图表来增加效果。人们常说:"一张图表胜似千言万语"。在做口头报告时,要善于用图表来辅助和支持你的演讲。注意的要点有:第一,要使你制作的图表显得十分重要和有权威性;第二,绝对保证你的图表都是清晰易懂的;第三,图表要有选择性,不要有太多的图表,一张图表上也不要有太多的内容,以免使你的听众望而却步;第四,图表可借助黑板、幻灯、录像和计算机等可视物加以表现,选择何种物品可根据听众多少和会场设施而定,但都要保证使室内最后面的人看清。

4)做报告时要充满自信。有些人常在演讲开始时和过程中对其所讲的话道歉,这实际上是不明智不自信的表现,一方面,暗示了你没有做出足够的努力准备你的演讲;另一方面,无谓的道歉浪费了宝贵的时间。

5)要使听众"易听、易懂"。由于听比讲更难集中注意力,故要求语言要简洁明了,通俗易懂,要有趣味性和说明力。如果你有一个十分复杂的问题需要说明,可先做一简要、概括的介绍,并运用声音、眼神和手势等变化来加深听众的印象。

如果可用时间只有半小时,介绍就必须简洁有力,集中在总体画面上,光线停留在分图上,抓住问题直至结束。同样地,一次 2 小时的介绍也需要控制节奏。在这种情况下,有必要展开数据资料,并使人们始终保持兴趣——因为 30 ~45 分钟是大多数人注意力集中的特殊时段。

6)要与听众保持目光接触。演讲时要尽量看着听众,不要低头看着你的讲稿或看着别处,与听众保持目光接触,有助于判断他们对讲话的喜欢或厌烦状况和对内容的理解程度。

7)回答问题时机的把握。在报告过程中最好不要回答问题(有关演讲清晰性问题除外),以免出现讲话思路被打断,使听众游离报告主题或造成时间不够等现象。在报告开始前可告之听众,你会在报告后回答问题并进行个别交流,注意不要忘记这一承诺。

8)在规定的时间内结束报告。口头报告常有一定的时间限制,在有限的时间内讲完报告是最基本的要求。滔滔不绝的演讲不仅浪费听众时间,也影响报告的效果。

最后几分钟提供创造一种有利的持久印象的机会。为事先构思结束语而充分准备是值得的。最后几句话不必华丽和可笑,但应该精通熟练。适宜的题目可以是感谢听众的参与;解释根据递交的报告下一步会发生什么;或者简单地提议每个人适当休息一下喝点咖啡。

9)口头报告结束后,还要请用户或有关人士仔细阅读书面报告。

6.4　调查报告的评价推广

6.4.1　基本要求

一份优秀的调查报告,起码要符合以下要求:

1)语言简洁。报告的读者阅读报告的目的是从报告中快速地获得信息,而不是为了像欣赏小说一样欣赏报告。所以言语不必追究华丽,但要讲究简洁、准确,要让读者一眼就能看懂。

2)结构严谨。在撰写调查报告时,各部分内容的中心意思要突出,各部分之间的关系逻辑性要强,努力使读者看一遍报告就能明白整个调查的基本过程的结果。千万不可把一大堆资料简单地堆积在一起。

3)内容全面。调查报告要将一项调查的来龙去脉详详细细地加以介绍,让读者通过阅读报告能够了解调查过程的全貌,能够对调查的质量作评价,能够对调查所获得的结果有一个清楚的认识,能够明确调查对他们有哪些用处,调查能够帮助他们解决什么问题。也就是说,报告要回答或说明研究为何进行,采用什么方法进行研究,得到什么结果和结论,有什么建议。

4)资料翔实。将调查过程中各个阶段搜集到的全部有关资料组织在一起,不能遗漏掉重要的资料,但也不能将一些无关的资料统统地写进报告之中。

5)结论明确。在调查报告中,对调查获得什么样的结论要明确地加以阐述,不能模棱两可,含糊其辞。

6.4.2　调查报告中容易出现的问题

撰写调查报告的过程中会遇到一些常见的错误。对此,我们应牢记并在写作过程中尽量避免。

1)篇幅不代表质量。调查报告中常见的一个错误观点是:"报告越长,质量越高。"通常经过了对某个项目几个月的辛苦工作之后,调研者的身心已经完全投入,并试图告诉读者他知道与此所相关的一切。因此,所有的证明、结论和上百页的打印材料被纳入到报告当中,从而导致了"信息超载"。有理由相信大多数经理人员根本不会通读全部报告。事实上,如果报告组织得不好,这些经理或

137

许根本连看也不看。总之,调查的价值不是用调查报告的篇幅来衡量的,而是以质量、简洁与有效的计算来度量的。

2)解释不充分。某些调研者只是简单地重复一些图表中的数字,而不进行任何解释性工作。尽管大多数人能够读懂图表,可人们仍把解释资料意义的工作当做作者应有的责任。而且,有些事实会比页码更能转移读者注意力。如果某一页有统计数字而未做任何解释,读者就会疑惑为什么在这儿会有图表?

3)偏离目标或脱离现实。在报告中堆满与调研目标无关的资料是报告写作中的另一常见毛病。读者想知道的是:对营销目标来说调研结果意味着什么;现在能达到目标吗;是否需要其他资料;产品或服务是否需要重新定位等。

不现实的建议同脱离目标的结论一样糟糕。如果产品定位中把"A"和"B"视作同等产品,那么,建议生产两种产品也许就是轻率的。在银行形象研究中提出将贷款官员成批开除的建议肯定会被认为是不切实际的。

4)过度使用定量技术。一些报告作者会因"泡沫工作"而感至惭愧。所谓"泡沫工作"是指通过高技术手段和过度使用多样化的统计技术却是由于错误的目标与方法导致的。一个非技术型营销经理往往会拒绝一篇不易理解的报告。因为在报告使用者心目中,过度使用统计资料常会引发对调查报告质量合理性的怀疑。

5)虚假的准确性。在一个相对小的样本中,把引用的统计数字保留到两位小数以上常会造成或毫无理由的对准确性的错觉或虚假的准确性。例如,有"68.47%的被调查者偏好我们的产品"这种陈述会让人觉得68%这个数是合理的。读者会认为,调研者已经把数字保留到0.47%,那么68%肯定是准确无误的了。

6)调研数据第一。某些调研者把过多精力放在了单一统一数据上,并依此回答客户的决策问题。这种倾向在购买意向测试和产品定位中时常见到。测试的关键点在于购买意向,如果"确定会买"和"也许会买"的人加在一起达不到预想的标准,比如75%,那么这种产品概念或测试产品就被放弃了。但在产品定位的问卷调查中可能包含着50个用以获取定位信息、市场细分资料和可预见的优劣势的问题。然而,所有这些问题都从属于购买意向。事实上,并不能根据某一个问题决定取舍,也不存在某一个预先确定好的一刀切的标准。过度依赖调研数据有时会错失良机,在某些情况下会导致营销错误的产品。

7)资料解释不准确。调研者有义务对目标做出正确的解释,但有时也会出现失误。例如,在不精确的数据分析中,比例分析就是比较容易出现的一种。调研者测试咖啡产品"A"和"B",当用 −2,−1,0,+1 和 +2 分值衡量从"非常苦"

到"一点都不苦"的 5 个等级时,A 产品的平均得分是 1.2,B 产品是 0.8。前者减去后者,然后计算一个简单的百分比,结果是"B"要比"A"苦 50%以上。

但如果使用不同的权数,又会出现另外一种情况。假设 1~5 代表上面所指"非常苦"到"一点都不苦"的程度,"A"的得分为 4.2,"B"为 3.8,在同样的受调查者、同样的咖啡和同样的调查问卷的条件下,却得出不同的百分比差异,即仅有 11.5%。那么现在看起来咖啡 B 还不算太坏。

现在第三次来看同样的资料。此时,调研者使用 1~5 级别,但改变了顺序,"一点都不苦"现在是 1,而"非常苦"等于 5,这就使咖啡"B"的得分为 2.2,咖啡"A"的得分为 1.8,那么其差别的百分比仅为 18.2%。

要想准确地解释问题,报告撰写者必须熟悉比率假设、统计方法并了解各研究方法的局限性。

8)虚张声势的图表。一图抵千言,但一张糟糕的图不仅毫无用处,而且还会产生误导。它也许是艺术化、绚丽多彩和引人注目的作品,但却不能履行它的使命。图表能使事实形象生动,但有些图表却过于眼花缭乱,这类图表称作虚张声势图(gee - whiz)。

思考题

6.1　试述市场调查报告的结构与内容。

6.2　调查报告的写作技巧有哪些?

6.3　成功的口头报告有哪些基本要素?

第 7 章　市场预测通论

7.1　市场预测的种类

　　市场预测,实质上是对市场商品需求量与销售量的预测,或者说就是对产品的生产量或商品资源量的预测。预测总是具体的,表现为采用一定的预测方法,对特定商品在一定时间内与一定地域范围内需求量与销售量的预测,或者是对相关供需指标与效益指标的预测。据此,市场预测便可以从空间范围、方法、对象、时间等多个角度进行分类。

7.1.1　按预测活动的空间范围分类

1. 宏观市场预测

　　宏观市场预测是指全国性的市场预测。它同宏观经济预测,即对整个国民经济总量和整个社会经济活动发展前景与趋势的预测相联系。为了对全国性市场的需求量和销售量做出科学预测,从而为企业的发展提供宏观经济指导,或者为了依据宏观经济发展指标对企业或地区市场的经营预测提供基础性资料,宏观经济预测提供的预测值有:国民生产总值及其增长率、人均国民收入及其增长率、物价总水平和商品零售总额、工资水平和劳动就业率、投资规模及其增长率、积累和消费结构、产业结构、国际收支的变化等。宏观经济预测还应包括世界范围的市场动态、商品结构、进出口贸易行情、国际金融市场对国际贸易的影响趋势等。宏观市场预测的直接目标是商品的全国性市场容量及其趋势变化,商品的国际市场份额及其变化,相关的效益指标及各项经济因素对它的影响。

2. 中观市场预测

中观市场预测是指地区性市场预测。它的任务在于确定地区性或区域性的市场容量及其变化趋势,商品的地区性或区域性需求结构与销售结构及其变化趋势,相关的效益指标变化趋势及其影响因素的关联分析等。中观市场预测与中观经济预测紧密相关。中观经济预测是对部门经济或地区经济活动与发展前景的趋势预测,诸如部门或地区的产业结构、经济规模、发展速度、资源开发、经济效益等。

3. 微观市场预测

微观市场预测以一个企业产品的市场需求量、销售量、市场占有率、价格变化趋势、成本与诸效益指标为其主要目标,同时又与相关的其他经济指标的预测密不可分。

微观、中观、宏观市场三者之间有区别也有联系。在预测活动中可以从微观、中观预测推到宏观预测,形成归纳推理的预测过程;也可以从宏观、中观预测推到微观预测,这便是演绎推理的预测过程。

7.1.2 按预测对象的商品层次分类

1. 单项商品预测

这是对某种具体商品的市场状态与趋势的预测,例如,粮食市场预测、棉花市场预测、食用油市场预测、钢材市场预测、汽车市场预测等。单项商品预测仍需分解和具体化,包括对各单项商品中不同品牌、规格、价格的商品需求量与销售量,以及效益指标等进行具体的预测。

2. 同类商品预测

这是对同类商品的市场需求量或销售量的预测。大的类别有生产资料与生活资料类预测。每一类别又可分为较小的类别层次,如生活资料类预测可分为食品类、衣着类、日用品类、家电类等。按不同的用途与等级,上述各类生活资料还可以分为更具体的类别层次,如家电类可分为电视类、音响类、冰箱类、微波炉类等。

3. 目标市场预测

按不同的消费者与消费者群体的需要划分目标市场,是市场营销策略与经营决策的重要依据。目标市场预测可分为中老年市场预测、青年市场预测、儿童市场预测、男性市场预测、妇女市场预测等。

4. 市场供需总量预测

市场供需总量可以是商品的总量，也可以是用货币单位表示的商品总额。市场供需总量预测包括市场总的商品需求量预测与总的商品资源量预测，也可以表示为市场总的商品销售额预测。

7.1.3　按预测期限的时间长短分类

市场预测是对未来一段时间内市场的状态与趋势做出的判断与估计，由于预测对象与预测目标的不同，预测期限的长短要求存在着差异。

（1）近期预测

一般指一年以内，以周、旬、月、季为时间单位的市场预测。

（2）短期预测

通常指预测期为 1~2 年以内的市场预测。

（3）中期预测

一般指预测期为 2~5 年的市场预测。

（4）长期预测

通常指预测期为 5 年以上的市场预测。

一般来说，预测期越长，预测结果的准确程度便越低。由于企业面对瞬息万变的市场，所以，为降低经营风险，企业会力图使市场预测值尽可能精确，故多侧重于近期或短期预测。不过，在企业制定中长期发展规划时，或对重大项目做可行性研究时，又不能不做好中长期预测。还需指出，考虑到技术开发与产品开发的周期相对较长，技术寿命周期也较长，企业在做重大技术预测时，近期、短期、中期、长期的时间周期，应比上述时间长，短期为 1~5 年，中期为 5~15 年，长期为 15~50 年。

7.1.4　按照预测方法的不同性质分类

1. 定性市场预测

定性市场预测是根据一定的经济理论与实际经验，对市场未来的状态与趋势做出的综合判断。例如根据产品生命周期理论，对产品在预测期内处于萌芽期、成长期、饱和期或衰退期做出的判断,就是一种定性预测。定性预测是基于事实与经验的分析,它无需依据系统的历史数据建立数学模型。

2. 定量市场预测

定量市场预测是基于一定的经济理论与系统的历史数据,建立相应的数学模型,对市场的未来状态与趋势做出定量的描述,对各项预测指标提供量化的预测值。定量预测通常包括点值预测与区间值预测。

在实际预测工作中,尽可能将定性预测与定量预测相结合,以提高预测值的准确度与可行度。

7.1.5　按照市场预测结果的条件分类

1. 条件预测

条件预测是指预测的结果必须以满足一定条件为前提。

2. 无条件预测

无条件预测是指预测结果无须满足任何先决条件可以直接获得。

7.1.6　按照市场预测的空间层次分类

1. 国内市场预测

国内市场预测又可以分为城市市场预测和农村市场预测。

2. 国际市场预测

国际市场预测又可以分为欧洲市场预测、南美市场预测、亚洲市场预测、非洲市场预测和北美市场预测等。

7.2　市场预测的作用与原则

7.2.1　市场预测的作用

在市场经济条件下,任何经济活动都离不开市场预测。从微观来说,企业的一切经营活动都需要建立在市场预测的基础之上。市场预测对企业经营的多重作用表现在以下诸多方面：

1. 市场预测是企业经营决策的基本前提

经营决策是否正确及正确程度之高低，乃是一个企业成败与兴衰的关键，而正确的决策则要以科学的市场预测为前提。这是因为：第一，市场预测为经营决策提供未来的有关经济信息；第二，市场预测为经营决策提供决策目标和必要的备选方案；第三，市场预测为经营决策方案实施提供参照系，以利于调整经营措施，确保决策目标的实现。

2. 市场预测是实现资源有效配置的基本依据

在市场条件下，经济发展中生产、流通、交换、分配的关系，产、供、销的关系，资源配置的关系，都只能以市场为导向，才能求得合理的组合与良性的循环。然而，市场竞争的激烈与变化的无常，若没有科学的资源预测，也就不可能实现资源的有效配置，达不到市场机制的正常运作。科学的市场预测可以帮助企业通过市场调节信号，掌握商品的供求变动与价格趋势，从而正确确定与调节自己的经营方向，制定相应的营销策略，合理安排人、财、物的比例和流向，使资源得到最充分的利用。

144

3. 市场预测是提高管理水平的基本条件

一个企业的经营管理的科学水平，不仅表现在决策水平上，而且还表现在经营计划的水平上。企业经营计划不仅离不开企业历史的和现实的状况与轨迹，而且还需要把握企业环境的变化趋势、产品发展的趋势以及市场供需的变化趋势。只有通过科学的市场预测，才能使各项计划指标得以量化并避免主观性和盲目性。

4. 市场预测是企业实现效益最大化的重要手段

在影响企业经济效益的众多因素中，市场调查与市场预测工作无疑是重要的影响因素，只有在市场调查的基础上，重视并作好市场预测工作，才能制定正确的决策，使企业的行为符合市场的需求，从而实现企业效益的最大化。

综上所述，市场预测是宏观经济管理和微观经济决策的重要职能，是科学组织社会化大生产，有计划指导经济活动，有效利用市场机制，合理配置资源，提高经济效益的重要手段，是企业按照市场经济发展规律，科学制定企业市场营销发展战略和营销计划的客观依据，在经济决策和计划管理中发挥愈来愈重要的作用。

7.2.2 市场预测的原则

科学的市场预测不是随心所欲、杂乱无章的,它是在一定原则的指导下,按照一定的程序有组织进行的。

为了提高市场预测的准确性和科学性,进行市场预测时一般应该遵循以下原则:

1. 连贯原则

市场发展变化同任何事物一样都有它的前因后果和来龙去脉,具有一定的历史连贯性,变化过程中的各个阶段,既有区别又有联系,甚至会有极大的相似性。现在的市场需求状况是过去市场需求历史的演进,未来市场需求状况是今天市场需求发展的继续。因此掌握历史和现在的市场资料,分析其变化发展的规律,按照连贯原则的要求进行逻辑推理,就可以预测出未来市场需求的状况。

2. 模拟原则

任何一个市场结构的变化和发展都有各自的特点和规律,即按照一定的模式进行,根据某一特定模式的特点和规律可将其抽象为一个简化模型,按照模拟原则进行定量分析,即可推断出未来市场发展变化的动态趋势。

3. 取样原则

任何一个市场状况都可以通过样本(典型资料、指标、数据)表现出来。进行预测时,抽样越具有代表性,容量越大越全面,市场预测结果与未来市场状况越接近,误差越小,市场预测的结果越真实、可靠、准确、可信,从而可以有效地防止营销决策的失误。

4. 节约原则

市场预测是一种复杂的超前性研究工作,必然耗费一定的人力、物力、财力和时间。按照节约的原则进行市场预测,就是在保证预测结果精度的前提下,合理选择样本容量、计算方法和工具,恰当选择预测模型,以尽量低的费用和尽量短的时间,获取较好的预测效果,切忌过于追求精确性,而不顾费用和时间的耗费。

5. 修正原则

影响市场变化的因素复杂多变,甚至有许多始料不及的因素,由此决定了市场预测精度是一个相对的概念,允许其有合理的误差,这种误差随着时间的推移呈现扩大的趋势。市场预测往往不是一次性完成的,必须随着市场规模、结构、需求变化的改变,及时地对原预测结果进行修正和补充,以减少误差,提高预测的精度。

市场预测是一项科学性极强的分析工作,搞好市场预测的基本要求是:目标明确、资料真实、方法得当、程序科学、结果较准确、分析合理,要满足这些要求,关键在于有一支业务素质较高的预测队伍。这支队伍的成员必须具有经济学、市场营销学、统计学、会计学、计量经济学、消费经济学、货币银行学、经营管理等多门经济学科的知识;必须具有社会学、心理学、数学、外语以及自然科学等方面的知识;必须对具体的市场环境、产业结构、生产组织、经济体制、方针政策以及人文地理、风俗习惯有所了解;除此之外还必须有一定的实践经验以及分析、判断、解决问题的能力和较强的应变能力。

7.3 市场预测的基本原理、条件和方法

7.3.1 市场预测的基本原理

1. 系统性原理

市场预测的系统性原理,是指预测必须坚持以系统观点为指导,采用系统分析方法,实现预测的系统目标。

(1)坚持以系统观点为指导

系统是相互联系、相互依存、相互制约、相互作用的诸事物的完整过程所形成的统一体。预测工作中体现系统本质特性的观点应包括以下方面:

1)全面地整体地看问题,而不是片面地、局部地看问题。例如,在预测中,必须全面地分析各变量之间的相互影响,从系统整体出发建立变量之间的函数与模型,等等。

2)联系地、连贯地看问题,而不是孤立地、分割地看问题。例如在预测中,必须注意预测对象系统各层次之间的联系,预测对象与环境之间的联系,预测对象内部与外部各要素之间的彼此联系,预测对象各发展阶段之间的联系等。

3)发展地、动态地看问题,而不是静止地、凝固地看问题。市场预测都是对未来发展趋势的预测,没有发展变化,也就没有市场行为,更无需市场预测。市场预测必须根据预测对象系统的过去和现在推断未来,从而正确地反映发展观

与动态观。

(2)坚持采用系统分析的方法

系统都是有结构、有层次的。预测对象系统的内部结构与层次及其相互关系,决定着它按照一定规律运动的内在根据,其外部环境因素与系统的相互关系,则决定着它按照一定规律运动的外在条件。在预测工作中,通过对内在根据与外在条件的分析,便能较好地认识和把握预测对象的运动规律,进而依据这种规律性的认识对预测对象系统的未来状态和趋势做出科学的推测与判断。

在预测工作中采用系统分析方法要求做到:

1)通过对预测对象的系统分析,确定影响其变化的变量及其关系,建立符合实际的逻辑模型与数学模型。

2)通过对预测对象的系统分析,系统地提出预测问题,确定市场预测的目标体系。

3)通过对预测对象的系统分析,正确地选择预测方法,并通过各种预测方法的综合运用,使预测尽可能地符合实际。

4)通过对预测对象的系统分析按照预测对象的特点组织预测工作,并对预测方案进行验证和跟踪研究,为经营决策的实施提供及时的反馈。

2. 连贯性原理

(1)连贯性原理的概念

社会经济现象都是在一定条件下受一定规律支配的,只要这一规律发生作用的条件不变,合乎规律的现象必将重复出现,即是说,该经济现象的未来趋势将同过去保持连贯性。连贯性也叫连续性,表明经济对象的发展按一定的规律作合乎逻辑的连续性运动。所谓连贯性原理,就是指市场预测一定要在历史与现实的信息联系中找出其固有的规律才能推断未来。

(2)连贯性原理的应用

市场预测中运用连贯性原理,必须满足以下两个条件:

1)预测对象的历史发展数据所显示的变动趋势应具有规律性;

2)预测对象演变规律起作用的客观条件必须保持不变,否则该规律的作用将随条件的变化而中断,连续性失败。

须要指出,任何经济对象都是时间的函数。在市场预测中,将连续性仅仅理解为经济对象随时间而演变是远远不够的,重要的是要揭示其随时间变化的特殊规律是什么,例如,是线性规律还是曲线规律,若是曲线规律,又属于何种曲线等。

趋势外推预测法实际上就是连贯性原理的具体运用。

3. 类推性原理

类推性原理是基于对预测对象同参照对象作类比推理而产生的一种市场预测思路。它是指预测对象同参照对象之间若存在某些相同或相似的结构和发展模式,则可推断预测对象的未来发展还存在着另一些与参照对象相同或相似的结构和发展模式。

类推预测方法是类推性原理的具体运用。类推预测方法适用于同类对象之间的类推。采用类推方法进行预测的关键是分析样本之间是否存在相同或相似之处,相同或相似的程度越高,则采用该种方法预测的效果愈好。

4. 因果性原理

因果关系是存在于客观事物之间的一种普遍联系。因果关系具有时间上的相随性,作为原因的某一现象发生,作为结果的另一现象必然出现,原因在前,结果在后。因此,不同的客观对象之间只要存在因果关系,便可以从已知的原因推断出未知结果。

因果关系往往呈现出多种多样的情况,有一因一果、一因多果、多因一果、多因多果,还有互为因果以及因果链等。在预测中运用因果性原理,必然通过科学分析,确定相关经济现象之间因果联系的具体形式,以据此建立合适的预测模型。

现实中存在的诸多经济现象之间的因果关系的表现形式固然复杂多样,但在预测中,预测对象及其相关经济现象的历史资料数量变动的因果关系,可以归纳为两种形式:第一,确定的函数关系;第二,不确定的统计相关关系。运用因果性原理进行市场预测,就是要通过因果分析,把握影响预测对象的诸多因素的不同作用,由因推果,对预测对象的未来趋势做出预测。

5. 统计性原理

(1)统计性原理的概念

必然性与偶然性是客观事物之间普遍联系的一种形式。偶然性中隐藏着必然性,必然性通过偶然性表现出来。市场预测的任务就是要通过对预测对象诸多影响因素的偶然性分析,揭示预测对象系统内部的必然性联系,即发展的规律性,并运用这种规律性的认识以推断未来的发展趋势。

从偶然性中揭示必然性所遵循的是统计规律,预测者通过对预测对象历史数据的偶然性分析,便可以找到它的统计规律。因此,建立在概率论基础上的数理统计的原理和方法便成为市场预测理论和方法的重要基石。

(2)统计性原理的应用

1)建立统计预测模型,确定预测值置信区间。根据统计性原理,一般均需对预测对象的经济过程建立相应的统计模型进行模拟,并将模拟过程同实际比较,将模拟得到的理论估计值同客观经济过程发生的实际观察值作比较。比较结果出现的偏差具有随机性,故有必要引入区间预测值,并对预测值置信区间做出估计,也就是根据统计原理对预测值的允许偏差做出估计,进而对这种偏差进行控制。

2)认识预测对象的非线性本质,正确评价预测结果的近似特征。在第1章的第1节中曾经提到过预测结果的近似性问题,这里我们有必要进一步做些补充说明。市场预测对象作为一个经济系统,由于受内外诸多随机因素的影响,实际上都是非线性的,其运行规律无疑也是非线性的。然而,在预测中,我们为了简化计算,往往用线性模型来描述它。由于线性模型只能近似地描述非线性问题,故我们求得的市场预测的线性解也就只能看成是非线性模型的近似解。

6. 可控性原理

人们对预测对象的未来发展趋势与进程,在一定程度上是可以控制的。在市场预测中,对本来是不确定的预测对象的未来事件,可以通过有意识的控制,预先使其不确定性极小化。因此,在运用以随机现象为研究对象的数理统计原理与方法进行预测时,应当同可控因素的分析紧密结合。在市场预测中运用可控制性原理应当注意:

第一,在市场预测中确定影响预测目标的各种因素时,应尽可能地利用可控制的因素。

第二,应充分利用不确定性较小的经济变量,用以推测判断所要预测的市场变量。

7.3.2　市场预测的条件及方法

1. 实现市场预测的条件

市场预测实质上是一种特殊的经济分析过程,为了实现这一经济分析过程,必须具备以下几个方面的条件。

(1)要有一定的经济理论作指导

市场预测既然是一种经济分析过程,在质和量的分析中必然要受一定经济理论的指导。我国正处在建立社会主义市场经济体制的深刻变革进程中,市场预测应以马克思主义政治经济学原理作为基础。发端于经济发达国家的一些预测理论和方法,常常以西方经济学的主要理论为依据,例如凯恩斯(J. M. Keynes)经济学国民收入理论、后凯恩斯主义的经济发展理论、弗里德曼的货币主义理论等。微观预测以微观经济理论为依据,例如新古典学派的厂商理论、供求理论以及生产函数理论等。中观经济预测则以中观经济理论为依据,例如列昂节夫的投入产出理论等。

(2)要有全面、系统、准确的调查统计资料作为分析依据

深入的调查研究和翔实的统计资料,是市场预测的事实依据与客观基础。调查研究包括对预测对象所处环境的调研,通过对历史的与现实的资料的统计分析,进而获得关于预测对象的规律性认识,由此做出对未来发展趋势的推断。离开调查研究和统计资料,便丧失了预测的科学性,其结论只能是 唯心主义的主观臆断。

(3)要有科学的预测手段和预测方法

为了保证预测过程及预测结论的科学性,必须掌握科学的预测手段和预测方法,这是因为:第一,随着技术的进步与预测理论和方法的日趋成熟,有条件提供科学的预测手段和方法;第二,由于市场的日益复杂和国际化,市场经济需要处理的各种数据更多,影响预测过程和结果的变数也更多,若不采用先进的预测手段和科学的预测方法,便无法实现预测的目标。预测手段主要是指调查研究的手段和计算工具,如计算机、通信器材和交通工具等;预测方法主要是定性分析方法与定量分析方法两大类,它们又分别包含诸多的具体方法。

(4)要建立专门预测机构、组建预测网络,并大力培养市场预测的人才

市场预测不是孤立和封闭的活动,它涉及的范围大、面广、专业性强,因此,建立和健全不同部门、不同地区、不同层次的市场预测组织机构,建立和健全市场预测网络,统一市场预测指标体系,规范市场行情报表和报告制度,培训一批市场预测专家,是搞好市场预测的重要先决条件。预测人才是非常重要的,预测工作要他们去做,预测理论要他们去掌握和研究。预测精度的高低,关键在于预测人员的水平,有了既懂生产技术、经济理论、市场规律,又懂得预测的理论和方法的人才,就能产生好的预测结果,并能提高我国市场预测工作的水平,发展市场预测的理论和方法。

2. 市场预测的方法

市场预测方法是指在全面、系统、准确地占有有关资料的基础上,对预测目标进行定性分析和定量预测的各种方法的总称。

(1)预测方法的分类

由于预测的对象、目标、内容和期限的不同,形成了多种多样的预测方法。

据不完全统计,目前世界上共有300多种预测方法,其中较成熟的有150多种,常用的有30多种,用得最普遍的有10多种。

1)预测方法的分类体系。预测方法可按不同的标准进行分类,从而形成了预测方法的分类体系。

①预测技术的差异分类。可分为定性预测技术、定量预测技术、定时预测技术、定比预测技术和评价预测技术,共五类。

②按预测方法的客观性分类。可分为主观性预测方法和客观性预测方法两类。前者主要依靠经验判断;后者主要借助数学模型。

③按预测分析的途径分类。可分为直观型预测方法、时间序列预测方法、计量经济模型预测方法、因果分析预测方法等。

④按采用模型的特点分类。可分为经验预测模型和正规的预测模型。后者包括时间关系模型、因果关系模型、结构关系模型等。

2)市场预测常用方法分类。市场预测常用方法通常分为定性分析与定量分析两大类。定性分析预测法属主观判断分析的预测方法。

①主观判断分析预测法。主观判断分析预测法亦称为经验判断预测方法,它是指预测者根据历史的与现实的观察资料,依赖个人或集体的经验与智慧,对市场的未来的发展状态和变化趋势做出判断的预测方法。

A. 个人判断预测法。主要有相关类推法、对比类推法、比例类推法等。

B. 集体判断预测法。主要有意见交换法、意见测验法、意见汇总法、购买意向推断法、专家意见法、市场调研法、指标分析预测法等。

②定量分析预测法。这是依据调查研究所得到的数据资料,运用统计方法和数学模型,近似地揭示预测对象及其影响因素的变动关系,建立对应的预测模型,据此对预测目标做出定量测算的预测方法。

A. 时间序列分类预测法。这是以连续性预测原理作指导,利用历史观察值形成的时间数列,对预测目标未来状态和发展趋势做出的定量判断的预测方法。主要有移动平均法、指数平滑法、趋势外推法、季节指数预测法等。

B. 因果分析预测法。这是以因果性预测原理作指导,分析预测目标同其他相关事件及现象之间的因果联系,对市场未来状态与发展趋势做出预测的定量分析方法。主要有回归分析预测法、经济计量模型预测法、投入产出分析预测法、灰色系统模型预测法等。

(2)预测方法选择的影响因素

选择合适的预测方法,对于提高预测精度,保证预测质量,有十分重要的意义。影响预测方法选择的因素很多,在选择预测方法时应综合考虑。

151

1）预测的目标特征：预测目标用于战略性决策，要求采用适于中长期预测的方法，但对其精度要求较低；预测目标用于战术性决策，要求采用适于中期和近期预测的方法，对其精确度要求较高；预测目标用于业务性决策，要求采用适于近期和短期预测的方法，而且要求预测精度高。

2）预测的时间期限：适用于近期与短期的预测方法有移动平均法、指数平滑法、季节指数预测法、直观判断法等；适用于 1 年以上短期与中期的预测方法有趋势外推法、回归分析法、经济计量模型预测法等；适用于 5 年以上长期预测的方法有经验判断预测法、趋势分析预测法等。

3）预测的精度要求：满足较高精度的预测方法有回归分析预测法、经济计量模型预测法等；适用于精度要求较低的预测方法有经验判断预测法、移动平均预测法、趋势外推预测法等。

4）预测的费用预算：预测方法的选择，既要达到精度的要求，又要满足预测目标的需要，还要尽可能节省费用。即：既要有高的经济效率，也要实现高的经济效益。用于预测的费用包括调研费用、数据处理费用、程序编制费用、上机费用、专家咨询费用等。费用预算较低的方法有经验判断预测法、时间序列分析法以及其他较简单的模型预测法；费用预算较高的方法有经济计量模型预测法以及大型的复杂的预测模型预测方法。

5）资料的完备程度与模型的难易程度：

①资料的完备程度。在诸多预测方法中，凡是需要建立数学模型的方法，对资料的完备程度的要求较高，当资料不够完整时，可采用专家调查法等经验判断类预测方法。

②模型的难易程度。在预测方法中，因果分析法都需要建立模型，其中有些方法的建模要求预测者有坚实的预测基础理论和娴熟的数学应用技巧。因此，预测人员的水平难以胜任复杂模型的预测方法时，则应选择较为简易的方法。

6）历史数据的变动趋势：在定量预测方法的选择中，必须以历史数据的变动趋势为依据。以商品的市场销售为例，不同的销售趋势外推预测，需要选用不同的曲线预测模型与之对应。

7.4　市场预测的基本程序

做好市场预测，必须按照一定的程序。一般市场预测的全过程，应遵循以下步骤：确定目标、确定影响因素、搜集整理资料、进行分析判断、做出预测。

7.4.1 确定预测目标

确定预测目标,就是确定预测所需要解决的问题,亦即确定预测课题或项目。确定预测目标,使得预测工作获得明确的方向与内容,可据此筹划该项预测的其他工作。

1. 市场需求目标与资源供给目标

市场需求目标是市场预测关注的最关键的预测目标,它是企业经营决策的出发点。需求包括各种类别和各个层次,究竟选择何种类别与层次的需求作为预测目标,则应根据实际情况和预测任务加以确定。需求目标也可用时常容量来表示。

资源供给目标是指生产厂家能为市场提供商品的结构与数量,是一定时期内的商品可供量。

市场需求目标与销售量可看成为等价的;资源供给目标与生产量可看成为等价的。

2. 总量预测目标与分量预测目标

预测对象可视为一个系统。对于一个复杂的系统,可将系统分解为若干子系统,子系统还可下分为若干层次的多级子系统。系统的总体目标即为预测对象的总量目标,各级子系统分解出来的单项目标则为分量预测目标。由于预测对象系统具有一定结构,决定着预测目标也有一定结构。

3. 长期预测目标与短期预测目标

长期预测目标与短期预测目标在性质上有较大的差别。长期预测目标一般服务于战略决策;而短期预测目标则多服务于一般市场营销策略。例如,长期预测目标需要确定市场寿命周期上半周期阶段,短期市场预测目标则更多关注商品的销售量。

4. 资源投入目标与产出效益目标

资源投入目标就是物化劳动与活劳动的投入或消耗,它表现为一系列指标。产出效益目标则表现为一系列财务指标。投入产出目标的确定直接为企业决策提供依据,常常成为预测目标的主体。

7.4.2　确定影响因素

预测目标确定之后,必须详细分析影响该预测目标的各种因素,并选择若干最主要的影响因素。

确定影响因素需注意以下原则:

1. 根据预测目标确定影响因素

预测目标不同,影响因素各异。根据预测目标,考虑相关的经济理论,通过实际观察与分析,可确定相关的影响因素。例如,为了预测商品的市场需求量,其影响因素应包括:人口增长与分布;居民收入水平与实际购买力;消费者购买心理与消费趋势;商品价格与品质;商品所处生命周期的阶段;同类产品与替代品的竞争趋势;进出口贸易的需求结构;政府相关政策规定等。若为了预测商品的资源量,则应从生产厂家的生产能力与生产条件分析其影响因素。显然,市场需求量与商品供应量预测的影响因素是不同的。

2. 确定影响因素应尽可能详尽

确定的影响因素详尽与否,直接关系着预测结果的精确度。预测对象系统的发展趋势与状态,是很多因素共同作用的结果,只有尽可能充分地把这些因素的作用考虑进去,才能较准确地反映对象系统的未来发展。

要求尽可能详尽是一回事,而实际情况又是一回事。这是由于:第一,预测者的认识有局限性;第二,有些影响因素具有隐蔽性;第三,有些影响因素虽然被确认,但其历史与现实资料却难以搜集;第四,分析方法不允许太多的影响因素作为预测因子。

3. 注意力应集中于确定主要影响因素

实际预测工作要求用尽可能少一些的因素较充分地反映预测目标,以便使预测工作得以简化。在精确达到要求的前提下,要尽可能使确定的影响因素少一些,最有效的途径就是通过分析,再在尽可能详尽地考察各种影响因素的基础之上,选择若干主要的因素。为此,要学会善于运用质的分析方法和统计方法,并善于把这两种方法有机地结合起来。在实际预测工作中,预测目标及确定的主要影响因素,均须转换为变量,由一系列指标体系加以表征。

7.4.3 搜集整理资料

搜集整理资料是市场预测的基础性工作。与市场预测有关的资料内容十分广泛,若不分主次一概搜集整理,不仅加大成本,而且无此必要。因此,依据预测目标确定资料搜集的范围与资料处理的方案就显得十分重要了。

1. 资料的搜集

(1)历史资料的搜集

历史资料是指企业已经建档和各级统计机构发布或经报刊、会议文件等其他途径发布的各种经济与社会发展资料,包括宏观的、中观的与微观的各种历史统计资料,诸如:人口状况;就业与人均收入的变化情况;社会购买力;货币流通量;商品生产与销售情况;企业经营的各项财务指标等。从历史资料的分析中认识与揭示预测对象系统的运动规律,进而推测未来,是搜集历史资料的主要目的。

(2)现实资料的测算

现实资料是指当期或预测期内正在发生着的有关经济与社会发展的各种指标数据。通过对社会经济的实际调查、对用户的问卷调查或从消费者的直接反馈而获得的是原始的现实资料,通过各种报表所获得的是初步加工的现实资料。从现实资料的分析中可以把握预测对象的显示状态,并把它作为预测指标的起点。

(3)间接资料的测算

搜集到的历史资料与现实资料,有时并不完整与系统。此时,可选用某种方法进行测算,以获得基本上能反映预测对象变动趋势的间接资料。间接资料作为搜集到的直接资料的补充,也是不可忽略的。

间接资料的测算方法很多,下面介绍几种常用的方法。

1)比例测算法。这是根据时常总量的占有率测算某个指标绝对数的方法。例如,已知某商品的市场销售总额,又已知某商品销售所占百分率,即可推出该商品的市场销售额。

2)抽样测算法。这是运用抽样调查所获得统计资料,从部分推测整个市场指标的一种测算方法。

3)目标市场测算法。这是根据目标市场容量测算相关指标数据的方法。

4)平均增长率测算法。这种方法要求首先计算出某一时段历史数据的平均增长率,再按该平均增长率补齐所需数据。

5)外推测算法。这是以时间为自变量,以测算对象指标为因变量,建立关于时间的一个函数加以外推的一种测算方法。这种方法用于预测,就是我们在第 9 章中将要讨论的趋势外推预测法,请读者注意。

2. 资料的整理

在多数情况下,搜集到的资料还需要经过整理才能用于预测。资料整理过程也就是对资料进行加工使之系统化的过程。

(1)对资料的校核

为了保证资料的准确性,必须对资料进行校核,以去伪存真。对资料的校核包括逻辑性校核和计算性校核。逻辑性校核是指检查搜集到的资料是否符合预测对象变动的逻辑发展,以排除明显的偶发性因素的影响;计算性校核是指检查搜集到的各种指标数据是否有计算错误,或统计与计算口径是否一致等。

(2)资料的分类

按搜集资料所表征的经济社会现象的特征、结构、性质、规模等方面的差异对资料分类,是资料整理工作的主要环节。按特征分类通常是指按资料所显示的变动规律分类,例如,直线型变动形态、曲线型变动形态、季节型变动形态等;按结构分类一般指按不同的市场结构层次、商品结构层次等分类,例如,国际市场容量、各区域市场容量、各目标市场容量等;按性质分类,多指按不同的社会性质、经济性质进行分类,例如,人口资料、购买力资料、商品销售资料、商品供应资料等;按规模分类是指按市场容量规模、企业产品的生产规模、销售的赢利规模等进行分类。对资料分类取何种标准,决定于预测的任务与目标,也决定着预测方法的选择。

(3)对变量序列的编制

经分类整理的资料,用数值表示,按不同的变量排序,形成某变量的大小序列。这种序列可以方便地提供预测与决策所需要的权重分布或概率分布资料,在预测中十分有用。例如,为了预测某种商品的资源供应量,就必须对各生产厂家的生产趋势做出估计,而生产厂家的生产能力则取决于它的规模。不同生产厂家的规模可按产值、利润等作为标志性指标,对不同标志性指标划分不同的区段,落在不同区段内的厂家数占该种商品总生产厂家的百分比,便可以作为依据。这种排序实际上就是各厂家在某商品资源供应量方面的权重排序。

7.4.4 进行分析判断

分析判断是市场预测的关键性环节。这一阶段的任务,是将所搜集的历史与现实的资料通过整理后进行系统的综合分析,并对市场未来的发展趋势做出质的判断。这是一个定性的分析过程,也是建立逻辑模型的过程,分析判断的主要内容包括以下方面:

1. 对各种市场影响因素同商品需求或资源的依存关系做分析判断

市场影响因素对商品需求量或资源量的依存关系,表现为单一因素的影响关系,也表现为多个因素的共同影响关系,均可用一定的函数关系来表征。这就意味着影响因素的每一变化,将导致市场需求量或商品供应量的相应变化。函数形式可以是一元的,也可以是多元的或复杂的。

(1)宏观经济发展形势对市场需求或商品资源的影响分析

宏观经济的结构性调整,投资重点和投资规模,经济发展速度,国家财政状况等,对市场需求的推动强度均有直接影响。例如,基建投资规模和房地产业的发展,是推动建材市场需求上升的主要动力。根据预测目标,选择宏观经济指标中的若干主要因素加以考察,对它们的影响强度做出评估,将依存关系转换成一定的系数关系。

(2)居民的生活质量与生活水平对市场需求或商品资源的影响分析

居民生活质量诸如食品结构、衣着结构、休闲消费水平等消费结构,对于市场需求结构有直接的影响;生活水平可以用居民的人均实际购买力作为指标,它不仅决定着需求量,还决定着对商品的需求层次。

(3)进出口贸易对市场需求或商品资源的影响分析

进出口贸易的结构与规模对市场需求结构与需求量有直接影响,当然对商品资源结构及资源量同样有直接影响。因此,国内市场与国际市场预测的关联性与依存性切不可忽略。

(4)同类产品与替代产品对市场需求或商品资源的影响分析

同类产品是指功能相同的不同品牌、不同厂家生产的产品,如各种品牌的电视机;替代产品是指功能可以替代的产品,例如降温用空调与风扇的替代。应该说,同类产品与替代产品的型号、款式、价格等方面的相互竞争直接影响市场需求结构与商品资源结构,同时也影响它们的市场需求量和商品的资源供应量。

(5)母子产品对市场需求或商品资源的影响分析

母子产品如 VCD 与光盘、计算机与软件,彼此之间存在着不可分离的依存关系。母子产品的特殊结构显然决定着市场需求结构和商品资源结构。

2. 对预测期内商品的产、供、销关系做出分析判断

(1)对市场需求趋势做出分析判断

市场需求趋势判断包括:社会总购买力及其投向趋势;居民平均购买力及需求结构变化趋势;商品流通渠道变化趋势;商品的目标市场分布与趋势变化;消费者对商品的需求结构变化趋势;商品需求量及其变化速度等。

(2)对商品资源趋势做出分析判断

商品资源趋势判断是对商品能在多大程度上满足市场需求的预估,它包括提供市场的商品结构趋势;商品的社会生产规模与社会生产能力的趋势;原材料、能源、交通的供应趋势以及实现生产能力的程度等。

(3)对商品的供需平衡状态做出分析判断

对商品供需平衡状态的分析,对市场预测有重要意义。供需的差额,包括顺差与逆差的判断,以及此消彼涨的发展态势,是市场各种要素演化的重要动因。供需差额的分析,不能只注意量的方面,在市场预测判断中,还需特别着眼于生产原因与实质内容的分析。

3. 对影响市场需求的消费心理、经济政策及其他环境因素的分析判断

消费者的消费观念、消费行为、价值取向、文化背景、风俗习惯等对市场需求有很大影响。国家的宏观经济政策诸如财政政策、货币政策、产业政策、投资政策等也决定着市场的发展趋势。此外,其他的环境因素,例如国际经济环境、政治环境等方面的影响也不能忽视。

7.4.5 做出预测

这一阶段的主要内容是,选择预测方法、建立预测模型、估算模型参数、对模型进行检验、确定预测值、分析预测结果、提出预测报告。

1. 选择预测方法

预测方法是指在以上各阶段工作的基础上,对市场未来发展状态与趋势做出判断和测算的各种技术与手段的总称。预测方法很多,大体可以分为定性预测方法与定量分析方法两大类。在实际预测活动中,要将定性预测方法同定量预测方法相结合,以定性分析为依据,以定量分析为手段;在定性分析中尽可能量化,在定量分析中贯穿质的分析。关于预测方法的选择原则将在下一节中作专门介绍。

2. 建立预测模型

以一定的经济理论作指导,根据所采用的预测方法建立起数学模型,以表征

预测目标同各影响因素之间的关系,进而用数学方法确定预测值。建立预测模型必须注意以下问题:

1)必须以正确的经济理论作指导。在建立经济计量模型时,作为指导的经济理论不同,则预测模型会有很大差异。

2)必须尽可能准确地确定模型中的变量及变量之间的关系。为此,第一,在许多情况下,要对预测模型进行检验,以确认模型中变量之间是否存在着相关关系;第二,要对模型的参数认真地做出估计。参数的估计要以样本数据作为分析依据。参数的精确度是对模型中变量之间关系的准确性的一种描述。

3)必须尽可能地使模型简化。为此,模型所采用的变量不可太多。

4)尽可能有利于实现计算机模拟和计算机运算。

5)模型不合理时,必须及时进行修正。

3. 确定预测值

市场预测的结果,应通过解数学模型提供数量化的预测值。预测值在许多情况下应包括点预测值和区间预测值。在确定预测值时,尚需对预测的误差做出估计,也就是把预测值同历史观察值作比较。预测值误差实质上是对预测模型精确度的直接评价,决定着对模型是否认可,是否需要做出修正,以及在多大程度上做出修正。

需要指出,为了保证预测值的准确性,在市场预测中,常常要同时采用不同的预测方法与预测模型,并对它们的预测结果进行比较分析,进而对预测值的可信度做出评价。

4. 提出预测报告

在预测报告中应对预测结果做定性与定量相结合的分析,决不能把预测报告当成数据的堆砌。预测报告实际上是目标决策分析,它是直接为决策服务的,故系统的综合分析显得特别重要。

预测报告是预测结果的文字表述。写好预测报告不仅是预测的完成步骤,而且也是对调研过程的总结和综合反映。预测结果能否对决策产生影响,与能否写好预测报告也有很大关系。预测报告一般包括题目、摘要、目的、正文、结论和建议以及附录等部分。

(1)题目

题目是对预测报告内容的高度概括。它应醒目、明确,要与文中内容相符。有时,题目也可采用"主标题 + 说明性副标题"的形式来表示。通常,决定用什么题目可参照下列两条标准:①经常性预测以反映目标为主。这就是说,如果是按时就某一特定问题提出预测报告,则题目主要反映预测的目的、对象、范围及时间界限,如"1985年第二季度全国经济预测"或"20世纪80年代后半期西欧机床市场需求预测";②应急性预测以反映预测结论为主。如果由于情况发生变化临时去做预测,或是为了修改原有预测,预测题目就要将新的发现(预测结论)突出反映出来,以引起有关部门的重视,例如,"美国经济第二季度将继续下降,制成品需求继续萎缩"以及"英国北海石油价格降低将造成国际市场油价的松动,年内世界石油需求将有所增加"。有重大发现时,为反映新的预测结果,报告的题目可稍长些。

(2)摘要

在预测报告的正文前,通常将调研的主要发现、预测结果及建议采取的对策等予以摘要说明。摘要与题目配合,可引起有关人士的对预测的重视。在下面两种情况下,摘要更有特殊的意义:一是,当报告内容较多、篇幅较长时,摘要可以突出重大结论与行动建议;二是,当报告中应用了较多的技术性语言,如图表、公式、模型或其他专业语言时,摘要可用较通俗的语言,扼要介绍主要观点。一般地讲,摘要中的要点应从预测结论和对策意见中提炼概括,切忌以正文内的小标题做简单的罗列。

(3)目的

在正文前简单地交代预测目的或调研目的,作为正文的引子。

(4)正文

正文包括预测过程、模型及说明、必要的计算方法及图表、分析、预测结论及理由陈述。正文的重点是资料分析。在撰写正文时要紧紧围绕中心论题,保持论题的同一、稳定,使结构紧凑,不要节外生枝。资料及论据必须真实、客观,论证要符合逻辑,结论要明确。

(5)结论与建议

除扼要地说明预测结果外,还要有针对性地提出行动建议以及对策。同时,对制约因素和控制条件也要做必要的说明。

(6)附录

附录应包括必要的表格、资料来源、较复杂计算方法的说明及其他未列入正文的有关资料。

写好预测报告是预测人员基本功训练的一项重要内容。撰写时还必须注意以下几点:①说清问题;②易于理解;③避免使用千篇一律的语言或"套话";④注重事实,切忌华而不实,哗众取宠;⑤文字精练,篇幅不宜过长。

思考题

　7.1　市场预测类别有哪些？

　7.2　简述市场预测分类依据。

　7.3　市场预测的作用有哪些？

　7.4　市场预测应遵循哪些基本原理？分别说明应用这些原理应注意哪些问题？

　7.5　市场预测有哪些步骤？完成每步预测工作应注意哪些问题？

第 8 章 经验判断预测法

经验判断预测法,是指预测者凭借个人或群体的直觉、主观经验与综合判断能力,对某种经济现象未来发展趋势进行预测的一种方法。该方法是一种定性与定量相结合,以定性分析为主的预测方法。

必须指出,现代定性预测方法较之古典定性预测方法,有了质的飞跃,它们之间具有截然不同的特点。其中突出的有:

1)已经形成了一套科学的预测方法;

2)不是依靠个人或少数人,而是依靠一个智慧的群体;

3)古典定性预测法,其结果无法定量,因而缺乏严谨和科学性,而现代定性预测的结果一般具有数理统计性。

因此,我们不要一提到市场预测,就总是想到数学模型,各种各样的直线或曲线拟合。诚然,定量预测法是一种科学的预测方法,但是我们也不应该产生另一种倾向,认为只有数学的方法才是科学的,其预测的结果才是可信的,并把定性预测方法贬低为没有学问的、不需计算的、不科学的方法而加以排斥,定性预测方法也是一种科学的预测方法。更不能认为之所以采用定性预测方法,是因为我国有些经济工作者,数学基础差而暂时采用的预测方法。实际上两者之间的关系是,现代定性预测也要采用数学工具进行计算,而定量预测必须建立在定性预测的基础上,两者相辅相成,定性是定量的依据,定量是定性的具体化,把两者结合起来灵活运用,才能取得最好的预测效果。即使是在先进的工业化国家,定性预测方法仍在各个领域广泛使用。可以断言,即使将来我国各级经济工作者的数学知识丰富了,能普遍使用计算机,能够正确建立和应用数学模型进行预测时,仍然不能废弃定性预测方法。两者将长期共存,相互补充,不断完善,共同发展。

8.1 专家预测法

专家预测法是基于专家的知识、经验和分析判断能力,在历史和现实有关资料综合分析基础上,对未来市场变化趋势做出预见和判断的方法。它主要包括个人判断法、专家调查法、头脑风暴法和德尔菲预测法四种。

8.1.1 个人判断法

个人判断法,是指征求专家个人对未来市场变化趋势做出预见和判断的方法。这是最简单的专家预测法。

个人判断法的主要优点是,不受外界影响,没有心理压力,可以最大限度地发挥专家个人的创造才能。但是,仅仅依靠个人的判断,很容易受到专家的知识面、知识深度和占有的资料,以及对预测问题是否有兴趣左右,难免有片面性。

8.1.2 专家调查法

专家调查法又分为会议调查法、专家评估法。是指预测人员采用开调查会或向专家进行调查、由专家评估的方式,获取预测信息,经过判断和推算,预测市场未来发展前景的一种定性预测方法。

1. 会议调查法

会议调查法在我国的市场预测工作中,占有很重要的地位,有其独特的作用,并为广大的企业家和经济工作者所熟悉。专家会议有助于交换意见,互相启发,弥补个人的不足,通过内外反馈的意见集中于目标,为重大决策提出预测。因而专家会议法仍不失为一种主要的专家调查法,特别是为全局战略决策进行预测时,专家会议法常常是一种重要的预测方法。

会议调查法,在我国是一种有效的方法。开调查会也是我们国家一贯倡导的调查研究方法,有了一套较为完善的理论和经验。前苏联、美国也曾用这种预测方法,为重大战略决策服务。

专家会议同个人判断比较,至少有如下三个优点:

1）专家会议的信息量比个人所占有的信息量要大；

2）专家会议考虑的因素比个人考虑的因素多；

3）专家会议提供的方案比个人提供的具体。

然而，国内外的经验表明，专家会议法也有明显缺点，主要表现在：

1）感情影响：上级、权威、老前辈、老同事之间的不同见解，不易当面展开辩论。

2）个人影响：有人善辩，根据不多，理由不少；有人寡言，根据不少，讲话不多；有人谦虚，有人好看"气候"等等。

3）时间影响：会议时间再长也有限；会前准备再充分，也很难完全切题；即席发言，再慎重，也有考虑不周之处等。

4）得失影响：当面，或在知人知事时，怕错，错了又不便修正，尤其是不便反复修正。新见解，尤其是尚不成熟的见解，不易谈，谈不清，谈不深，还有事业方面的利害关系，不便公开议论等等。

因此，开会调查预测要注意以下几点：

1）被邀请参加会议的人必须是对预测的问题有经验和熟悉情况的人员，包括专家学者，也包括深切明了该市场的中、下级干部和群众。

2）每次参加会议的人数不宜过多，三五人或七八人即可，要根据预测者主持会议的能力而定，善于主持会议的，可以多到十几人或二十几人。

3）要开展讨论式的调查，事先要准备好调查提纲，并先发给参加会议的人做好准备。预测者在会上按提纲提问，开展知无不言、言无不尽的讨论。那种只是随便问一下，不提出中心问题，意见分歧不引导辩论，或者只听个别权威讲经验、谈意见的方法，是不能得到近于正确的结论的。

4）预测者要有谦虚谨慎、虚心求教的态度，不要首先拿出倾向性的意见，带着个人"意图"去找"群众基础"。开调查会只要组织得好，是可以深入的辨明问题，取得比较正确的结论的。例如，各种形式的生产、销售会议，农作物收获前的估产会议等，都证明了这种方法的有效性。

2. 专家评估法

国外习惯于向专家进行访问调查、由专家评估的方式进行预测。因此，通常也称专家调查法为专家评估法。

美国在 20 世纪 70 年代中期使用的全部预测方法中，使用专家调查法的约占 1/4。其原因在于现代的专家调查法较之过去有了截然不同的特点。其中主要有：

1）已经形成一套如何组织专家，充分利用专家的创造性思维进行评估的基本理论和科学方法。

2）不是依靠一个或少数科学家，而是依靠许多专家或专家集体，不仅仅依靠本领域专家，同时广泛邀请相关领域专家参加预测，充分发挥专家的集体智慧。依靠专家集体不仅可以消除个别专家的局限性和片面性，而且由概率论的大数定律可以知道，当 n 个专家的预测值为独立同分布的随机变量时，只要 n 足够大，其预测的算术均值将趋近于真值的期望值。

3）古典的专家会议预测法主要是停留在定性分析、定量讨论的基础上，其结果无法定量表示，因而缺乏严谨和科学性。而现代的专家评估法是在定性分析的基础上，以打分等方式做出定量评估，其预测结果具有数理统计性。

专家评估法的最大优点是，在缺乏足够统计信息和原始资料的情况下，可以做出定量估计和得到报刊上还未反映的信息。

8.1.3 头脑风暴法

头脑风暴法是在宽松的环境中，以专题讨论会的形式，通过专家的自由交流，在头脑中进行智力碰撞，产生新的智力火花，使专家的论点不断集中和深化，以形成优化方案的一种集体预测方法。

头脑风暴法（brainstorming），又简称为"BS"法，它是美国学者 A・F・奥斯本于 1938 年首创的。它的原意是指精神病人的胡思乱想，A・F・奥斯本借用其意为思维自由奔放、打破常规、创造性地思考问题。头脑风暴法作为一种创造性思维的方法在预测中得到了广泛的应用，并日趋普及。美国从 20 世纪 60 年代末到 70 年代中期，头脑风暴法在各类预测方法中的比重由 6.2% 增加到 8.1%。

采用头脑风暴法组织专家会议时，应遵守以下原则：

1）严格限制问题的范围，明确具体要求，以便集中精力。

2）不能对别人的意见提出怀疑和批评，要研究任何一种设想而不管这种设想是否正确和可行。

3）发言要简练不要详细论述。长的发言将有碍产生一种富有成效的创造性气氛。

4）不允许参加者宣读事先准备的发言稿，提倡即席发言。

5）鼓励参加者对自己已经提出的设想进行改进和综合，为准备修改自己设想的人提供优先发言的机会。

6）支持和鼓励参加者解除思想顾虑，创造一种自由的气氛，激发参加者的积极性。

实践经验证明,利用头脑风暴法从事预测,通过专家之间直接交换信息,充分发挥创造性思维,有可能在比较短的时间内得到富有成效的创造性成果。头脑风暴法可以分为以下两类:

1)直接头脑风暴法。是根据一定的规则,通过共同讨论具体问题,鼓励创造性活动的一种专家集体评价方法。

2)质疑头脑风暴法。是一种同时召开两个会议,集体产生设想的方法。第一个会议完全遵从直接头脑风暴法原则,第二个会议对第一会议提出的设想进行质疑。

为了提供一个创造性思维环境,必须决定小组的最佳人数和会议时间。小组规模以 10～15 人为宜,会议时间一般以 20～60 min 为好。参加的人员按以下原则聘请:

1)如果参加者相互认识,要从同一职位(职称和级别)的人员中聘请,领导人员不应参加,否则对下属人员将产生一定的压力。

2)如果参加者互不认识,可从不同职位(职称和级别)的人员中聘请。这时,不论成员是高级经济师,还是一般经济工作者,都应同等对待。

参加者的专业是否与所论问题一致,不是专家成员的必要条件。并且,专家组中希望包括一些学识渊博,对所论问题有所了解的其他领域的专家。

头脑风暴法的领导工作最好委托给预测学家负责,因为他们知道如何提问题,并对引导科学辩论有足够的经验。同时,他们熟悉处理程序和方法。如果所论问题面很窄,则应该邀请所论问题的专家和预测学家共同负责领导工作。头脑风暴法预测小组应由以下人员组成:方法论学家——预测学家;设想产生者——专业领域专家;分析者——专业领域的高级专家,他们应当追溯过去,并及时评价对象的现状和发展趋势;演绎者——对所论问题具有充分的推断思维能力的专家。

头脑风暴法领导者的发言应能激起参加者的心理灵感,促使参加者感到急需回答会议提出的问题。通常在头脑风暴法开始时,领导者必须采取强制询问的方法,因为领导者难于做到在 5～10 min 之内创造一个自由交换意见的气氛,并激起参加者发言。领导者的主动活动也会局限在会议开始时,一旦参加者被鼓动起来,新的设想就会不断涌现,这时领导者只需根据头脑风暴法的原则进行适当的引导即可。应当指出,发言人越多,意见越多,所论的问题就越广越深,出现有价值的设想的概率就越大。

会议提出的设想应记录在磁带上,以便不放过任何一个设想,并使其系统化,以备下一阶段使用。

由分析组对会议产生的设想,按如下程序系统化:①就所有提出的设想编制名称一览表;②用专业术语说明每一设想;③找出重复和互为补充的设想,并在此基础上形成综合设想;④分组编制设想一览表。

在预测过程中,还经常采用质疑头脑风暴法。这种方法,是对直接头脑风暴法提出的已系统化的设想进行质疑。对设想进行质疑,这是头脑风暴法中对设想实现可行性进行评价的一个专门程序。在这一过程中,参加者对每一个提出的设想都可进行质疑,并进行全面评价。评价的重点是研究有碍设想实现的问题。在质疑过程中,可能产生一些可行的设想,这些可行的设想,包括对已提出的设想无法实现的论证,存在的限制因素,以及排除限制因素的建议等。可行设想的结构通常是:"这样是不可行的,因为……,如果要使其可行,必须……"。

质疑头脑风暴法的第二个阶段,是就每一组或其中每一个设想,编制一个评价意见一览表,以及可行设想一览表。

质疑头脑风暴法应遵守的原则与直接头脑风暴法一样,只是禁止对已有的设想提出肯定意见,而鼓励提出可行设想。

由分析组负责处理和分析质疑结果。分析组要吸收一些有权对设想实施做出决定的专家,如果要在很短时间内就重大问题做出决策时,吸收这些专家参加尤为重要。

实践经验证明,头脑风暴法可以排除折中方案,对所论问题通过客观的连续分析,找到一组切实可行的方案。因而近年来头脑风暴法在军事和民用预测中得到很广泛应用。例如在美国国防部制定长远规划中,邀请了50名专家采用头脑风暴法开了两周会议,参加者的任务是对事先提出的工作文件提出异议,并通过讨论把文件变为协调一致的报告。经讨论,原文件中只有25%～30%的意见得到保留,结果在质疑的基础上形成了一个新的、更可行的规划。

头脑风暴法对其提出的一组可行方案,还不能按其重要性进行排队和寻找达到目标的最佳途径,所以还应辅以专家集体评价,并对评价结果进行统一处理,求得专家协调意见作为评价结果。关于结果处理问题将在下一节介绍。

8.1.4 德尔菲预测法

1. 德尔菲法的产生和发展

德尔菲(Delphi)法,我国称为专家调查法。为克服专家会议法的缺点,在20世纪40年代末期,由美国兰德公司首创了该预测法。

德尔菲是古希腊的一座城市,位于弗西斯境内,帕尔那索山南坡,因有著名的阿波罗(希腊神话中的太阳神)神殿而闻名于世。古希腊的很多人都要到那里朝拜,请求预示祸福和消灾除孽。神殿中的女祭司把阿波罗对未来的预见记录下来,编成韵文,作为对祈祷者的答复,这就是著名的阿波罗神谕。专家预测法类似于德尔菲神谕,事先把未来的祸福和消灾除孽的办法告诉人们,以为神机妙算,准确无误。

德尔菲法是专家会议法的发展。它采用调查表的形式,以匿名方式,通过几轮信函征求专家们对预测或决策问题的意见。预测领导小组对专家们每一轮的意见都要汇总整理,作为参考资料再匿名函寄给各位专家,供他们分析判断,提出新的见解。如此反复多次,直至专家们的意见趋于一致或多数专家不再修改自己的意见时为止。最后由预测小组领导汇总、处理专家们最后一轮的意见,做出最后预测,写出预测报告,它适用于资料很少,未知因素很多的预测主题。

由于德尔菲法能够对预测对象在未来发展中的各种可能和期待出现的前景做出概率估计,使之获得非常重要且以概率表示的明确答案,为决策者提供方案选择的可能性,使它成为世界各国广泛使用的预测方法之一。目前德尔菲法不仅是一种预测方法,而且也是决策部门制定政策和长远规划的重要手段,被广泛用于军事、科学、技术、经济、人口、医疗卫生、教育、研究方案、决策分析等各个领域、各个方面。就市场预测而言,既可以用于微观,也可用于宏观。从时间上来看,既可用于短期、中长期,也可用于远景规划;不仅可以预测事物的量变过程,也可预测事物的质变过程。特别是用于中长期和远景规划,更具优点,在长远规划者和决策者心目中,德尔菲法享有很高威望,被称为最可靠的预测方法,最理想的决策工具。

168

20 世纪 50 年代初,兰德公司将其用于军事预测,1964 年又将其用于科学技术预测,到 1969 年用了几百次,到 1974 年已达几千次。此外,日本、西欧、前苏联和印度等国也采用德尔菲法从事各项预测活动。据《未来》杂志报道,20 世纪 60 年代末到 70 年代中期,专家会议和德尔菲法(以德尔菲法为主)在各种预测方法中所占比例,从 20.8% 增加到 24.2%。

1980 年以来,我国应用德尔菲法进行科技、经济预测,成功之例不少。例如,1980 年上海内燃机研究所采用德尔菲法从事了小型柴油机发展预测;机械工业部开展了机械工业生产自动化预测;中国科技大学研究生院开展了地震预报技术预测;福建省科协组织了福州到厦门的客运问题预测;国家科委就科技优先发展领域做了预测等等。上海技术经济和管理现代化研究会采用德尔菲法就评价 30 万吨乙烯工程可行性研究的论证准则,广泛征求了专家意见。沈阳铸造所还采用德尔菲法编制铸造行业的长远规划。此外,建材部的墙体材料发展预测;武汉地区对固体饮料市场预测;1986 年人民银行总行金融研究所组织的长期经济、金融形势的评估等,均收到了良好的效果,达到了预期的目的。

德尔菲法在国内外如此广泛、迅速地得到应用,足以说明方法本身在技术预测和经济预测方面具有相当价值。下面就德尔菲法的特点、确定预测主题、设计预测事件调查表、选择专家、预测过程,以及结果的处理和表达方式等问题分别介绍如下。

2. 德尔菲法的特点

为了弥补专家会议的缺点和不足,德尔菲法有如下三个特点:

1)匿名性。为了克服专家会议易受心理因素影响的缺点,德尔菲法采用匿名信函征求意见。应邀参加预测的专家之间横向不发生联系,只与预测领导小组成员单线联系。因而完全消除了心理因素的影响。专家可以参考前一轮的预测结果修改自己的意见,而无需做出公开说明,无损自己的威望。

2)轮间反馈信息。德尔菲法不同于民意测验,一般要经过四轮。在匿名情况下,为了使参加预测的专家掌握每一轮的汇总结果和其他专家提出的论证意见,达到相互启发的目的,预测领导小组对每一轮的预测结果做出统计和处理,并作为反馈材料寄给每一位专家,供下一轮预测时参考。

3)预测结果的统计特性。作定量处理是德尔菲法的一个重要特点。为了给出定量的预测结果,德尔菲法采用统计方法处理每一轮的专家意见,使预测结果具有统计特性。

3. 确定预测主题并设计预测事件调查表

(1)确定预测主题、归纳预测事件

预测主题就是所要研究和解决的问题,一个主题可以包括若干个事件,事件是用以说明主题的重要指标。市场预测主题应根据企业的目标来确定,应该选择有研究价值,对市场未来发展趋势有重要影响而又有意见分歧的问题作为预测主题。确定预测主题和归纳、提出预测事件是关键的一步。

经典的德尔菲法是从一张白纸开始的,即第一轮仅向专家提供预测主题,而具体预测事件则是由专家提出的。例如,1964 年美国兰德公司首次采用德尔菲法从事 50 年长远规划预测时,包括 6 个主题,具体为:科学的突破、人口的增长、自动化技术、航天技术、战争的可能和防止,以及新的武器系统。

应邀参加预测的专家围绕预测主题,提出应预测的事件,寄给预测领导小组。预测领导小组对专家提出的预测事件经筛选整理,排除重复和次要的,形成一组预测事件。例如,兰德公司的 6 个主题经整理后包括 49 个事件。预测事件确定后,根据预测要求编制预测事件调查表。

值得注意的是,预测小组在汇总专家提出的预测事件时,要尽量做到指标体系完整、系统。例如金融未来形势这个主题,除应纳入货币信贷、货币这些主要指标之外,还应将外汇储备、进出口贸易量和经济效益等方面的重要指标纳入指标体系。其次,指标体系的设计应充分体现经济活动的因果关系,从逻辑上充分反映外生政策变量对内生变量,解释变量对因变量的制约和影响关系。因为政府行为、领导决策对经济变动有重大影响。例如,预算内基建规模的大小、消费基金计划增长的幅度、国家牌价的调整,这些外生政策变量在很大程度上制约着经济形势。

(2)设计预测事件调查表

根据预测事件和要求,预测时间调查表有多种格式,其中主要有:

1)时间预测调查表。预测某事件的实现(或发生)时间,这是最常见的德尔菲预测。例如,某企业生产总值哪一年可以达到 20 亿元;企业利润哪一年可以达到 5 000 万元;新产品产量到哪一年可以达到总产量的 60%,等等。其预测事件调查表如表 8.1 所示。

表 8.1 事件时间预测调查表

预测事件	实现时间/年		
	10% 概率	50% 概率	90% 概率
某企业生产总值达到 20 亿元; 利润达到 5 000 万元; 新产品产量达到总产量的 60%; …			

2)主观概率预测。主观概率预测是对预测事件发生某种结果的可能性大小的主观估计。在德尔菲法中,某种结果的主观概率由专家本人估计,并作为专家本人对预测事件可能发生某种结果的预测。其调查表如表 8.2 所示。

3)择优预测。在企业产品开发时,可能面临很多方案可供选择。请专家们择优,就是择优预测。例如,按汽车价格高低档次分,您认为 21 世纪前十年我国应该优先发展哪一档次价格汽车?

表8.2　主观概率调查表

主观概率 专家意见 事件	0.1	0.2	0.3	0.4	0.5	0.6	0.7	0.8	0.9	1.0
1										
2										
⋮										
n										

预测表如表8.3所示。由调查表的格式和应答要求可知,德尔菲法的调查表为预测结果量化处理创造了条件。

表8.3　汽车档次择优预测调查表　　　　单位:万元

汽车档次	<3	3~8	8~15	15~40	>40
专家人数					

在设计预测事件调查表时,有如下几个问题要注意:

1)对德尔菲法要做出充分说明。为了使专家全面了解情况,一般表格都应有前言,用以说明预测的目的和任务,以及专家应答在预测中的作用,同时还要对德尔菲法做出充分说明,因为并非所有专家都熟悉德尔菲法。

2)向专家提供背景材料。在许多情况下,市场预测主题,受经济政策及很多相关问题的制约。不能期望参加预测的每位专家都非常了解外界的经济、市场情况。因此有必要把有关政策及相关问题的发展趋势,作为第一轮的信息提供给专家,使他们有一个共同的起点。

3)问题要集中。调查的问题要集中并有针对性,不要过于分散,但要完整、系统。并且要按登记排队,先综合后局部。在同类问题中,先简单,后复杂。这样由浅入深的排列,易于引起专家回答的兴趣。

4)用词要准确。在设计调查表时常常出现一些含糊不清的用语,这是由于不注意使用专业术语或"行话"引起的。例如,"私人家庭到哪一年将普遍拥有空调器"。这里普遍二字比较含糊,缺乏定量的概念。如果一位专家认为50%属于普遍,并提出一个评价日期;而另一位专家认为80%属于普遍,也提出一个评价日期。由于评价起点不同,两个评价结果可能相差很大。如果以"哪一年私人家庭安装空调器的比例达到80%"为题目进行预测,两位专家的意见可能完全一致。因而,像"普遍"、"广泛"、"经常"等缺乏定量概念的词,应避免使用。

5)调查表要简化。调查表应有助于而不是妨碍专家做出评价,应使专家把主要精力用于思考问题,而不是用于理解复杂和混乱的调查表。调查表的应答要求最好是选择时间或填空,必要时应做出填表说明,调查表还应留有足够的地方,以便专家阐明意见。

6)问题的数量要限制。问题的数量不仅取决于应答要求的类型,同时还取决于专家可能做出应答的上限。如果问题只要求做出简单回答,数量可多些。如果问题比较复杂,并有一些对立的观点和看法需要斟酌,则数量要少些。严格的界限是没有的,一般认为数量的上限以 25 个为宜。

7)对预测事件要给出多重数据。经典德尔菲法经常要求专家对每个事件的实现日期做出评价。专家提供的日期一般是指成功或实现的可能性为50%的日期。在较多的情况下,要求专家提供三个不同概率的日期,即未必可能实现的日期,相当于成功的概率为10%;成功与否的可能性相等的日期,相当于成功的概率为50%;基本上可以实现的日期,相当于成功的概率为90%。当然也可以选择其他相似的概率。

172

4. 选择专家

经典德尔菲法是由专家根据预测主题,提出预测事件的,因此,预测小组成立之后,首先要选择专家。又由于此法主要是向专家获取预测结果,因而选择专家是预测成败的关键,如果应邀专家对预测主题不具有广泛的知识,那就很难提出正确的意见和有价值的判断。即使预测主题比较狭窄和针对性很强,要物色一批对这一专题涉及的各个领域都有很深造诣的专家也很困难。

选择专家决不能简单从事,更不能未征得同意就将调查表寄给拟定邀请的专家,因为有的专家可能因故不能参加预测。

那么选择专家应如何进行呢?这里有四个问题:专家的含义,怎样选择专家,选择什么样的专家,以及专家的人数。

(1)专家

这里说的专家是广义的。所谓"专家"是指精通业务、有真才实学、有经验、熟悉情况、有分析和预测能力的人。因此,这里所说的专家既可以是专家学者、权威,也可以是在本领域从事 10 年以上工作的业务干部。

(2)怎样选择专家

怎样选择专家是由预测任务决定的,如果涉及机密问题,就只能从内部选择专家;否则,不仅要选择本领域的专家,而且要选择有关领域的专家,必要时可邀请国外专家。选择专家的方法是：

1）本系统职工和组织推荐，占专家人数的 60%；

2）专家推荐，两名以上专家推荐者，占专家人数的 38%；

3）从有关期刊和出版物中选择，占专家人数的 2%，以上选择专家的方法和比例可以灵活掌握。

选择专家的程序是：

1）根据预测主题，编制所需各方面专家一览表；

2）编制预测主题一览表；

3）将预测主题一览表函寄每位拟聘专家，征询他们是否愿意并能坚持参加规定问题的预测。

（3）选择什么样的专家

在选择专家的过程中不仅要选择本专业或本领域有丰富实践经验，或者有较深理论修养的专家，而且要注意选择相关专业或相关领域的专家。选择担当重要职务的专家固然重要，但是要考虑他们是否有足够的时间来填写调查表。经验表明，一位身居要职的专家匆忙填写的调查表，其参考价值远不如一位一般专家认真填写的调查表。

其次，对该项预测有兴趣，愿意参加并能胜任，也是在选择专家时要考虑的因素。

（4）专家组的人数

专家组的人数多少视预测主题的规模而定，人数太少，将限制学科代表性，而不能集思广益，并使汇总的综合指标失去意义，因为相对指标和平均指标都要有较多数据才能计算；而人数太多，又不易组织和联络，处理结果也比较复杂，而且增加了预测费用。经验表明，预测误差与专家人数呈递减关系，且是以专家人数为坐标轴的渐近线，如图 8.1 所示。由图 8.1 可知，随着专家人数的增加，预测的标准差就越小，预测精度就越高；而当人数接近某一人数时，进一步增加专家人数，则对预测精度影响不大。因而视预测主题的规模，一般以 10 ~ 15 人为宜。当然，因种种原因也不一定每一轮都会必答，有时甚至可能中途退出，因此预选人数要多于规定人数，以便保证各轮调查的回收质量，排除人员波动对预测结果的影响。

5. 预测过程

专家确定后就可以开始预测，经典的德尔菲法一般分为四轮：

第一轮，提出预测事件。将预测主题调查表和现有背景资料函寄给各位专家。给专家的第一轮调查表不带任何框框，只提出全部预测主题请专家明确回

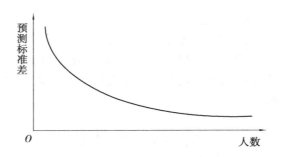

图 8.1 专家人数与预测误差的关系

答,对预测主题应预测的事件及哪些资料可以用于预测。预测领导小组对专家填写的调查表进行汇总整理,归并同类事件,排除次要事件,用专业术语提出预测事件一览表,并作为第二轮调查表及预测参考资料一并寄给每位专家。

第二轮,初次预测。专家对调查表中所列的每个事件做出预测且阐明理由,并再次征询为改进预测还需补充哪些资料。调查表收回后,领导小组要对专家意见进行统计处理。

第三轮,修改预测。预测领导小组将第二轮预测的统计资料寄给每位专家,请专家据此补充材料,再一次进行预测且充分陈述理由,并征询还有什么要求。有些预测在第三轮时还要求持异端意见的专家充分陈述理由。这是因为他们的根据可能是其他专家忽略的外部因素或未曾研究过的问题。这些依据往往对其他专家重新做出判断产生影响。

第四轮,最后预测。在第三轮统计结果的基础上,根据全部资料,请专家们最后做出预测,根据领导小组的要求,有的专家要重新做出论证。

必须注意:最后一轮专家们的意见必须趋于一致或基本稳定,即大多数专家不再修改自己的意见。因此,征询次数应灵活掌握。

6. 应该注意的问题

1)领导小组的意见不应强加于调查表中,在对某事件的预测过程中,领导小组认为已经存在明显的判断和事实,而专家却没有注意时,领导小组就试图把自己的观点加在调查表中,作为反馈的材料提供给下一轮预测时参考,这样的处理势必出现引导现象,使专家的评价向领导小组意图靠拢。因而由此得到的预测结果,其可靠性是值得怀疑的。

2)减少应答轮数。经典德尔菲法一般经过四轮,有时候甚至五轮,轮次过多容易引起专家的厌烦。实践表明,有时经过两轮意见就已经相当协调。因此就现有的经验而言,一般采用三轮较为适宜。如果要在短时间内做出预测,采用

174

两轮也可以得到较好的预测结果。

每轮的时间间隔可定为一周、十天、半个月或一个月均可。但是专家填表的时间一般控制在 2～4 小时为宜(不包括独立思考时间)。时间间隔的长短,由以下几个因素决定:

①预测规模的大小;

②专家人数多少及专家距预测领导小组的最远距离;

③领导小组成员业务熟练程度及能力;

④处理结果的手段。

7. 派生的德尔菲法

自从美国兰德公司创立德尔菲法以来,世界各国在应用过程中提出了不少改进办法,使方法更加完善,我国的预测专家们也做出了自己的贡献,主要的派生方法有:

(1)由领导小组确定预测事件

经典德尔菲法的第一轮,只提供给专家一张预测主题表,这样固然可以排除领导小组先入为主的问题,有益于充分发挥专家的个人才智。但是某些专家由于对德尔菲法不甚了解或其他原因,不知从何下手,有时提供的预测事件杂乱无章,无法归纳。同时,也难于保证在第一轮中专家提出的预测事件符合领导小组的要求。为了克服这些缺点,领导小组可根据已掌握的资料或征求有关专家的意见,预先拟订预测事件一览表,第一轮提供给专家,使他们第一轮就开始预测。当然,在第一轮时,专家们也可以对事件调查表进行补充和提出修改意见。

其他与经典德尔菲法的预测过程相同,只是由四轮征询变成三轮,第一轮就开始预测。

(2)部分取消匿名

匿名性有助于发挥个人长处,不受外界的支持和反对意见的影响。但是在某些情况下,部分取消匿名也能保持德尔菲法的优点,从而有助于缩短预测过程。其做法是先采取匿名征询,而后公布结果并进行口头辩论,最后再进行匿名征询;或专家们先各自阐明自己的论点和论据,再进行口头辩论,最后通过灯光显示装置匿名表示各自的意见,由此而得到的结果作为最后评价。经验表明,前一种方法较好,这是因为先匿名调查,每个人都独立思考做出应答,因而辩论时容易坚持己见,引起争论,通过讨论取得协调意见;后一种方法由于事先经过讨论,匿名调查有时难于回避会议的多数意见,做出独立判断。

(3)部分取消反馈

如果完全取消反馈,则第二轮以后专家将仅限于对自己提出的评价进行重新认识。实践表明,对自己的判断简单地重新认识只能使应答结果变坏,而不会改善。因而全部取消反馈将丧失德尔菲法的特点。部分取消反馈,是只向专家反馈四分点或十分点,而不提供中位数。这样有助于防止有些专家只是简单地向中位数靠拢,同时回避提出新的评价和论据的倾向。

8.2 类推预测法

类推预测法是根据预测的直观知识,对未来市场变化的特点和趋势做出合乎实际和逻辑的推理判断,它主要包括相关类推和对比类推两种预测方法。

8.2.1 相关类推预测法

从已知的各种相关市场因素的变化,依据因果性原理,预见和推断未来的市场变动的特点和趋势的预测方法称之为相关类推预测法。其基本方法是:根据理论分析和实际资料,确定影响预测目标变动趋势的主要因素,在此基础上依据市场需求变化的内在联系进行逻辑推理、分析和判断。

影响市场需求变动的因素千变万化,错综复杂,从而构成各种各样的相关因素,制约着市场变动和发展。这就要求在采取相关类推预测法时,根据不同的相关因素,采取不同的方法。

1)从相关产品的需求变化预测产品未来的需求、变化的趋势,如某自行车钢珠厂预测钢珠的市场需求量,钢珠是自行车的相关产品,所以要用自行车的总产量乘上每辆自行车的钢珠量,便可以求出市场对钢珠的总需求量;再用该厂的市场占有率乘以市场需求总量,就可以预测出该厂的市场需求量的变动情况。

2)从可替代产品的市场需求变化预测商品市场需求变动趋势。在市场需求总量已定的情况下,两种相互替代商品之间的需求关系呈反向变化,在数量上有此消彼长的特点,即对某种商品的市场需求量增加,对其替代品的市场需求量就会相应缩小。对同类商品市场需求量的预测,在已知替代品市场需求量的情况下,采用类推预测法就可以预测和判断被替代品市场需求的变动趋势。

3)从互补商品的市场需求变化预测商品市场需求变动趋势,其特点是,两种互补商品之间的需求关系呈同向变化的特点,如室内装饰、家具、建筑材料、玻璃会随着住宅建设的发展而增长;洗相设备、胶卷、相纸、洗相器材会随着照相机和录像机的增长而增长。在已知某种主要产品市场需求量的条件下,就可类推出其补充品市场需求量的变动趋势。

　　4）从时间先行、后行、平行关系中预测某种经济现象的变动趋势。许多经济现象存在相关性和因果关系，某种经济现象发生变化后，相隔一段时间后，与之相关的另一种经济现象必然随之发生相应的变化，这种相关变动的关系从时间上称为先行、后行关系，它反映了相关经济现象在因果关系上的时间先后顺序性。代表先行关系的经济指标称为先行指标，代表后行关系的经济指标称为后行指标，先行指标引起后行指标变动的时间间隔称为滞后时间。在市场预测中，根据某种经济现象和其他经济现象之间的先行、后行关系的变化规律，可以推断先行指标或滞后指标的变动趋势。当某种经济现象同时发生变化时，几乎在时间上难以划分先后关系，分不清它们的因果关系，一般被称为平行关系。经济变量中，某些经济指标之间的平行变动关系的规律性，往往成为直观预测某种经济现象变动趋势的重要依据。

　　5）从相关变动的顺向或逆向关系中预测某种经济现象的变动趋势。在经济现象的相关关系中，往往存在顺向或逆向的特征，用经济指标衡量，往往呈现同增、同减或一增一减的关系。同增同减为顺向关系变动；一增一减为逆向关系变动。利用两种经济指标顺向或逆向的变动关系原理，从一个已知经济指标变动方向便可以类推出相关经济指标的变动趋势。

8.2.2　对比类推预测法

　　对比类推预测法是把预测目标同其他类似事物，根据类推性原理，进行对比分析，从而预测和推断目标市场未来需求发展趋势的一种预测方法。对比某些国外产品的市场寿命周期，产品的更新换代，新产品有关指标的发展趋向，对相近产品的发展情况进行对比分析、预见和推断某种新产品市场需求的变动趋势，如对比录音机的变化趋势推测高级组合音响的市场需求，对比电视机的变化趋势推测空调器的市场需求，对比电冰箱的变化趋势推测冰柜的市场需求。

　　类推预测法适用范围广，手段简便，论证性强。它要求预测人员具有丰富的实践经验，对预测目标及其关联内容有深入的了解，掌握比较全面的有关信息资料，有较强的分析、综合、逻辑推理的能力，只有这样，才能保证预测结果符合市场变动实际，为市场营销决策提供真实可靠的依据。

8.3　意见推断预测法

意见推断法是通过调查研究,搜集、处理、分析各方面人士意见,运用集体智慧和经验对预测对象发展趋势进行推断预测的方法。此方法简便易行,可靠实用,注重发挥集体智慧,在一定程度上克服了个人直观判断的主观性、局限性和片面性,有利于提高市场预测的质量。意见推断预测的具体方法很多,其中较适用的方法包括:意见交换预测法、营销人员意见估计法、用户意见调查预测法、决策者意见判断预测法、集合意见预测法、商品试销征询意见预测法、问卷调查估算预测法、访问预测法等。

8.3.1　意见交换预测法

意见交换预测法是指预测者召集熟悉业务、经验丰富、具有较强分析判断能力的各类人员,以座谈讨论的方式,对预测对象相互交换意见,提出预测方案的定性预测方法。我国工商企业对某种商品未来市场发展趋势、产销变化及价格趋势、产品所处的市场生命周期阶段、新产品的市场前途、产品市场占有率变动趋势等问题的分析预测时,常常采用这种方法,并可以取得良好的预测效果。

8.3.2　营销人员意见估计法

营销人员意见估计法是指长期从事市场营销活动的工作者,凭借他们对市场环境的熟悉,对消费者需求心理和消费水平的了解,以及长期积累的销售经验,对未来的市场销售趋势进行估计和预测。一般来说,按营销人员预测值的平均数作为预测结果,是比较接近市场变动的实际情况的,对营销决策具有重要的参考作用。这种方法被中小企业广泛采用,为制定新产品开发策略、价格策略、促销策略等提供了可靠的依据,这种预测方法受营销人员主观因素,如知识水平、个人偏好、情绪波动影响较大,估计值有可能与市场实际存在一定的偏差,指定营销决策时,要考虑一定的误差,留有余地。

8.3.3 用户意见调查预测法

用户意见调查预测法是指预测者通过访问、座谈、电话、信函和现场投票等方式,了解用户的需求情况和意见,掌握消费者的购买意向,分析预测消费者未来需求特点和变动趋势的一种方法。它主要适用于用户不多或主要用户不多的商品市场预测。从用户调查预测法运用结果来看,生产资料商品的准确性远远高于消费品,耐用消费品的准确性又高于日用消费品和选购品。

8.3.4 决策者意见判断预测法

决策者意见判断预测法是指工商企业的厂长和经理根据产品销售、资金财务、市场环境、管理水平等资料,通过听取各类负责人的汇报和意见,在此基础上综合归纳分析、预见和判断市场变动趋势的一种预测方法。这种方法程序清楚、责任分明、省时省力、简便易行,对提高营销决策效率具有积极的作用。决策者的判断要建立在全面广泛征求意见的基础上,要广开言路,善听逆言,切忌孤陋寡闻;要果断决策,切忌优柔寡断。

8.3.5 集合意见预测法

集合意见预测法也称综合意见判断预测法,它是由预测者或决策者牵头,将经验判断的各种方法集中综合应用,预见和判断未来市场需求动态的一种综合预测法。它可以发挥各类人员的特长,集思广益,取长补短,提高预测的质量和水平。集合意见预测法与综合判断法组合使用,并采用定量分析,效果甚佳。

[**例8.1**] 某厂各部门对某产品销售及其概率预测如表8.4所示。根据表8.4的数据,假定销售科的重要性较大,权数定为2,其他都为1。采用加权平均法计算的预测值为:

$$\frac{875\ \text{万元} \times 2 + 980\ \text{万元} \times 1 + 770\ \text{万元} \times 1 + 880\ \text{万元} \times 1}{2 + 1 + 1 + 1} = 876\ \text{万元}$$

表8.4 某产品销售及其概率预测　　　　　　　　　　单位:万元

预测部门	三点估计项目	销售量最高值	最可能销售预测值量	销售量最低值	期望值合计
销售科	销售量	1 200	850	600	875
	概率	0.25	0.50	0.25	
	预测期望值	300	425	150	
技术科	销售量	1 300	900	700	980
	概率	0.30	0.50	0.20	
	预测期望值	390	450	140	
生产科	销售量	1 100	750	500	770
	概率	0.20	0.60	0.20	
	预测期望值	220	450	100	
财务科	销售量	1 200	800	600	880
	概率	0.30	0.50	0.20	
	预测期望值	360	400	120	

8.3.6　商品试销征询意见预测法

商品试销征询意见预测法是一种用于预测的市场实验法,预测者有意识的将某种新产品或某种商品的若干个品种集中投入某一市场试销,经过一段销售时间后,征求和综合消费者的意见,预测某种产品需求变动趋势,此方法主要用于新产品和商品品种、规格、款式、色泽、等级等需求构成的预测。

[例8.2]　某公司为了掌握居民在苹果品种需求方面的结构情况,选择位于闹市区的一专业水果店为调查点,同时出售5个品种的苹果供顾客购买,经过一段销售时间后,消费者购买各品种苹果的顺序为:黄蕉48.5%,新苹果20%,青蕉12.8%,红蕉10.5%,小国光8.2%。另一商店,预测者将黄蕉、小国光两个品种一、二、三个等级同时上柜销售十天,各等级苹果销售结果为黄蕉一级58%,二级24%,三级占18%;小国光一级占69.8%,二级占24%,三级12.1%。从而为商店组织货源提供了依据。

与此方法相类似的还有新产品试用征询意见预测法,即有目的的选择消费者,在新产品正式投放市场前,将其赠送给他们试用,经过一定试用期后,征询用户对新产品的功能、效用、质量和价格等方面的意见,从而预测该新产品上市的前途,作为改进和完善新产品、确定市场营销组合策略的依据。

8.3.7 问卷调查估算预测法

问卷调查估算预测法是指预测者依据预测现象的要求,拟订调查提纲或询问表,直接向消费者调查,根据调查结果进行分析预测的一种方法。为了提高调查结果的真实性和可靠度,在设计调查表中要注意以下几点:问题要明确,通俗易懂,提出多种可供选择的答案,以方便被调查人;问题不要带有倾向性,对被调查人不要做暗示和诱导;在问卷上要具体明确规定答题方式、时间等要求。在选择调查对象时要有广泛性和代表性,根据预测目标的要求,可以采用向选购顾客调查,向经销商调查,将问卷发到机关、学校、厂矿、居民区进行调查,或者利用统计部门现成的统计调查网进行调查。

[**例8.3**] 自贡市经贸局对卷烟调高价格后市场销售量变化趋势进行了一天问卷调查预测,从问卷分析中看到:在吸烟的居民中,品种级别不变的占41%,改吸次烟的占23%,好次搭配的占10%,搭吸烟叶的占8%,全部改吸烟叶的占1%,戒烟的占10%,新增烟民占1%;从吸烟家庭购买卷烟的开支情况看,增加开支的占40%,无变化的占33%,减少开支的27%。经过综合分析,预测下一年度卷烟销量在5~7.5万箱之间。年终统计结果表明,卷烟实际销量为6万箱,与预测结果是相符的。

181

8.3.8 访问预测法

访问预测法是指根据预测目标的要求,事先拟定访问提纲或访问调查问卷,通过当面访问或书面访问形式向被调查对象征询预测意见,然后对各种意见进行归纳、整理、分析和判断,从而取得预测方案的预测方法。它主要的特点是,方法灵活、形式多样、直观便捷、费用低廉,对某种商品市场需求、规格、色泽、款式、质量及价格等具体问题的预测,效果较好。其具体的方法有:

1)面谈调查法,即调查人事先与被调查人商定面谈时间、地点和商谈主要内容,在规定的时间和地点与被调查人见面,就预测方案当面听取被调查人的意见,直接获取第一手资料;

2)电话访问调查法,即预测者根据预测要求确定调查对象,通过电话访问的方式,向被调查者征询预测意见;

3)留置问卷调查法,即预测者访问被调查人,当面提出调查要求和填卷方法,将调查问卷直接交给被调查人由其填写后,在约定时间里收回调查问卷进行

分析,从而做出预测;

4)信函访问调查法,即调查者将调查问卷邮寄给被调查者,在规定的时间内由被调查者填好后寄回;

5)向来访者进行调查访问,即预测者与某种单位(如消费者协会、信访办公室、咨询公司)合作,利用群众来访机会,顺便向来访者提供问卷,由来访者填写预测意见。

8.4 判断预测法

判断预测法也是定性预测法,这些方法一般不需要太多的数据资料,主要凭主观经验判断,所以当预测者对预测目标掌握资料不多不全时,就可以大胆的采用这些方法。它主要包括以下几种具体的方法:趋势判断预测法、上加预测法、按比例增长预测法、关联分析预测法、市场因子推算预测法等。

8.4.1 趋势判断预测法

182

趋势判断预测法是指预测者根据预测对象的历史和现状,凭借长期形成的主观经验对预测对象的发展趋势做出某种判断的预测方法。

现以高校经费为例,预测今后 5 年内,高校经费是"增加"、"不变"或"减少"。为此对 n 所高校进行了调查,依据高校规模大小分为 1,2,3 三个等级。1级院校有 n_1 个,2 级院校有 n_2 个,3 级院校有 n_3 个,他们的回答汇总于表 8.5中:

表 8.5 高校经费调查结果

院校等级	a_i	1 增加	2 不变	3 减少
1	a_1	n_{11}	n_{12}	n_{13}
2	a_2	n_{21}	n_{22}	n_{23}
3	a_3	n_{31}	n_{32}	n_{33}

表中 a_i——第 i 等级院校的权分量$(i=1,2,3)$;

n_{i1}——i 级院校中回答"增加"的院校数;

n_{i2}——i 级院校中回答"不变"的院校数；

n_{i3}——i 级院校中回答"减少"的院校数。

根据表 8.5,则可以得到趋势的加权百分比行向量 P 为

$$P = \begin{pmatrix} P_1 \\ P_2 \\ P_3 \end{pmatrix}^T = \frac{1}{\sum_i \sum_j a_i n_{ij}} (a_1, a_2, a_3) \begin{pmatrix} n_{11} & n_{12} & n_{13} \\ n_{21} & n_{22} & n_{23} \\ n_{31} & n_{32} & n_{33} \end{pmatrix}$$

式中 P_j——回答为 $j(j=1,2,3)$ 种趋势的院校个数的加权百分比。

若 $P_1 - P_2 > 0$,则预测经费趋势"增加"；

若 $P_1 - P_2 = 0$,则预测经费趋势"不变"；

若 $P_1 - P_2 < 0$,则预测经费趋势"减少"。

剩下的问题是 a_i 如何确定？一般而言,可根据各等级院校的平均规模,如学生的平均人数来确定。设以 3 级院校(4 000 名学生)为基准,取 $a_3 = 1$；则对 1 级院校(20 000 名学生),取 $a_1 = 5$；对 2 级院校(12 000 名学生),$a_2 = 3$。当然亦可取 1 或 2 级院校为基准确定其他级别院校的权数。

8.4.2 上加预测法

上加预测法是将某一地区市场根据某一标准划分为若干子市场,分别估测各个市场的需求,然后将各子市场的需求量相加,判断该地区市场总需求量变动趋势的预测方法。

[例 8.4] 某市为预测某种消费品的需求量,按家庭平均月收入分为四种类型,采用按配额抽样的方法进行调查,估算出预测结果,如表 8.6 所示。

表 8.6

月平均收入 /元 (1)	户数 比例 (2)	户均销量 支出/元 (3)	市场销售额/元(4) = 总户数(200 万) ×(2)×(3)	该产品 市场占有率 (5)	购买某产品金额 /万元 (6) = (4)×(5)
0 ~ 500	20%	3 000	1.2×10^9	3%	0.36×10^8
500 ~ 700	38%	3 500	2.64×10^9	10%	2.64×10^8
700 ~ 1 000	26%	4 000	1.68×10^9	20%	3.36×10^8
1 000 以上	26%	4 500	2.34×10^9	30%	7.02×10^8
合计					13.38×10^8

将表 8.5 最后一列数值相加,即可预测出该市居民下一年度购买某消费品

的金额为 13.38 亿元。

8.4.3 按比例增长预测法

按比例增长预测法是指利用预测对象两个相邻时期的实际值之比是一个常数进行预测的方法。例如,某地区人均国民收入今年为 2 000 元,平均每年递增 6%,即本年度的人均国民收入与去年的人均国民收入之比等于 106%。当已知年人均国民收入递增率和本年度的人均国民收入的实际值时,便可以预测未来某年人均国民收入值,其计算公式为

$$\hat{G} = A(1+\theta)^n$$

式中　$\hat{G}$——预测值;

A——本年度的人均国民收入;

θ——平均变化率;

n——预测年限。

根据上例的数值和计算公式,预测 8 年后人均国民收入值为 3 187.70 元,即:

$$\hat{G} = 2\ 000\ 元 \times (1+6\%)^8 = 3\ 187.70\ 元$$

8.4.4 相互关系分析预测法

相互关系分析预测法是指根据互补产品之间的数量依存关系,对某种产品的需求量进行预测的方法。例如,汽车与轮胎、钢笔与墨水、照相机与胶卷、自行车与辐条等都为互补产品。当汽车、钢笔、照相机、自行车的需求量增加时,轮胎、墨水、胶卷、辐条的需求量也必然随之增长。只要掌握互补产品的统计资料,就可以采用相互关系分析预测法对某种产品的市场需求量进行预测。

[**例 8.5**]　某轮胎厂是某汽车厂的协作厂,过去 5 年的汽车产量与轮胎产量的统计数字如表 8.7 所示。当 2002 年的汽车产量预测为 50 000 辆时,预测轮胎产量是多少?

表 8.7　汽车产量和轮胎需求统计

年　份	1997	1998	1999	2000	2001
汽车产量 X/辆	6 000	8 000	12 000	20 000	39 000
轮胎需求 Y/个	36 200	50 000	72 080	120 000	234 000

从表 8.7 可以计算每辆汽车平均需要轮胎的个数 Y，即轮胎需求量 $\hat{Y}$ 为汽车产量的 6 倍：

$$Y = \frac{1}{n}\left(\frac{Y_1}{X_1} + \frac{Y_2}{X_2} + \frac{Y_3}{X_3} + \frac{Y_4}{X_4} + \frac{Y_5}{X_5}\right)$$

$$= \frac{1}{5}\left(\frac{36\,200\,个}{6\,000\,辆} + \frac{50\,000\,个}{8\,000\,辆} + \frac{72\,080\,个}{12\,000\,辆} + \frac{120\,000\,个}{20\,000\,辆} + \frac{234\,000\,个}{39\,000\,辆}\right) \approx 6\,个/辆$$

当 2002 年汽车产量达到 500 000 辆时，轮胎需求量 Y 的预测值为

$$\hat{Y} = 50\,000\,辆 \times 6\,个/辆 = 300\,000\,个$$

8.4.5　市场因子推算预测法

市场因子推算预测法是指依据影响某种产品需求量的主要市场因素，推算该产品市场需求量的预测方法。市场因子即引起某种商品需求量变化的主要因素，如：家庭户数是影响电饭煲需求量的市场因子；学生数量是影响课本发行量的市场因子；中青年妇女数量是影响化妆品销量的市场因子等。当某种商品的市场因子发生变化，某市场需求量一般也随之变化。

例如，某厂试制天线式双用教鞭，拉出可做教鞭，缩回可当圆珠笔使用，做工精致，携带方便，颇受教师欢迎。影响该产品需求量的市场因子是教师的数量，经统计全国的教师共 874.7 万人，其中高等院校 37.2 万人，中等学校 296.1 万人，小学 541.4 万人，如果 40% 的教师购买这种教鞭，那么这种产品的市场需求量为 349.88 万只，即

$$\hat{Y} = (37.2 + 296.1 + 541.4)\,万只 \times 40\% = 349.88\,万只$$

8.4.6　按比例相乘预测法

按比例相乘预测法是指依据本企业占社会产值的比重和产品的市场占有

率,运用与社会总产值增长比例相乘的办法,推断该企业下一年度销售量的预测方法。运用这种方法的前提条件是,预测单位是在国民经济中占有重要位置的大型企业,其产值占社会总产值的比重及市场占有率基本稳定。

例如,本年度社会总产值为 19 000 亿元,下一年度的增长率为 7% ,某企业的产值占社会总产值的比例为 1% ,市场占有率为 10% ,预测下一年该企业的销售额为 14.231 亿元,计算公式为

$$\hat{Y} = G(1 + \Delta G)rs$$

其中:G 为总产值;ΔG 为社会总产值的增长率;r 为企业产值占社会总产值的比例;s 为企业产品的市场占有率。

将数字代入公式,即

$$\hat{Y} = 19\ 000\ \text{亿元} \times (1 + 7\%) \times 1\% \times 10\% = 20.33\ \text{亿元}$$

思考题

8.1 头脑风暴法有什么样的特点?我们该如何用它?

8.2 专家会议法到现在有何发展?与古典的专家会议法有何区别?

8.3 新技术预测。用德尔菲法预测人类大约需要多少年能离开地球到太空生活?11 位专家在某一轮的应答结果是 16,15,16,17,18,22,20,23,20,21,24(年),试对结果进行处理。

8.4 试述为提高德尔菲法调查表的回收率,应采取哪些措施?

8.5 私人小轿车家庭普及率预测。我国的家庭小轿车普及率到哪一年可达 20% 。10 位专家用德尔菲法进行了预测,第二轮的应答结果为:1999,2000,2000,2001,2001,2001,2002,2002,2002,2003,2003,2003,2004,请对此轮结果进行处理。

8.6 到 2000 年时,我国的工农业总产值比 1980 年翻了两番。试计算我国工农业至少应达到的年平均发展速度。(1980 年的工农业总产值为 7 100 亿元)。

时间序列分析预测法也称时间序列预测技术、时间序列预测法等。美国麻省坎布里哈佛大学首先将此法用于商情研究和预测。到 20 世纪 70 年代，随着电子计算机技术的发展，时间序列分析预测法在气象、水文、地震、经济等领域得到广泛的运用，特别是在经济领域。不论是在微观范围，还是在宏观范围，它都已成为世界各国目前经济预测的基本方法之一。

9.1 时间序列分析预测法的基本原理及主要步骤

9.1.1 时间序列分析预测法的基本原理

时间序列又称为动态数列，它是将某个经济变量的观测值，按时间先后顺序排列所形成的数据，时间可以是以天、周、季度、年或若干年为一个时间单位。

时间序列分析预测法是根据某个经济变量的时间序列，依据惯性原理，通过统计分析或建立数学模型进行趋势外推，以对该经济变量的未来可能值做出定量预测的方法。虽然时间不是经济变量变化的原因，但时间序列中的每个观测值都是该经济变量在所有影响因素综合作用下的结果。可以说，时间序列反映了在诸多影响因素综合作用下经济变量的变化过程、趋势和速度。因此，时间序列分析预测法是只考虑预测变量随时间的推移而变化的方法，是对诸多影响因素复杂作用的高度简化。但是必须注意,由于时间序列分析预测法依据的是惯性原理,所以它建立在某经济变量过去的发展变化趋势的基础上,也就是该经济变量未来的发展变化趋势是假设的。然而,从事物发展变化的普遍规律看,同一经济变量的发展变化趋势在不同的时期是不可能完全相同的。这样,只有将定性预测和时间序列分析预测有机结合在一起,才能收到最佳效果,即首先通过定性预测,在保证惯性原理成立的前提下,再运用时间序列分析预测法进行定量预测。

时间序列分析预测法对短期和中期预测效果好。当时间序列比较稳定时,也可用于长期预测,否则用长期预测的准确性很难保证。

时间序列分析预测法可分为确定性时间序列分析预测法和随机性时间序列分析预测法两大类。前者使用的数学模型是不考虑随机项的非统计模型,是利用反映事物具有确定性的时间序列进行预测的方法,包括平均法、指数平滑法、趋势外推法、季节指数预测法等;后者则是利用反映事物具有随机性的时间序列进行预测的方法,它的基本思想是假定预测对象是一个随机时间序列,然后利用统计数据估计该随机过程的模型,根据最终的模型做出最佳的预测。由于这种方法考虑的因素比较多,计算过程复杂,计算量大,所以发展比较缓慢。随着电子计算机技术发展,1968 年,美国威斯康大学的博克斯(盒子)和詹金斯(Jenkins)提出了一套比较完整的随机时间序列的分析理论和数学模型。此后随机性时间序列分析预测法得到迅速发展,并广泛应用于经济预测、过程控制和气象预报等领域。

在一般的市场预测中常用的是确定性时间序列分析预测法。因此本章主要介绍确定性时间序列分析预测法的基本原理和常用预测方法。

9.1.2 经济变量的时间序列及时间序列分析预测法的主要步骤

在介绍时间序列分析预测法的主要步骤之前,首先谈谈时间序列的构成问题。

1. 经济变量的时间序列

一般来说,经济变量的时间序列包括以下 4 个因素:

(1)长期趋势

它是经济变量在长期内表现出的总趋势,是经济现象的本质在数量方面的反映,是我们分析时间序列和进行预测的重点。长期直接趋势可以是上升的、下降的或者是平稳的。如图9.1,9.2,9.3所示。

图9.1　我国国民生产总值总趋势图

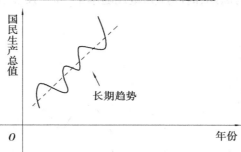

图9.2　全社会平均成本趋势

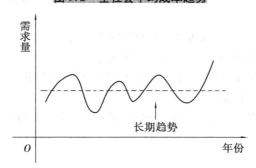

图9.3　社会需求趋势

（2）循环变动

它是指时间序列以数年为周期的循环变动。如以3年、5年甚至数10年为周期的循环变动,如图9.4所示。

（3）季节变动

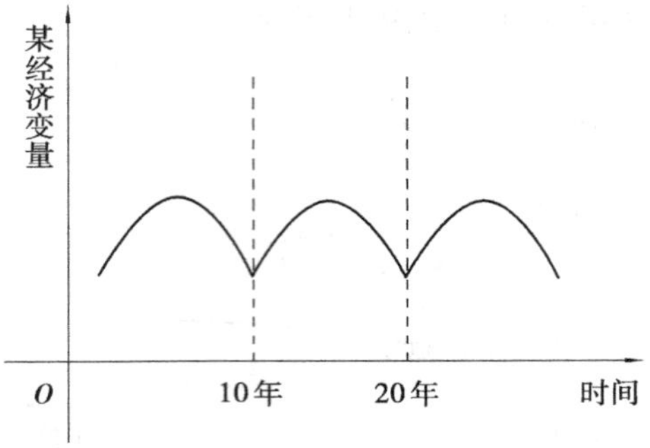

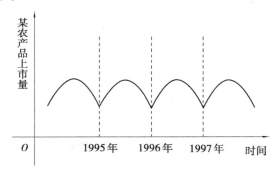

图9.4 经济变量的循环变动

它是指以一年为周期,时间序列呈现随季节、每年反复有规则变动的波动形态,如图9.5所示。

图9.5 季节变动的波动形态

季节变动和循环变动的区别主要有两点:

1)季节变动有固定周期,周期效应可以预见;而循环变动一般没有固定周期,周期效应也难以预测。

2)季节变动周期较短,一般为1年;而循环变动周期较长,一般数年或数十年才完成一个周期。

(4)随机变动

它是指时间序列呈现出的无规律可循的变动,是由随机因素引起的,如自然灾害、战争、政治运动和政策变化,难以用上述变动来解释的,是难以预测的不规则变动。

通常的时间序列都是以上4个因素或其中几个因素的叠加,是它们综合作用的结果。如图9.6、图9.7所示。

这4种因素综合的形式有以下两种模型:

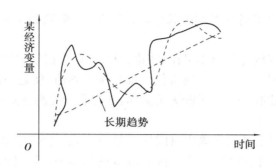

图9.6　时间序列(一)

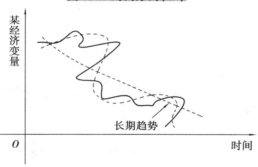

图9.7　时间序列(二)

加法模型：$Y_t = X_t + S_t + C_t + e_t$

乘法模型：$Y_t = X_t \cdot S_t \cdot C_t \cdot e_t$

其中，Y_t 表示时间为 t 时的序列值；X_t 表示时间为 t 时的趋势值；S_t 表示时间为 t 时的季节变动值；C_t 表示时间为 t 时的循环变动值；e_t 表示时间为 t 时的随机变动值。

加法模型和乘法模型均以长期趋势为基础。在加法模型中，各种变动值与序列值的单位相同；而在乘法模型中，除长期趋势值与序列值的单位相同外，其他各种变动都是对于长期趋势值的系数。实际进行时间序列预测时，若无某种变动可将其从模型中去掉，即在加法模型中，该变动的值取0；在乘法模型中，该变动的值取1。

2. 时间序列预测法的主要步骤

时间序列预测法的主要步骤如下：

(1)收集、整理历史资料,编制时间序列

在进行这一工作时,要注意以下几点：

1）收集的历史资料的时间要长些。时间越长,资料越丰富,预测效果也就会越好。

2）如果收集到统计资料不可比,要将其整理成可比统计资料。

3）如果在时间序列中存在极端值,(即影响平均值,使趋势值异常偏高或偏低的值),要将其删除。这样做既无关大局,又有利于提高预测精度。

（2）绘制统计图

这一工作的目的是为了确定时间序列是由哪几个因素叠加而成,为下一步做准备。如将某地区的某农副产品上市量的时间序列绘制成统计图（如图9.8）,根据图示的信息就可以确定该时间序列是由长期递增变动、季节变动和随机变动构成。

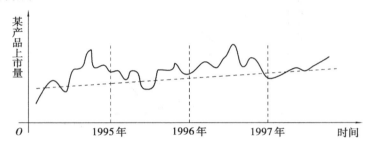

图9.8 时间序列统计图

（3）分解时间序列

分解时间序列就是按照时间序列的构成,将其各因素分解出来。以四因素构成来说,一般步骤为:

1）求出长期趋势。具体求解方法在以后各节介绍。

2）将时间序列减去或除去长期趋势,即对于加法模型:

$$Y_t - X_t = (X_t + S_t + C_t + e_t) - X_t = S_t + G_t + e_t$$

对于乘法模型:

$$Y_t / X_t = (X_t \cdot S_t \cdot C_t \cdot e_t)/X_t = S_t \cdot C_t \cdot e_t$$

由此得到一个不包括长期趋势的时间序列,它是其他因素综合作用的结果。

3）将这一序列用同样的方法依次分离出循环变动、季节变动和随机变动。

4）建立适当的模型来反映各种变动,为预测做好准备。

（4）预测

1）要利用上述步骤所建的模型预测出各种变动的数值。

2）根据因素的构成形式——加法模型或乘法模型,将各变动数值综合,以得出预测值,即,对于加法模型而言,就将各种变动的数值相加得出预测值;对于乘法模型而言,就将长期趋势值乘以各变动值来得到预测值。

如果考虑随机变动的话,那么这样的时间序列预测法就是随机型时间序列预测法;如果不考虑随机变动的话,那么这种时间序列预测法就是确定型时间序列预测法。下面介绍几种常用的确定型时间序列预测法。

9.2 平均法

平均法是以一定观察期内预测变量的时间序列的平均值作为未来期的预测值的预测法。

9.2.1 算术平均法

算术平均法就是以一定观察期内预测变量的时间序列的算术平均数作为下期预测值的一种最简单的时间序列预测法。常用的有简单算术平均法和加权算术平均法两种:

1. 简单算术平均法

简单算术平均法就是以观察期预测变量的简单算术平均数作为下期预测值的预测法。它适用于趋势比较稳定的时间序列的短期预测。

基本计算公式为:

$$\hat{X}_{n+1} = \overline{X} = \sum_{i=m}^{n} X_i / (n - m + 1)$$

式中　$\overline{X}$——简单算术平均数;

　　　X_i——该期内时间序列的观测值;

　　　i——时间序列中的观测值的顺序号;

　　　$n - m + 1$——观测期的长度;

　　　$\hat{X}_{n+1}$——第 $n+1$ 期的预测值。

计算期长短的不同,即 $n - m + 1$ 取不同的值,所得到的预测值也不同。一般当 $n - m + 1$ 较小时,反映速度较快,敏感性高,所以适用于事物发展趋势正在发生变化或随机变动较少时;而当 $n - m + 1$ 较大时,反映速度较慢,对于干扰敏感性降低,所以适用于没有变化倾向或随机变动较大时。

2. 加权算术平均法

加权算术平均法是以预测变量预测期的加权算术平均数作为下期预测值的预测方法。简单算术平均法将各期观测值等同看待,但实际上近期观测值含有更多的时间序列变化趋势的信息,而远期的则较少,这样,简单算术平均法就很难做到准确预测,所以就需要引进加权算术平均数。其计算公式如下:

$$\hat{X}_{n+1} = \overline{X} = \sum_{i=m}^{n} W_i X_i \Big/ \sum_{i=m}^{n} W_i$$

式中　　$\overline{X}$——观测期内的加权算术平均数;

　　　　X_i——该期内的时间序列中的各值;

　　　　W_i——与 X_i 相应的权数;

　　　　$\hat{X}_{n+1}$——第 $n+1$ 期预测值;

　　n 和 i 与简单算术平均法中的含义相同。

运用加权算术平均法准确预测的关键是权数的确定,但是,权数的确定却没有规则可循。通常要凭借预测者的经验判断来主观确定。这并不是说权数的确定没有任何客观限制,实际上权数的确定必须体现出影响力大的观测值对应大的权数的原则。一般来说,若历史资料变动较大,则应进一步加大近期观测值的权数,以抵消历史资料大幅度变动对预测结果的影响,如可由远至近采用等比数列(如 $1,2,4,8,16\cdots$)为权数。若历史资料变动较小,则权数不必相差太大,如可由远至近采用等差数列($1,2,3\cdots n$)为权数,当历史资料呈现明显的倾向变化时,采用加权算术平均法仍会出现滞后偏差,造成较大的误差。

9.2.2　几何平均法

几何平均法是以一定观测期内预测变量的时间数列的几何平均数作为下期预测值的预测方法。由于几何平均数的数学性质与经济现象发展的平均比率和平均速度形成的客观过程相一致,因此,几何平均法通常用来预测逐年发展速度或逐年增长率大致接近的某些预测目标。

运用几何平均法进行预测的一般步骤是:

1)计算出一定观测期内预测目标时间数列逐期环比发展速度 V_i,其计算公式为

$$V_i = X_i / X_{i-1}$$

式中　　X_i——观测期内第 i 期观测值 $i=2,3\cdots n$;

n——观测期长度。

2）利用逐期环比发展速度求几何平均数,作为预测期的发展速度。

3）以预测期前一期的观测值(X_n)乘以预测期的发展速度(M_g),即可得出预测值(X_{n+1}),其计算公式为

$$X_{n+1} = X_n \times M_g$$

类似于算术平均法,几何平均法也可以分为简单几何平均法和加权几何平均法。它们的主要区别在于上述预测的第二步中,简单几何平均法以简单几何平均数作为预测期的发展速度;而加权几何平均法以加权几何平均数作为预测期的发展速度。

简单几何平均法的计算公式为

$$M_g = \sqrt[N-1]{V_2 \cdot V_3 \cdots V_N}$$

加权几何平均法的计算公式为

$$M_g = \sqrt[W_2+\cdots+W_N]{V_2^{W_2} \cdots V_N^{W_N}}$$

式中　W_i——各期发展速度对应的权数。

对于上面两式,为便于计算,可使用对数形式来简化,即

$$\lg M_g = \frac{1}{N-1}\lg(V_2 \cdots V_N) = \frac{1}{N-1}\sum_{i=2}^{N}\lg V_i$$

$$\lg M_g = \frac{1}{\sum W}\lg(V_2^{W_2}\cdots V_N^{W_N}) = \frac{1}{\sum W}\sum_{i=2}^{N}W_i\lg V_i$$

式中　$\sum W$——权数之和。

然后再求反对数,就可得出预测值。

9.2.3　移动平均数

移动平均数法是通过移动平均数来进行预测的方法。算术平均值只能说明一般情况,既看不出数据中高点和低点,也不能反映发展过程和趋势。如果对一组数据分段平均,则是一种改进,然而分段平均法使得数据减少过多,图线不准确。如果分段平均法不是固定在某一段上,而是在每段间距保持不变的情况下,逐次后移一次求其平均值,即求移动平均值,则效果就会更好些,可以较好地说明事物发展的过程和趋势。这种取分段平均值即移动平均值的方法就是移动平均法。其实质就是仅取最近几个数据点求其平均值,作为下期的预测值。它具有较好修匀历史数据、消除随机波动影响的作用,从而使长期趋势显露出来,以

便进行趋势预测。它不但可以直接进行预测,而且可以在统计分析中用来修匀历史数据,揭示变化趋势,因而在商情预测中得到广泛应用,常用的有一次移动平均数法和二次移动平均数法。

1. 一次移动平均数法

一次移动平均数法是依次取时间序列的 n 个观测值进行平均,并依次移动,得到一个平均数序列,且以最近 n 个观测值的平均数作为下期预测值的预测方法。其计算公式为

$$\hat{X}_{t+1}^{(1)} = \overline{X}_t^{(1)} = \frac{X_t + X_{t-1} + \cdots X_{t-n+1}}{n} = \frac{1}{n} \sum_{i=t-n+1}^{t} X_i, (t=n, n+1, \cdots, N)$$

式中　$X_t^{(1)}$——第 t 期的移动平均数;

　　　　$X_t, X_{t-1}, \cdots X_{t-n+1}$——序列第 $t, t-1 \cdots t-n+1$ 期的观测值;

　　　　n——移动平均数的期数;

　　　　$\overline{X}_t^{(1)}$——第 $t+1$ 期的移动平均数;

　　　　N——序列中的数据个数(样本容量)。

对于 n 的确定,当时间序列呈现周期变动时,就以周期长度为 n;若无明显周期变动倾向时,则要由经验判断确定,也可以对比预测值的误差(平均绝对误差 MAE),以误差较小者为好。

2. 二次移动平均数法

二次移动平均法是利用预测变量的时间序列的一次移动平均值和二次移动平均值(即以一次移动平均值作为时间序列,计算其移动平均值)的滞后偏差演变规律建立线性方程进行预测的方法,它适用于预测具有线性变动趋势的经济变量。

二次移动平均数法的预测模型为

$$\hat{X}_{t+T} = \hat{a} + \hat{b} \cdot T$$

式中　$\hat{X}_{t+T}$——$t+T$ 期的预测值;

　　　　t——本期时间;

　　　　T——由本期到预测期的期数;

　　　　$\hat{a}, \hat{b}$——模型参数。

二次移动平均法的使用步骤为:

(1)计算时间序列的一次移动平均数:

(2)计算时间序列的二次移动平均数:

计算公式为

$$\overline{X}_t^{(2)} = \frac{\overline{X}_t^{(1)} + \overline{X}_{t-1}^{(1)} + \cdots + \overline{X}_{t-n+1}^{(1)}}{n} = \frac{1}{n}\sum_{i=t-n+1}^{t}\overline{X}_i^{(1)}, (t = 2n-1, 2n, 2n+1, \cdots N)$$

式中　$\overline{X}_t^{(2)}$——第 t 期的二次移动平均数;

　　　$\overline{X}_t^{(1)}\cdots, \overline{X}_{t-n+1}^{(1)}$——第 t 期,$\cdots$第 $t-n+1$ 期的一次移动平均数。

表9.1　**一次移动平均数法计算结果**　　　　单位:t

年度	需求量 X_i	三年移动平均		
		$\hat{X}_i^{(1)}$	$Y_i = \overline{X}_i^{(1)} - \overline{X}_{i-1}^{(1)}$	$\overline{Y}_i^{(1)}$
1992	8 745			
1993	11 211	10 330		
1994	11 033	11 032	702	
1995	10 852	10 927	− 105	222
1996	10 895	10 996	69	17
1997	11 290	12 542	546	663
1998	12 490	12 916	1 374	1 465
1999	15 019	15 391	2 475	
2002	18 664			

197

(3)计算参数 $\hat{a}_t, \hat{b}_t$ 的值。

　　由于当历史数据存在明显的线性变动趋势时,一次移动平均数总是落后于实际趋势值,形成滞后偏差,同理二次移动平均数对于一次移动平均数也会形成滞后偏差,而且两者的滞后偏差大体相同,可用图9.9表示。

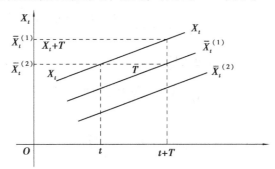

图9.9　**滞后偏差**

由图 9.9 可知,若令 $\hat{b}_t$ 为拟合直线的斜率,则有

$$\hat{X}_{t+T} = X_t + \hat{b}_t \cdot T$$

令 $\hat{a} = X_t$,则因为 $X_t - \overline{X}_t^{(1)} = \overline{X}_t^{(1)} - \overline{X}_t^{(2)}$

所以有

$$\hat{a}_t = X_t = 2\overline{X}_t^{(1)} - \overline{X}_t^{(2)}$$

由于 $\hat{b}_t$ 为拟合直线的斜率,因此有

$$\hat{b}_t = \frac{X_t - X_{t-1}}{t - (t-1)} = X_t - X_{t-1}$$

则

$$X_t - b_t = X_{t-1}$$

同理

$$X_{t-1} - b_t = X_{t-2}, \cdots, X_{t-n+1} - b_t = X_{t-N}$$

又因为

$$X_t^{(1)} = \frac{1}{n}(X_t + \cdots + X_{x-n+1})$$

所以

$$
\begin{aligned}
X_t - \overline{X}_t^{(1)} &= X_t - \frac{1}{n}(X_t + \cdots + X_{t-n+1}) \\
&= X_t - \frac{1}{n}\big[X_t + (X_t - \hat{b}_t) + \cdots + (X_{t-n+2} - \hat{b}_t)\big] \\
&= X_t - \frac{1}{n}\big[X_t + (X_t - \hat{b}_t)\big] + \cdots + (X_t + (n-1)\hat{b}_t)\big] \\
&= X_t - \frac{1}{n}\big[nX_t - \hat{b}_t - \cdots - (n-1)\hat{b}_t\big] \\
&= X_t - X_t + \frac{(n-1)\big[\hat{b}_t + (n-1)\hat{b}_t\big]}{2n} \\
&= \frac{n-1}{2}\hat{b}_t
\end{aligned}
$$

又因为

$$X_t - \overline{X}_t^{(1)} = \overline{X}_t^{(1)} - \overline{X}_t^{(2)t}$$

所以

$$\overline{X}_t^{(1)} - \overline{X}_t^{(2)} = \frac{n-1}{2}\hat{b}_t$$

$$\hat{b}_t = \frac{2}{n-1}(\overline{X}_t^{(1)} - \overline{X}_t^{(2)})$$

(4)建立模型,进行预测。

根据上面得到的参数值,建立线形模型,再将预测期数代入,便可得到预期结果。

下面仍以前面的例子来说明二次移动平均法的使用步骤。

解　首先仍然取 $n=3$ 来计算序列的一次移动平均值和二次移动平均值,计算结果见表9.2。

然后利用公式来计算参数值:

$$\hat{a}_t = \hat{a}_{1995} = 2\overline{X}_{1995}^{(1)} - \overline{X}_{1995}^{(2)} = 2 \times 15\ 391\ t - 13\ 283\ t = 17\ 499\ t$$

$$\hat{b}_t = \hat{b}_{1995} = \frac{2}{n-1}(\overline{X}_{1995}^{(1)} - \overline{X}_{1995}^{(2)}) = \frac{2}{3-1}(15\ 391 - 13\ 283)\ t = 210.8\ t$$

这样就可以得到趋势直线方程:

$$\hat{X}_{1995+T} = 17\ 499\ t + 210.8\ t \times T$$

将 $T=1$ 代入上式即可得到1996年的预测值:

$$\hat{X}_{1996}^1 = 19\ 607\ t$$

由于例中数列呈曲线上升趋势,不是线性趋势,所以预测结果虽有改善,但仍有滞后,类似地可进行调整,得到调整后的预测值,$\hat{X}_{1996}^t = 20\ 913\ t$。

表9.2　用二次移动平均法的计算结果　　单位:t

年度	需求量 X_i	$\overline{X}_i^{(1)}$	$\hat{X}_i^{(2)}$	$\hat{X}_t$	$|X_t - \hat{X}_t|$
1992	8 745				
1993	11 211				
1994	11 033	10 330			
1995	10 152	11 032			
1996	10 895	10 927	10 763	11 091	196
1997	11 240	10 996	10 985	11 007	233
1998	12 490	11 542	11 155	111 929	561
1999	15 019	12 916	11 818	14 014	1 005
2000	18 664	15 391	13 283	17 499	1 165
$\sum /n$	—	—	—	—	632

9.3 指数平滑法

指数平滑法也称指数移动平均法、指数修匀法,是 1995 年美国学者布朗在《库存管理的统计预测》中提出的。它是移动平均法的发展,实际上是一种特殊的指数移动平均法,它分为一次指数平滑法和多次指数平滑法。

9.3.1 一次指数平滑法

一次指数平滑法,也称单重指数平滑法,是对第 t 期的预测值和观测值,用平滑系数 $\alpha^{(1)}$ 加权,算出第 t 期的平滑值,并以此平滑值作为下期预测值的一种预测方法。

1. 基本公式

一次指数平滑法计算公式为

$$\hat{X}_{t+1}^{(1)} = S_t^{(1)} = \alpha^{(1)} X_t + (1 - \alpha^{(1)}) \hat{X}_t^{(1)}$$

式中 $\hat{X}_t^{(1)}$——第 t 期一次指数平滑预测值;

$S_t^{(1)}$——第 t 期一次指数平滑值;

X_t——第 t 期观测值;

$\alpha^{(1)}$——一次指数平滑系数($0 \leqslant \alpha^{(1)} \leqslant 1$);

$\hat{X}_{t+1}^{(1)}$——第 $t+1$ 期一次指数平滑预测值。

由于多次指数平滑法和一次指数平滑法的关系,类似于一次移动平均法和多次移动平均法(常用的是上节介绍的二次移动平均法)的关系,所以只要说明一次指数平滑法是移动平均法的改进形式,就可以说明指数平滑法(包括多次指数平滑法)是移动平均数法的发展,下面说明这一点。

简单移动平均法的公式:

$$\overline{X}_{(t-1)}^{(1)} = \frac{X_{t-1} + X_{t-2} + \cdots + X_{t-n}}{n} = \hat{X}_t^{(1)}$$

因为 $\overline{X}_t^{(1)} = \hat{X}_{t-1}^{(1)}$

所以 $\hat{X}_{t+1}^{(1)} = \overline{X}_t^{(1)} = \hat{X}_t^{(1)} + \frac{X_t - X_{t-n}}{n}$

可写成
$$\hat{X}_{t+1}^{(1)} = \overline{X}_{t-1}^{(1)} + \frac{X_t - X_{t-n}}{n}$$

由于 $\overline{X}_{t-1}^{(1)}$ 可近似代表 X_{t-n}，所以上式可写为

$$\hat{X}_{t+1}^{(1)} = \overline{X}_{t}^{(1)} = \overline{X}_{t-1}^{(1)} + \frac{X_t - \overline{X}_{t-1}^{(1)}}{n} = \frac{1}{n}X_t + \left(1 - \frac{1}{n}\right)\overline{X}_{t-1}^{(1)}$$

令 $\alpha^{(1)} = \dfrac{1}{n}$，则有

$$\hat{X}_{t+1}^{(1)} = \overline{X}_{t}^{(1)} = \alpha^{(1)}X_t + (1 - \alpha^{(1)})\overline{X}_{t-1}^{(1)}$$

因为 $t-1$ 期的平滑值是作为第 t 期的预测值的，所以上式就可写成：

$$\hat{X}_{t+1}^{(1)} = \overline{X}_{t}^{(1)} = \alpha^{(1)}X_t + (1 - \alpha^{(1)})\hat{X}_{t}^{(1)}$$

当把 $\overline{X}_{t}^{(1)}$ 用 $S_t^{(1)}$ 代替后，上式就成为

$$\hat{X}_{t+1}^{(1)} = S_t^{(1)} = \alpha^{(1)}X_t + (1 - \alpha^{(1)})\hat{X}_{t}^{(1)}$$

这个式子也就是一次指数平滑法的公式，从这里可以看出一次指数平滑法确实是移动平均法的改进形式。接下来把它展开，看看这种特殊的移动平均法——一次指数平滑法的权数特征。

因为
$$\hat{X}_{t+1}^{(1)} = \alpha^{(1)}X_t + (1 - \alpha^{(1)})\hat{X}_{t}^{(1)} = S_t^{(1)}$$

$$\hat{X}_{t}^{(1)} = \alpha^{(1)}X_{t-1} + (1 - \alpha^{(1)})\hat{X}_{t-1}^{(1)} = S_{(t-1)}^{(1)}$$

$$\hat{X}_{t-1}^{(1)} = \alpha^{(1)}X_{t-2} + (1 - \alpha^{(1)})\hat{X}_{t-2}^{(1)} = S_{t-2}^{(1)}$$

将 $\hat{X}_{t}^{(1)}$ 代入 $\hat{X}_{t+1}^{(1)}$ 的表达式中，可得

$$\hat{X}_{t+1}^{(1)} = \alpha^{(1)}X_t + (1 - \alpha^{(1)})\left[\alpha^{(1)}X_{t-1} + (1 - \alpha^{(1)})\left(\cdots(\alpha^{(1)}X_1 + (1 - \alpha^{(1)})\hat{X}_1^{(1)})\right)\right]$$

$$= \alpha^{(1)}X_t + \alpha^{(1)}(1 - \alpha^{(1)})X_{t-1} + \alpha^{(1)}(1 - \alpha^{(1)})^2X_{t-2} + \cdots + \alpha^{(1)}(1 - \alpha^{(1)})^{t-1}X_1 + (1 - \alpha^{(1)})^t\hat{X}_1^{(1)}$$

因为 $0 \leqslant \alpha^{(1)} \leqslant 1$

所以 $0 \leqslant 1 - \alpha^{(1)} \leqslant 1$

这样当 t 值很大时，$(1 - \alpha^{(1)})^t\hat{X}_t^{(1)}$ 对 $\hat{X}_{t+1}^{(1)}$ 的影响就会很小，从而可以省略。这时上式可写成

$$\hat{X}_{t+1}^{(1)} = \alpha^{(1)}X_t + \alpha^{(1)}(1 - \alpha^{(1)})X_{t-1} + \cdots + \alpha^{(1)}(1 - \alpha^{(1)})X_1$$

因为 $0 \leqslant \alpha^{(1)} \leqslant 1$，$0 \leqslant 1 - \alpha^{(1)} \leqslant 1$

所以 $\alpha^{(1)}$，$\alpha^{(1)}(1-\alpha^{(1)})$，…依次递减。设其总和为 S，则当 t 很大时，就有

$$S = \alpha^{(1)} + \alpha^{(1)}(1-\alpha^{(1)}) + \cdots + \alpha^{(1)}(1-\alpha^{(1)})^{t-1}$$
$$= \alpha^{(1)}[1-(1-\alpha^{(1)})^t]/[1-(1-\alpha^{(1)})] = 1$$

从以上的推导可以看出，用指数平滑法求得的实际上是以整个历史期（t）为平均期的移动平均数。其权数 $\alpha^{(1)}$，$\alpha^{(1)}(1-\alpha^{(1)})$，…是一个等比数列，是一种指数形式的权数，指数平滑法的名称即由此而来。

综上所述，指数平滑法与移动平均法其实并无本质区别，它只是用一种特殊的指数形式的权数来加权所有数据的移动平均法。这样一来，不但满足了给近期观测值以较大权数、远期预测值以较小权数的要求，而且还克服了移动平均法完全不考虑平均期以前数据的缺点，而只需具备某期的预测期、预测值及由预测者确定的合适 $\alpha^{(1)}$ 值等三个数据即可，大大减少了计算量，所以说，它虽然是一种特殊形式的移动平均法，但由于其本身所具备的优良特性，使其成为一种改进的相对独立的移动平均法。

下面进一步分析它的基本公式：

$$\hat{X}_{t-1}^{(1)} = S_t^{(1)} = \alpha^{(1)}X_t + (1-\alpha^{(1)})\hat{X}_t^{(1)} = \hat{X}_t^{(1)} + \alpha^{(1)}(X_t - \hat{X}_t^{(1)})$$

因为 $(X_i - \hat{X}_t^{(1)})$ 是一次指数平滑法第 t 期的预测误差，所以可看出一次指数平滑法第 $t+1$ 期的预测值实际上是由两部分组成：第一部分是第 t 期的预测值 $\hat{X}_t^{(1)}$，第二部分是用 $\alpha^{(1)}$ 调整的预测误差，$\alpha^{(1)}$ 越接近于 1，则下期的预测值中就包含对前次预测中发生的误差值越大的调整；当 $\alpha^{(1)}$ 越接近于 0 时，则下期预测值中对前期预测误差就越少作调整；当 $\alpha^{(1)}=0$，那么本期预测值就会成为下期预测值。所以 $\alpha^{(1)}$ 的值确定不同，预测结果也会不同。还可以换个角度来看看 $\alpha^{(1)}$ 中所包含的意义，即回过头来看一下上面讨论过的 $\hat{X}_{t+1}^{(1)}$ 展开形式，则会发现，各项的和具有如下特征：$\alpha^{(1)}$ 越大，则赋予近期预测值的权重越大，近期预测值对预测结果的影响越大；$\alpha^{(1)}$ 越小，则赋予近期预测值的权重越小，近期预测值对预测结果的影响越小，而远期观测值的影响却相应变大。这一性质通过后面的例子就可证明，这里不进行数学推导。

2. 一次指数平滑法的应用

在这一部分首先讨论初始预测值和平滑系数的确定，然后给出一次指数平滑法的一般使用步骤，最后以一个例子做具体说明。

（1）初始预测值和平滑系数的确定

1）初始预测值的确定。初始预测值是指整个指数平滑期最初那一期的预

测值。它不能从基本公式求得，即由于

$$S_t^{(1)} = \alpha^{(1)} X_t + (1 - \alpha^{(1)}) \hat{X}_t^{(1)}$$

因此，当 $t = 1$ 时，有

$$S_1^{(1)} = \alpha^{(1)} X_1 + (1 - \alpha^{(1)}) \hat{X}_1^{(1)}$$

要想求 $S_1^{(1)}$ 作为 $\hat{X}_2^{(1)}$ 的话，必须先求出 $\hat{X}_1^{(1)} - S_0^{(1)}$，而

$$S_0^{(1)} = \alpha^{(1)} X_0 + (1 - \alpha^{(1)}) \hat{X}_0^{(1)}$$

上述公式中的 X_0 和 $\hat{X}_0^{(1)}$ 是未知，若这样推算下去，必然用尽所有数据也算不出 $S_0^{(1)}$，所以须采用其他方法来得到 $S_0^{(1)}$ 即 $\hat{X}_1^{(1)}$。

下面分两种情况介绍估计 $\hat{X}_1^{(1)}$ 的方法。

第一种方法。如果在平滑开始时，预测者有过去的数据，则可用这些数据或其中部分数据的算术平均数或指数平均数做 $\hat{X}_1^{(1)}$。

第二种方法。若没有上述数据可用来估计 $\hat{X}_1^{(1)}$ 时，可采用专家评估法进行估计。评估时可参照下述原则：

①若样本容量 $t \geqslant 50$ 时，由于初始预测值对预测结果影响很小（从 $\hat{X}_{t+1}^{(1)}$ 的展开式可以看到 $\hat{X}_1^{(1)}$ 的权数为 $(1 - \alpha^{(1)})^t$，t 很大时，$(1 - \alpha^{(1)})^t$ 很小，所以对预测结果影响不大），所以，可直接选第一期的观测值作为初始预测值。

②当 $10 \leqslant t \leqslant 50$ 时，由于初始预测值的影响不再很小，所以需另行估计，比较简单的方法是选第一期预测值或最初几期的预测值的平均数作初始预测值。

③当 $t < 10$ 时，初始预测值对预测结果会有较大影响，不过仍可简便地以最初几期的预测值的平均数作为初始预测值。

2）平滑系数 $\alpha^{(1)}$ 的确定。平滑系数 $\alpha^{(1)}$ 的确定是直接影响预测结果关键。下面介绍确定 $\alpha^{(1)}$ 值的三种方法。

第一种方法，理论计算法：

理论计算法是从移动平均法和指数平滑法的平均役令相等这一种条件出发，来确定 $\alpha^{(1)}$ 值的。平均役令是用来反映模型灵敏度的概念，若令现期观测值的役令为 0，前一期的为 1，如此类推，得到全部数据的役令后，以模型的权数为权数，计算出的平均值就为该模型的平均役令。

对于移动平均法，由于用于计算的 n 个预测值的权数与递推无关，均等 $1/n$，而未列入移动平均的、并以以前的数据的权数都为 0，所以移动平均法的平均役

令为

$$\overline{Y} = \frac{1}{n}(0 + 1 + \cdots + n - 1) = \frac{n(n-1)}{2n} = \frac{n-1}{2}$$

对于指数平滑法,其平均役令为

$$P = 0 \times \alpha^{(1)}(1 - \alpha^{(1)})^0 + 1 \times \alpha^{(1)}(1 - \alpha^{(1)})^1 + \cdots + (n-1)\alpha^{(1)}(1 - \alpha^{(1)})^{n-1}$$

$$= \alpha^{(1)}(1 - \alpha^{(1)}) + 2\alpha^{(1)}(1 - \alpha^{(1)})^2 + \cdots + (n-1)\alpha^{(1)}(1 - \alpha^{(1)})^{n-1}\frac{P}{\alpha^{(1)}}$$

$$= (1 - \alpha^{(1)}) + 2(1 - \alpha^{(1)})^2 + \cdots + (n-1)(1 - \alpha^{(1)})^{n-1}\frac{P}{\alpha^{(1)}}(1 - \alpha^{(1)})$$

$$= (1 - \alpha^{(1)}) + \cdots + (n-2)(1 - \alpha^{(1)})^{n-1} + (n-1)(1 - \alpha^{(1)})^n \frac{P}{\alpha^{(1)}} - \frac{P}{\alpha^{(1)}}$$

$$(1 - \alpha^{(1)})$$

$$= (1 - \alpha^{(1)})^{-1}(1 - \alpha^{(1)})^2 + \cdots + (1 - \alpha^{(1)})^{n-1} - (n-1)(1 - \alpha^{(1)})^n$$

$$P = \frac{(1 - \alpha^{(1)})[1 - (1 - \alpha^{(1)})^{n-1}]}{1 - (1 - \alpha^{(1)})} - (n-1)(1 - \alpha^{(1)})^n$$

当 n 较大时,即数据较多时,近似有

$$P = \frac{1 - \alpha^{(1)}}{\alpha^{(1)}}$$

由于指数平滑法是移动平均法的特殊形式,因此,它们应该具有相同的灵敏度,即应有

$$\frac{1 - \alpha^{(1)}}{\alpha^{(1)}} = \frac{n-1}{2}$$

也就是

$$\alpha^{(1)} = \frac{2}{n+1}$$

如当 $n = 3$ 时, $\alpha^{(1)} = 0.5$。

第二种方法,经验判断法:

在实际中, $\alpha^{(1)}$ 的确定常常还是依靠经验,根据具体情况加以选择,现给出几条原则以供参考:

①如对初始预测值的正确性有疑问时,应取较大的 $\alpha^{(1)}$ 值,以便加大近期数据权数,减少初始预测值的影响;反之,则相反。

②当时间序列呈现较稳定的水平趋势时,应选较小的 $\alpha^{(1)}$ 值,一般可在 0.05~0.20 之间取值,从而使各期预测值对预测结果有相似的影响。

③当时间序列有波动,但长期趋势变化不大时,可选稍大的 $\alpha^{(1)}$ 值,如在

0.1~0.4 之间取值。

④当时间序列波动很大，t 长期趋势变化幅度较大时，宜选较大的 $\alpha^{(1)}$ 值，可在 0.3~0.5 间选值。

⑤当时间序列变化很大，呈忽然上升或忽然下降趋势时，$\alpha^{(1)}$ 的取值越小越好，以修匀波动。若时间序列具有明显上升或下降趋势时，则 $\alpha^{(1)}$ 应取较大的值，一般取值大到 0.6~0.9。

第三种方法，试算法：

试算法是根据具体时间序列情况，参照上面几条原则，由经验判断法来大致确定额定的取值范围，然后取几个 $\alpha^{(1)}$ 值进行试算，选取 MAE 最小的 $\alpha^{(1)}$。

需要说明的是：若 $\alpha^{(1)}$ 的值选取得较大，虽然给近期预测值以较大的重视，比较符合实际情况，但同时近期观测值中的随机波动也较大地影响预测结果，使预测精度不高。在此，我们还要说，预测灵敏度和预测精度是相互矛盾的，必须都给予两者一定的考虑，采用折中的值。

3. 指数平滑法的步骤

下面简单介绍指数平滑法的使用步骤：①选取平滑系数（方法如上）；②确定初始预测值（方法如上）；③计算各期的一次指数平滑值；④进行预测；⑤误差分析并对预测结果进行调整。

表9.3　各年度预测值　　　　　　　　单位：t

年度	需求量 X_t	$\alpha^{(1)}=0.5$	
		$\hat{X}_t^{(1)}$	$|X_t-\hat{X}_t^{(1)}|$
1987	8 745		
1988	11 211	10 330	881
1989	11 033	10 771	262
1990	10 852	10 902	50
1991	10 895	11 877	18
1992	11 240	10 866	354
1993	12 490	11 063	1 427
1994	15 019	11 777	3 242
1995	18 664	13 398	5 266
合计	—	—	11 500
平均	—	—	1 438
1996	—	16 031	—
调整后 1996	—	—	

仍以前面的例子为例来说明一次指数平滑法的具体使用方法。由于数列具有上升趋势,所以应选取较大的 $\alpha^{(1)}$ 值,以增强灵敏度,现选取 $\alpha^{(1)} = 0.5$ 值进行试算。由于样本容量较小,所以选取最初 3 期观测值的平均值作初始预测值,即

$$\hat{X}_1^{(1)} = \frac{X_{1987} + X_{1998} + X_{1989}}{3} = \frac{8\ 745\ t + 1\ 121\ t + 1\ 103\ t}{3} = 10\ 330\ t$$

当 $\alpha^{(1)} = 0.5, \hat{X}_1^{(1)} = 10\ 330\ t$ 时:

$$\hat{X}_{1989}^{(1)} = 10\ 771\ t$$

$$\hat{X}_{1990}^{(1)} = 10\ 902\ t$$

$$\hat{X}_{1996}^{(1)} = 16\ 031\ t$$

注意:一次指数平滑法也只能用于下期预测。

9.3.2 多次指数平滑法

多次指数平滑法也称多重指数平滑法,包括二次指数平滑法、三次指数平滑法乃至更高之,但是三次以上的指数平滑优点就不多了。所以市场预测中主要运用的就是二次指数平滑法和三次指数平滑法。下面逐一介绍。

1. 二次指数平滑法

二次指数平滑法是对一次指数平滑序列再进行一次指数平滑,以求得二次指数平滑值,然后利用它们之间的滞后偏差规律,建立线性模型,对有明显上升或下降趋势的时间序列进行预测的方法。

二次指数平滑值的计算公式为

$$S_t^{(2)} = \alpha^{(2)} S_t^{(1)} + (1 - \alpha^{(2)}) S_{t-1}^2$$

式中 $S_t^{(1)}, S_t^{(2)}$——第 t 期、第 $t-1$ 期的二次指数平滑值;

$\alpha^{(2)}$——二次指数平滑系数;

$S_t^{(1)}$——第 t 期的一次指数平滑值。

运用上式计算二次指数平滑值时,也需确定 $\alpha^{(2)}$ 和 $S_0^{(2)}$ 的值,确定的方法与一次指数平滑法基本相同。

当确定时间序列呈线性趋势时,就可建立以下的线性预测方程

$$\hat{X}_{t+T}^{(2)} = \hat{a}_t + \hat{b}_t \cdot T$$

式中　$\hat{X}_{t+T}^{(1)}$——第 $t+T$ 期的二次指数平滑预测值；

　　　T——预测超前期；

　　　$\hat{a}_t, \hat{b}_t$——参数的估计值。

$\hat{a}_t$ 和 $\hat{b}_t$ 的推导过程与二次移动平均法下参数的推导过程基本相同，这里不再推导，只给出推导结果：

$$\hat{a}_t = 2S_t^{(1)} - S_t^{(2)}$$

$$\hat{b}_t = \frac{a^{(2)}}{1-a^{(2)}}(S_t^{(1)} - S_t^{(2)})$$

运用二次指数平滑法进行预测的一般步骤是：①确定一次指数平滑系数和初始预测值，并计算出二次指数平滑值序列；②确定二次指数平滑系数和初始预测值，并计算出二次指数平滑值序列；③建立预测模型，估计模型参数；④进行预测。

表9.4　二次指数平滑序列计算结果

年度	需求量	一次指数平滑		二次指数平滑				
1987	8 745							
1988	11 211	10 330	11 123	10 330	10 330	10 330	7 137	0.078 6
1989	11 033	11 123	11 042	10 828	11 113	10 971	639	0.007 3
1990	10 852	11 042	10 871	10 858	10 861	10 881	−90	0.000 3
1991	10 895	10 871	10 893	10 883	10 894	10 892	9	0.000 1
1992	11 240	10 893	11 205	11 108	11 236	11 174	279	0.005 7
1993	12 490	11 205	12 352	11 986	12 481	12 243	1 071	0.000 7
1994	15 019	12 352	14 753	13 923	15 004	14 502	2 259	0.001 0
1995	18 664	14 753	18 273	16 868	18 650	17 896	3 393	0.000 8
平均	—	—	—	—	—	—		0.095 2

还是以上面的例子为例来说明二次指数平滑法预测的一般步骤。

首先以 $\alpha^{(1)} = 0.9$，$\hat{X}_1^{(1)} = 10\ 330\ t$，来计算一次指数平滑序列；然后以

$\alpha^{(1)} = 0.7$，$S_0^{(2)} = \hat{X}_1^{(1)} = 10\ 330\ t$（当然也可取 $S_0^{(2)} = \dfrac{S_{1988}^{(1)} + S_{1989}^{(1)} + S_{1990}^{(1)}}{3}$）来计算二次指数平滑序列。即

$$S_{1989}^{(2)} = 10\ 828\ t$$

$$S_{1995}^{(2)} = 16\ 968\ t$$

同样可计算 $\alpha^{(2)} = 0.9$ 时的二次指数平滑序列，结果见表9.4。比较平均绝对误差，可知 $\alpha^{(2)} = 0.9$ 的预测结果好些（同样它不一定是最佳值），所以取 $\alpha^{(2)} = 0.9$。

预测模型为

$$\hat{X}_{X+T}^{(2)} = \hat{a}_t + \hat{b}_t \cdot T$$

则

$$\hat{a}_{1988} = 2S_{1988}^{(1)} - S_{1988}^{(2)} = 2 \times 11\ 123\ t - 10\ 330\ t = 11\ 916\ t$$

$$\hat{a}_{1995} = 2S_{1995}^{(1)} - S_{1995}^{(2)} = 2 \times 18\ 273\ t - 17\ 896\ t = 18\ 650\ t$$

$$\hat{b}_{1988} = \frac{0.9}{1 - 0.9}(S_{1988}^{(1)} - S_{1988}^{(2)}) = \frac{0.9}{0.1} \times (11\ 123 - 10\ 330)\ t = 7\ 137\ t$$

$$\hat{b}_{1995} = 3\ 393\ t$$

取 $t = 1995$，$T = 1$ 得

$$\hat{X}_{1996}^{(2)} = 18\ 650\ t + 3\ 393\ t \times 1 = 22\ 043\ t$$

平均绝对百分比误差为

$$MAPE = \frac{1}{n} \sum \frac{|X_t - \hat{X}_t^{(2)}|}{X_t} \times 100\% = 1.19\%$$

可见它的拟合效果很好，但由于本例中的时间序列并不呈线性趋势，所以用这种方法来预测本例，也仅适用于短期预测。而如果预测变量确实呈线性趋势时，则可用这种方法进行中、长期预测。

最后需要说明一点：若 $\alpha^{(2)}$ 取值较大，可能会使 $S_t^{(2)} > S_t^{(1)}$，使 $\hat{b}_t < 0$，所以当长期趋势呈上升时，不宜取较大的 $\alpha^{(2)}$，一般取 $\alpha^{(2)} \leqslant \alpha^{(1)}$。

2. 三次指数平滑法

三次指数平滑法是对二次指数平滑值序列再进行一次平滑，得到三次指数平滑值序列，然后利用一次、二次、三次指数平滑值序列之间的滞后偏差的演变规律，求解二次预测曲线方程的参数，以便对具有二次曲线变动趋势的预测变量

进行预测的预测方法。

三次指数平滑值的计算公式为：

$$S_t^{(3)} = \alpha^{(3)} S_t^{(2)} + (1 - \alpha^{(3)}) S_{t-1}^{(3)}$$

式中　$S_t^{(3)}$——第 t 期三次指数平滑值；

　　　$\alpha^{(3)}$——三次指数平滑系数；

　　　$S_{t-1}^{(3)}$——第 $t-1$ 期三次指数平滑值。

这里同样需要先确定平滑系数和初始预测值，原则同前，不再赘述。比较简单的方法就是选取 $S_0^{(3)} = S_0^{(2)}$。

三次指数平滑法的目的和二次指数平滑法相同，都不是用于直接预测，而是为了进一步平滑数据，计算趋势模型的参数。三次指数平滑用于预测的模型为二次曲线模型。

由指数平滑法的基本原理可以证明：

$$\hat{a}_t = 3S_t^{(1)} - 3S_t^{(2)} + S_t^{(3)}$$

$$\hat{b}_t = \frac{\alpha^{(3)}}{2(1 - \alpha^{(3)})}$$

$$[(6 - 5\alpha^{(3)})S_t^{(1)} - 2(5 - 4\alpha^{(3)})S_t^{(2)} + (4 - 3\alpha^{(3)})S_t^{(3)}]$$

$$\hat{c}_t = \frac{(\alpha^{(3)})^2}{2(1 - \alpha^{(3)})^2}(S_t^{(1)} - 2S_t^{(2)} + S_t^{(3)})$$

由于证明过繁，这里从略。

运用三次指数平滑法进行预测的步骤和二次指数平滑法基本相同。

与二次指数平滑相同，只要有新数据就可逐期递推，随时调整参数 $\hat{a}_t, \hat{b}_t, \hat{c}_t$ 的值，用于中期预测。当然预测的超前期越长，误差也相应会越大。

9.4　趋势外推法

趋势外推法也称趋势延伸法，它是根据预测变量的历史时间序列揭示出的变动趋势外推到未来，以确定预测值的预测方法。如果时间序列呈现出一定的规律性，就可以运用趋势外推法进行预测。

根据是否需要建立模型把趋势外推法分为两类：一是简单外推法；二是模型外推法。下面分别进行介绍。

9.4.1 简单外推法

简单外推法是根据预测变量历史时间序列,在直角坐标图上画出散点图,然后依此描出一条拟合得最好的直线或曲线,并将它加以延伸来确定预测值的预测方法。这种方法不需建立数学模型,简便易行。

例如,某公司 1988 年到 1994 年某商品的销售额资料如图 9.10 所示(单位:万元)。试用简单外推法预测 1995 年的销售额。

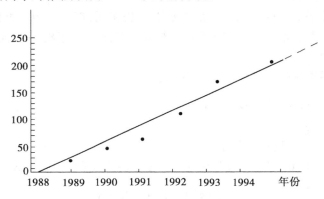

图 9.10 公司某商品的销售额资料

首先根据数据作散点图,如图 9.10 所示。

其次,根据散点图,画出拟合最好的直线,并加以延伸,如图 9.10 所示,实线表示拟合直线,虚线表示延伸部分。这是整个操作最重要的一步,直线是否拟合度高,直接关系到预测精度,所以要求预测者具有相当的观测力和作图技巧。

最后,以该线上的点对应的横坐标为预测期,对应的纵坐标为预测值。在本例是 1995 年的预测值为 197.5 万元。

本处是以垂直线趋势的预测变量为例,对于呈曲线变动趋势的预测变量,运用简单外推法进行预测的步骤与此完全相同,不再举例。

9.4.2 模型外推法

模型外推法是用一定的数学模型来拟合预测变量的变动趋势,并进而用模型进行预测的方法。根据预测变量变动趋势是为线性还是为曲线,模型外推法可分为线性趋势外推预测法和曲线趋势外推预测法。线性趋势外推预测法,由于预测变量呈线性变动趋势,所以用于拟合和预测的模型也主要是线性模型,方法主要是用线性回归法;曲线趋势外推预测法是当预测变量呈现出某种曲线变动趋势时,通过建立一种曲线方程,来拟合变量的变动趋势,并进而用于预测的方法。它的一般操作步骤为:模型识别、参数估计、预测。下面详细介绍各步骤的有关内容。

1. 模型识别

模型识别是根据预测变量的时间序列数据揭示的变量变动趋势的规律,选择合适的模型用于拟合和预测。为此,需要首先了解曲线趋势模型的基本类型及其特征;然后,通过分析变量的时间序列数据的特征,选用具有相似特征的曲线趋势模型进行拟合和预测。在讨论各种曲线趋势模型及其特征之前,有必要先介绍一个概念——差分。因为利用它对数据的修匀能力,可以使序列显示其固有的规律性,从而便于了解其特征,顺利地识别模型。差分就是变量的微小变化。它主要有三种:前向差分、后向差分和中心差分。在这里由于仅用到后向差分,所以只介绍它的有关内容。

在处理时间序列时,一阶差分(在本节为了方便,以差分来代替后向差分)$\Delta X_t^{(1)}$ 定义为

$$\Delta X_t^{(1)} = X_t - X_{t-1}$$

二阶差分 $\Delta X_t^{(2)}$ 定义为

$$\Delta X_t^{(2)} = \Delta X_t^{(1)} - \Delta X_{t-1}^{(1)}$$
$$= X_t - 2X_{t-1} + X_{t-2}$$

k 阶差分 $\Delta X_t^{(k)}$ 定义为

$$\Delta X_t^{(k)} = \Delta X_t^{(k-1)} - \Delta X_{t-1}^{(k-1)}$$
$$= X_t + \sum_{i=1}^{k} (-1)^i C_k^i X_{t-i}$$

$$C_k^i = \frac{k(k-1)\cdots(k-i+1)}{i!}$$

在了解了差分的概念后,下面就介绍几种曲线趋势模型及其特征:

(1)多项式曲线

这种模型的一般表达式为

$$X_t = a_0 + a_1 t + a_2 t^2 + \cdots + a_n t^n$$

式中　X_t——经济变量的第 t 期观测值;

$a_0, a_1, a_2, \cdots, n$——模型参数;

t——时间变量。

常用的多项式模型主要有:

①一次多项式模型:

其表达式为

$$X_t = a_0 + a_1 t$$

求 X_t 的一阶差分 $\Delta X_t^{(1)}$:

$$\Delta X_t^{(1)} = a_0 + a_1 t - [a_0 + a_1(t-1)] = a_1$$

可见,X_t 是一个以相同的速度 a_1 增长的经济变量。它就是这一模型的特征。

②二次多项式模型

其表达式为

$$X_t = a_0 + a_1 t + a_2 t^2$$

它的图形是二次抛物线。当 $a_2 > 0$ 时,抛物线的开口向上,有最小值;当 $a_2 < 0$ 时,抛物线的开口向下,有最大值。如图 9.11 所示。

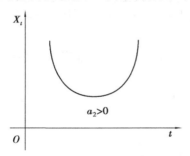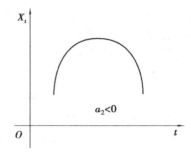

图 9.11 二次抛物线

接下来分析这一模型的特征,先求其一阶差分:

$$\begin{aligned}\Delta X_t^{(1)} &= X_t - X_{t-1} \\ &= a_0 + a_1 t + a_2 t - [a_0 + a_1(t-1) + a_2(t-1)] \\ &= (a_1 - a_2) + 2a_2 t\end{aligned}$$

再求其二阶差分:

$$\begin{aligned}\Delta X_t^{(2)} &= \Delta X_t^{(1)} - \Delta X_{t-1}^{(1)} \\ &= a_1 - a_2 + 2a_2 t - [(a_1 - a_2) + 2a_2(t-1)] \\ &= 2a_2\end{aligned}$$

可见,其二阶差分 $\Delta X_t^{(2)}$ 是与 t 无关的一个常数。这些就是它的特征。

在市场预测中,某些商品的经济寿命周期曲线就类似于此,这样就可以利用它来描述商品的销售过程,当然由于其两支对称,而一般商品的实际销售过程不可能完全对称,所以,通常只以一支来拟合商品销售趋势。

③三次多项式模型

其表达式是

$$X_t = a_0 + a_1 t + a_2 t^2 + a_3 t^3$$

与上述分析类似,可以得到 $\Delta X_t^{(3)} = 6a_3$,即三阶差分是常数,二阶差分是关于 t 的线性函数,这就是这一模型的特征。

从上面的讨论中,可看出如果 k 阶差分是关于 t 的线性函数,那么 $k+1$ 阶差分就是一个与 t 无关的常数。

(2)简单指数曲线

其表达式为

$$X_t = ab^t$$

式中 a, b——模型参数;

X_t——经济变量第 t 期的观测值;

t——时间变量。

当 $a > 0, b > 1$ 时,X_t 随 t 的增加而增加;当 $t \to -\infty$ 时,$X_t \to 0$;

当 $a > 0, b < 1$ 时,X_t 随 t 的增加而减少;当 $t \to +\infty$ 时,$X_t \to 0$。

所以 X_t 是以 t 为轴的水平渐近线。如图 9.12 所示。

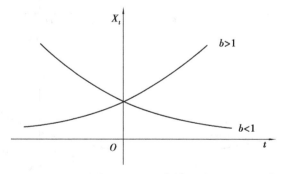

图 9.12 简单指数曲线

对其两端取自然对数,有 $\ln X_t = \ln a + t \cdot \ln b$

可见,$\ln X_t = X_t$,是 t 的线性函数,这样 $\ln X_t$ 的一阶差分就是一个常数了,经计算为 $\ln b$。这一模型的两个特征如下:

一是:

$$\Delta X_t^{(1)} = X_t - X_{t-1}$$
$$= ab_t - ab^{t-1}$$

$$\frac{\Delta X_t^{(1)}}{X_{t-1}} = \frac{ab^{t-1}(b-1)}{ab^{t-1}} = b - 1$$

二是：
$$\frac{X_t}{X_{t-1}} = \frac{ab^t}{ab^{t-1}}$$

它一般用于中期和后期预测。

(3) 修正指数曲线模型

其一般表达式为

$$X_t = k + ab^t$$

式中 k, a, b——模型参数, $b > 0$ 且 $b \neq 1$。

其他符号同前。

k 为 X_t 的极限参数, 也就是说 $X_t = k$ 为 X_t 的上下水平渐近线。当 $a < 0$ 时, X_t 以 k 为上水平渐近线, 当 $a > 0$, X_t 以 k 为下水平渐近线。在 a, b 取不同值时, 线性图形如 9.13 所示。

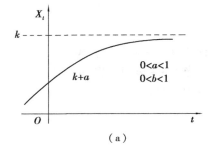

（a）

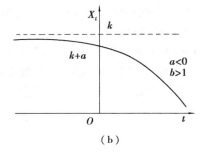

（b）

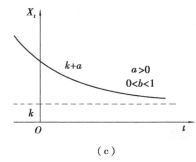

（c）

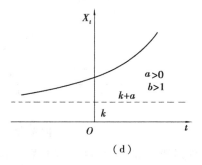

（d）

图 9.13 修正曲线指数

下面讨论其特征, 首先取其一阶差分, 得

$$\Delta X_t^{(1)} = (k + ab^t) - (k + ab^{t-1}) = ab^{t-1}(b-1)$$

然后对其两端取对数, 得

$$\ln \Delta X_t^{(1)} = \ln a + \ln(b-1) + (t-1)\ln b$$

可见, 它是一个关于 t 的线性函数, 它的一阶差分也就必然是个常数, 经计

算为 ln$b$。同样还可以求一阶差分的环比系数,即

$$\frac{\Delta X_t^{(1)}}{\Delta X_{t-1}^{(1)}} = \frac{a(b-1)b^{t-1}}{a(b-1)b^{t-2}} = b$$

这些都是这一模型的特征。

在市场预测中,最常用的是图 9.13(a)所示的曲线,用以拟合发展过程逐渐达到饱和状态的经济变量的变动趋势。

(4)双指数曲线模型

其一般表达式是

$$X_t = ab^t c^{t^2}$$

式中　a,b,c——模型参数;

其余符号同前。对上式两端取自然对数,可得

$$\ln X_t = \ln a + t \cdot \ln b + t^2 \cdot \ln c$$

若求它的差分会发现,它的一阶差分为 t 的线性函数,而二阶差分为一常数,即

$$\Delta(\ln X_t)^{(1)} = \ln b + (2t-1)\ln c$$
$$\Delta(\ln X_t)^{(2)} = 2\ln c$$

这就是这一模型的特征。它一般用于中期和短期预测。

(5)生长曲线模型

人们为了预测产品处于市场寿命周期的哪个阶段,建立了著名的生长曲线模型。因为曲线呈"S"形,所以也称为 S 曲线。它的一般模型为

$$\frac{\mathrm{d}X_t}{\mathrm{d}t} = kX_t(K - X_t)$$

式中　k,K——模型参数。

具体来说,k 是比例系数,$k>0$;K 是 X_t 的极限值,X_t 不能随 t 无限增长,可以从其相对增长速度来说明这一点,即

$$\frac{\mathrm{d}X_t/\mathrm{d}t}{X_t} = k(K - X_t) = f(X_t)$$

当 X_t 逐渐增大时,$K - X_t$ 会逐渐减少直至趋于 0。

生长曲线模型包括多种模型。下面介绍几种主要模型:

1)逻辑曲线模型。这一模型是美国生物学家和人口统计学家皮尔(R·Pear)经过对生物繁殖和生长过程的大量研究后提出来的,所以又称为皮尔模型。

它的表达式为

$$X_t = \frac{K}{1 + ae^{-bt}}$$

215

式中　a,b,K——参数；

　　　K——X_t的极限参数，其图形如9.14所示。

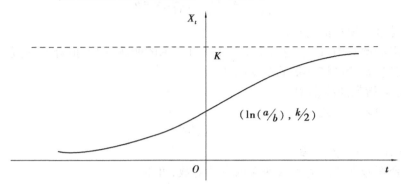

图9.14　逻辑曲线

从图9.14可知，当$t \to -\infty$时，$X_t \to +0$；当$t \to +\infty$时，$X_t \to K$。它以$(\ln(a/b),K/2)$为拐点。

逻辑曲线模型具有如下特征：对它求一阶导数有

$$X_t^{(1)} = \left(\frac{K}{1+a\mathrm{e}^{-bt}}\right)^{(1)} = -\frac{K(1+a\mathrm{e}^{-bt})^{(1)}}{(1+a\mathrm{e}^{-bt})^2}$$

$$= \frac{-K(-ab\mathrm{e}^{-bt})}{(1+a\mathrm{e}^{-bt})^2} = \frac{Kab\mathrm{e}^{-bt}}{(1+a^{-bt})^2}$$

因为差分可以接近表示为导数，所以可以将上式中的X_t^1换成$\Delta X_t^{(1)}$，即

$$\Delta X_t^{(1)} = \frac{Kab\mathrm{e}^{-bt}}{(1+a\mathrm{e}^{-bt})^2}$$

然后做如下变换

$$\frac{\Delta X_t^{(1)}}{\dfrac{K^2}{(1+a\mathrm{e}^{-bt})^2}} = \frac{1}{K}ab\mathrm{e}^{-bt}$$

因为

$$X_t = \frac{K}{1+a\mathrm{e}^{-bt}}$$

所以，上式等于

$$\frac{\Delta X_t^{(1)}}{X_t^2} = \frac{1}{K}ab\mathrm{e}^{-bt}$$

对其两边取自然对数有

$$\ln \frac{\Delta X_t^{(1)}}{X_t^2} = \ln \frac{ab}{K} - bt$$

可见,它是一个线性函数,求其一阶差分可得到一常数,即

$$\Delta \left(\ln \frac{\Delta X_t^{(1)}}{X_t^2} \right)^{(1)} = -b$$

2)龚珀兹(Goznpartz)曲线模型。龚珀兹是英国的数学家和统计学家,他提出下面这个模型:$X_t = Ka^{b^t}$其中 K, a, b 为参数;K 为 X_t 的极限参数。a, b 取不同的值时,其图形如图 9.15 所示。

现在分析它的特征,首先对其两边取自然对数,得

$$\ln X_t = \ln K + b^t \ln a$$

然后求其一阶差分

$$\Delta \left(\ln X_t \right)^{(1)} = \ln a \left(b^t - b^{t-1} \right)$$

然后再求一阶差分的环比系数

$$\frac{\Delta \left(\ln X_t \right)^{(1)}}{\Delta \left(\ln X_{t-1} \right)^{(1)}} = \frac{\ln a \left(b^t - b^{t-1} \right)}{\ln a \left(b^{t-1} b^{t-2} \right)} = \frac{b \left(b^{t-1} b^{t-2} \right)}{b^{t-1} - b^{t-2}} = b$$

或可求其导数有

$$\left(\ln X_t \right)^{(1)} = \frac{\left(X_t \right)^{(1)}}{X_t} = \ln a \cdot \ln b \cdot b^t$$

再求一次对数

$$\ln \left(\ln X_t \right)^{(1)} = \ln \left(\ln a \cdot \ln b \right) + t \cdot \ln b$$

若以一阶差分代导数则是

$$\ln \frac{\Delta X_t^{(1)}}{X_t} = \ln \left(\ln a \ln b \right) + t \cdot \ln b$$

可见,$\ln \dfrac{\Delta X_t^{(1)}}{X_t}$ 是关于 t 的线性函数,而其一阶差分即为一常数,经计算为 $\ln b$。这些都是它的特征。

(6)一些不常用的曲线趋势模型

①幂函数曲线模型。其一般表达式为

$$X_t = at^b$$

其中,a, b 为参数,$a > 0$。

对其两边取对数得

$$\ln X_t = \ln a + b \ln t$$

若令 $Y_T = \ln X_t, A = \ln a, T = \ln t$ 时,则有

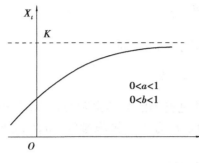 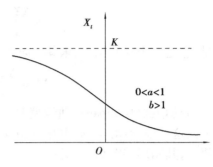

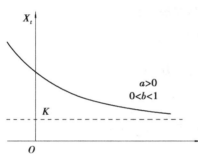 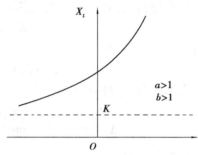

218

图9.15　龚珀兹曲线

$$Y_T = A + bT$$

它是一个线性函数,它的一阶差分为

$$\Delta Y_T^{(1)} = b$$

②对数函数曲线趋势模型。其一般表达式为

$$X_t = a + b\ln t$$

式中各符号同前。

令

$$Y_T = X_t, T = \ln t$$

则

$$Y_T = a + b \cdot T$$

从而

$$\Delta Y_T^{(1)} = b$$

③双曲线模型。其一般表达式为

$$\frac{1}{X_t} = a + \frac{b}{t}$$

式中符号同前。

令

$$Y_T = \frac{1}{X_t}, T = \frac{1}{t}$$

则可得

$$Y_T = a + b \cdot T$$

从而

$$\Delta Y_T^{(1)} = b$$

④变形双曲线模型。其一般表达式为

$$X_t = \frac{t}{a + b \cdot t}$$

变形后得

$$\frac{1}{X_t} = \frac{a}{t} + b$$

式中符号同前。

令
$$Y_T = \frac{1}{X_t}, T = \frac{1}{t}$$

则有

$$Y_T = b + a \cdot T$$

从而

$$\Delta Y_T^{(1)} = a$$

当掌握了一预测变量的时间序列后,如何判断其属于何种曲线趋势模型呢? 下面介绍三种常用的模型识别方法:

1)散点图法。散点图法是根据预测变量的时间序列数据,在直角或半对数坐标图上画出相应的散点图,然后依据散点的变化规律来进行模型识别的方法。

2)试算法。试算法是根据预测变量的观测值的散点图的变动规律,选择与之相似的曲线去拟合,确定拟合最优的曲线模型作为预测模型的方法。

它的操作步骤为:

①根据变量的时间序列做出散点图;

②根据散点图的变化规律,选择一组与之相近的曲线进行拟合,分别计算出各条拟合曲线的内插估计值 $\hat{X}_t (t = 1, 2, \cdots, N)$ 和 $e_t = X_t - \hat{X}_t$。

③选择拟合最优的曲线模型,使之满足 $Q = \sum_{t=1}^{N} e_t^2$,即剩余平方和 *ESS* 为最小;或 $r^2 = \frac{\sum \hat{X}_t^2}{\sum X_t^2}$,即相关度最高;或 $MSE = \frac{1}{N} \sum e_t^2$,即均方误差最小;或

$$MAPE = \frac{1}{N} \sum \frac{|X_t - \hat{X}_t|}{X_t} \times 100\%$$ ，平均绝对百分比误差最小。

这种方法可有效地克服散点图法的缺点——主观因素影响识别效果,但同时也大大增加了计算量。

3)增长特征法。增长特征法是选取与预测变量的时间序列的增长特征最接近的模型作为预测模型的模型识别方法。

它的一般操作步骤为:

①计算时间序列的移动平均数,用以消除其中的随机干扰,使其内在规律显露出来。计算公式为

$$\overline{X}_t = \sum_{i=t-p}^{t+p} \overline{X}_{i+1} / (2P+1) , (t = P+1, P+2, \cdots, N-P)$$

其中,$2P+1$ 为移动平均期,其大小由预测者经验确定。

②计算移动平均系列的平均一阶差分,这样做是为了消除随机干扰。其计算公式为

$$\Delta \overline{X}_t^{(1)} = \sum_{i=-p}^{p} i \, \overline{X}_{i+1} / \sum_{i=-p}^{p} i^2 , (t = 2P+1, 2P+2, \cdots N-2P)$$

这里需要说明的是,上面两个计算公式都要求序列的第一期编号为1。

③计算该序列的增长特征,将它与前述的各种曲线趋势模型的特征比较,选择最优预测模型。

为了便于读者使用,在这里结合前述有关内容,将常用曲线趋势模型列于表9.5 所示的识别表中,以供大家参考。

若在具体操作时,序列同时呈现出多种曲线趋势的增长特征,则需计算这些特征与时间相关系数 r,并选择 r 最大的为最佳拟和曲线趋势模型。r 的计算公式为

$$r = \frac{\frac{1}{n} \sum (X_i - \overline{X})(Y_i - \overline{Y})}{\sqrt{\frac{1}{n} \sum (X_i - \overline{X})^2 \cdot \frac{1}{n} \sum (Y_i - \overline{Y})^2}}$$

$$= \frac{\sum (X_i - \overline{X})(Y_i - \overline{Y})}{\sqrt{\sum (X_i - \overline{X})^2 \cdot \sum (Y_i - \overline{Y})^2}}$$

式中　X, Y——两个有相关性的变量;

$\overline{X}, \overline{Y}$——$X, Y$ 的均值;

n——样本容量。

表9.5 常用曲线趋势模型识别表

样本序列的 平均增长特征	增长特征依时间 变化的特征	曲线模型 的类型
$\Delta\,\overline{X}_t^{(1)}$	基本相同	线性模型
$\Delta\,\overline{X}_t^{(1)}$	线性变化	二次抛物线
$\Delta\,\overline{X}_t^{(2)}$	线性变化	三次抛物线
$\Delta(\ln\overline{X}_t^{(1)}\ 或\dfrac{\overline{X}_t}{X_{t-1}}\ 或\dfrac{\Delta\overline{X}_t^{(1)}}{X_{t-1}})$	基本相同	简单指数曲线
$\Delta(\ln\overline{X}_t)^{(1)}$	线性变化	双指数曲线
$\Delta\,\overline{X}_t^{(1)}/\Delta\overline{X}_{t-1}^{(1)}$ $\ln\Delta\,\overline{X}_t^{(1)}$	基本相同 线性变化	修正指数曲线

9.5 季节变动预测法

　　季节变动预测法,就是根据预测变量各个日历年度按月或按季编制的时间序列资料,以统计方法测定出反映季节变动规律的季节变动指数,并利用它们进行短期预测的预测方法。这种方法一般要求预测者掌握至少三年以上的按月(季)编制的预测变量的时间序列资料,因为仅依靠一年或两年的统计资料来测定季节变动规律,可能会由于偶然因素的影响而造成较大误差,所以为保证预测精度,一般需要多年的统计资料。

　　根据是否考虑预测对象的长期趋势,可以将季节变动预测法分为两类:一类是不考虑长期趋势的季节变动预测法;另一类是考虑长期趋势的季节变动预测法。

9.5.1　不考虑长期趋势的季节变动预测法

这种方法的特征就是不考虑长期趋势,直接利用预测变量的时间序列资料来测定季节变动,然后再直接用于预测。它适用于预测变量没有明显的长期趋势的情况。

它的一般操作步骤为:

1)测定季节变动指数。目的就是要掌握预测变量的季节变动规律,以便预测。下面介绍两种常用的季节指数测定法:

①月(季)平均法。月(季)平均法是以观测期的各月(季)平均数同全期月(季)平均数相比的结果作为季节变动指数的方法。

它的一般操作步骤为:首先,计算观测期内各月(季)的简单算术平均数,即计算观测期内不同年度同一月(季)的平均水平;然后,计算观测期全期的月(季)平均数;最后,计算观测期内各个月(季)的季节变动指数。计算公式为:

某月(季)的季节变动指数 = 各年同月(季)的平均数/全期月(季)平均数 × 100%

下面举例进行分析。如,某公司 1991 年到 1995 年的产品销售额资料如表9.6 所示。

表9.6　某公司产品销售额资料　　　　　　　　单位:万元

年度	月份												合计 计级
	1	2	3	4	5	6	7	8	9	10	11	12	
1991	203	226	427	810	959	3 365	5 455	2 113	884	410	260	196	15 308
1992	210	228	436	828	1 002	3 377	5 743	2 211	910	421	256	200	15 822
1993	201	223	426	826	996	3 468	5 668	2 245	900	420	262	199	15 844
1994	226	239	457	858	1 019	3 459	5 867	2 296	929	424	270	210	16 254
1995	206	235	467	849	1 034	3 607	5 766	2 271	967	429	260	216	16 307
合计	1 046	1 151	2 213	4 181	5 010	17 276	28 499	11 136	4 590	2 104	1 308	1 021	79 535
月平均数	209.2	230.2	442.6	836.2	1 002	3 455.2	5 699.8	2 227.2	918	420.8	261.6	204.2	1 325.58
季节指数	15.782	17.366	33.389	63.082	75.59	260.656	429.985	168.017	69.253	31.745	19.735	15.405	1 200.01
调整后的季节指数	15.782	17.366	33.389	63.081	75.589	260.653	429.981	168.015	69.252	31.745	19.735	15.405	1 200

表9.7 全年比率平均法计算的季节指数　　　单位:万元

年度	月份												合计 计级
	1	2	3	4	5	6	7	8	9	10	11	12	
1991	15.9	17.7	33.5	63.5	75.2	263.8	427.6	165.6	69.3	32.1	20.4	15.4	1 275.67
1992	15.9	17.3	33.1	62.8	76	256.1	435.6	167.7	69	31.9	19.4	15.2	1 318.5
1993	15.2	16.9	32.3	63.3	75.4	262.7	429.3	170	68.2	31.8	19.8	15.1	1 320.33
1994	16.7	17.6	33.7	63.3	75.2	255.4	433.1	169.5	68.6	31.3	19.9	15.5	1 354.5
1995	15.2	17.3	34.4	62.5	76.1	265.4	424.3	167.1	71.2	31.6	19.1	15.9	1 358.92
合计	78.9	86.8	167	315.4	377.9	1 303.4	2 149.98	839.9	346.3	158.7	98.6	77.1	5 999.90
季节指数	15.78	17.36	33.4	63.08	75.58	260.68	429.98	167.98	69.26	31.74	19.72	15.42	1 199.98
调整后的季节指数	15.78	17.36	33.4	63.08	75.58	260.68	429.99	167.98	69.26	31.74	19.72	15.42	1 200.00

即月度季节变动指数之和应该为1 200%(同理可得出季度季节变动之和为400%)。将上表的计算结果进行调整,调整的方法为:

首先,计算调整系数,计算公式为:

调整系数=120%/调整前季节指数之和

在本例中,调整系数为

调整系数=1 200%÷1 200.01%=0.999 99

然后,就可进行调整,即:

调整后季节变动指数=调整系数×调整前的季节变动指数

其具体结果见表9.6。

②全年比率平均法。全年比率平均法是将各年各月(季)的数值同该年月(季)平均数之间的比率进行平均求得季节变动指数的方法。其一般操作步骤为:

首先,求出各年各月(季)数值同该年全年月(季)平均数之间的比率。计算公式为

各月(季)比率=各月(季)的数值/该年全年的月(季)平均值×100%

然后,将历年同月(季)的比率加以平均,求得该月(季)的季节变动指数。计算公式为

223

某月(季)的季节变动指数 = 各年同月(季)的比率相加之和/观测期的年数

仍以上例为例,说明这种方法的具体操作:

首先,计算出历年的全年月平均数,公式如下

$$全年月平均数 = 全年销售额之和 \div 12$$

1991 年的全年月平均数 = 1 5308 ÷ 12 = 1 275.67 万元

其余类推,计算结果见表9.7。

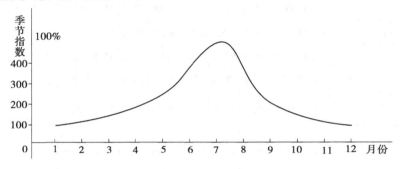

图 9.16 季节变动指示

然后,计算历年历月的比率:

如 1991 年 1 月的比率 = 203 ÷ 1 275.67 × 100% = 15.913%

其余类推,结果见表9.7。

最后,求各月的季节变动指数。如

1 月的季节变动指数 = (15.9% + 15.9% + 15.2% + 16.7% + 15.2%) ÷ 5 = 15.78%

其余类推,结果见表9.7。

由于季节变动指数之和不为 1 200%,所以需要进行调整,方法同前。

$$调整系数 = 1 200\% \div 1 199.98\% = 1.000 017$$

调整后的季节变动指数值见表9.7。

从上述两种方法的计算结果看,两者所求得的季节变动指数大体相同,但事实上,由于全年比率平均法计算时可使数值较高的年度和数值较低的年度对季节变动指数具有同等的影响,有利于消除随机干扰,所以预测精度要相对高一些。但从上例中也不难看出,它的计算量比较大。而月(季)平均法虽然不如前者精度高,但它的计算量却相对小些,所以在实际工作中也得到广泛应用。

现在,根据上述的计算结果绘制该商品销售的季节变动曲线图,如图 9.16 所示。

从图 9.16 中可以清楚看到,该商品的销售情况具有明显的季节性,其销售

旺季在 6,7,8 月。

2)利用季节变动指数进行预测。当测定出预测变量的季节变动指数后,便可以利用它和已掌握的有关资料进行预测。根据掌握资料的不同,具体的预测方法之间也有一定差异。下面分别介绍。

①已知年度预测值,求月(季)的预测值。当预测者掌握预测变量的年度预测值(也可表现为年度计划值)时,可通过以下步骤求得各月(季)的预测值:

首先,计算出预测年度的月(季)的平均值,计算公式为:

$$月(季)平均值 = 年预测值/12(4)$$

然后,计算各月(季)的值,计算公式为:

某月(季)的预测值 = 该月(季)的季节变动指数×月(季)的平均值

仍以上例为例,如果该公司预测 1996 年商品的销售额将达到 17 100 万元,那么,1996 年 6,7,8 月的商品销售额预计将多少?

解

首先计算 1996 年的月平均预计销售额:

1996 年的月平均预计销售额 = 17 100 万元/12 = 1 425 万元

然后就可以计算各月的预测值:

6 月的预测值 = 1 425 万元×261.68% = 3 714.69 万元

7 月的预测值 = 1 425 万元×429.99% = 6 127.36 万元

8 月的预测值 = 1 425 万元×167.98% = 2 393.72 万元

上面用的季节变动指数是用全年比率平均法计算的,若用月平均法计算的季节变动指数进行预测,则操作步骤基本相同,预测结果相差不大。

②已知本年某月(季)的实际值,预测本年未来某月(季)的值或全年总值。若已知本年某月(季)的实际值,预测未来某月(季)的值,则可采用以下公式进行:

预测值 = 已知实际值×(预测月(季)的季节变动的指数/已知月(季)的季节变动指数)

仍以上例为例,若已知该公司 1996 年 1 月的销售额为 220 万元,试用月平均法的季节变动指数,预测 1996 年 7,8 月销售额。

解

根据公式有关数据有

1996 年 7 月的预计销售额 = 220 万元×(429.981%/15.782) = 5 994 万元
1996 年 8 月的预计销售额 = 220 万元×(167.015%/15.782%) = 2 342 万元

若已知本年某月(季)的实际值,要预测全年的总值,则可用以下公式

全年预测值＝已知月（季）的实际值×（1 200%（400%））/已知月（季）的季节变动指数）

仍以上例为例，请预测 1996 年的全年销售额。

解

根据公式及有关数据有

$$1996 年全年预计销售额＝220 万元×（1 200%/15.782%）$$
$$＝16 728 万元$$

9.5.2 考虑长期趋势的季节变动预测法

当时间序列中存在明显的长期趋势时，若忽略了它，用上面介绍的方法进行预测，则必定会造成很大误差，所以下面介绍几种常用的考虑长期趋势的季节变动预测法。

这几种方法在操作步骤上基本相同，主要不同之处在于季节变动指数的测定上。

1. 移动平均趋势消除法

移动平均趋势消除法，就是先将以 12 个月（如为季度资料，则以四季度）为期计算的移动平均数作为长期趋势予以消除，然后利用只包括季节变动和随机变动的时间序列来测定季节变动指数的方法。其预测方法与前述方法相同。

2. 平均数趋势消除法

平均数趋势消除法也称曲线配合趋势消除法，就是首先计算各年同月的平均数和趋势值，然后再将各月的平均数与趋势值相减和消除，计算出季节变差或季节变动指数的季节变动测定法。

3. 季节系数法

季节系数法是根据预测变量的长期发展趋势和各周期观测值相对于长期趋势线上估计值的变动规律来求得季节变动指数的方法。其具体操作步骤为：

1）建立线性趋势模型：当确定时间序列包含长期线性趋势时，就可以建立如下的一个线性模型：

$$\hat{X}_t = \hat{a} + \hat{b} \cdot t$$

然后，利用 *OLS* 法，或二次移动平均法，或二次移动平滑法等来估计模型参数。

2)计算各期趋势线上的估计值 X_i^* ，即利用上步求得的趋势方程来计算各期的趋势值。其计算公式为

$$X_i^* = \hat{X}_t = \hat{a} + \hat{b}t$$

3)求各期的季节系数，或称季节变动指数 S_i 。也就是利用各期观察值和上步求得的趋势值来求季节变动指数。其计算公式为

$$S_i = \frac{\text{第 } i \text{ 期观察值}(x_i)}{\text{第 } i \text{ 期趋势值}(x_i^*)}$$

式中　　S_i ——各期季节变动指数， $i = 1, 2, \cdots, n$ 。

4)求平均季节变动指数 $\overline{S}_i$ 。即计算观测期各年同月（季）的季节变动指数的算术平均数，其计算公式为

$$\overline{S}_i = \frac{\text{观测期各年同月（季）的季节变动指数之和}\left(\sum\limits_{i=1}^{n} S_i\right)}{\text{各年同月（季）数目}(n)}$$

若以月为时间单位，则 $i = 1, 2, \ldots, 12$ ；若以季节为时间单位，则 $i = 1, 2, 3, 4$ 。

思考题

9.1　简述时间系列分析预测法的基本原理。它的局限性是什么？

9.2　经济变量的时间序列包含哪些因素？

9.3　平均法有哪些类别？它们各有什么样的特点？

9.4　简单外推法和模型外推法的区别是什么？

9.5　什么是季节变动预测法？

第 *10* 章　因果分析预测法

228

　　在市场预测的定量方法中,因果分析预测法是与时间序列预测法不同的另一类预测方法。时间序列法侧重从时间轴来考虑预测对象的变化和发展,时间序列发展数学模型一般都是时间的函数。而因果分析预测法是一类从分析事物变化的因果联系入手,通过统计分析和建立数学模型揭示预测目标与其他有关的经济变量之间的数量变化关系,据此进行预测的方法,即把其相关因素的变化看做"因",把预测对象的变化看做"果",建立因果之间的数学模型,并根据相关因素的变化,推断预测对象的变动趋势。因果分析预测法最常用的有回归分析预测法和投入产出分析预测法。

　　所谓回归分析预测法,就是依据数理统计的回归分析理论和方法,找出因变量和自变量之间的依存关系,建立起一个回归方程用于预测的方法。回归分析预测法可分为一元回归预测法和多元回归预测法。

　　本章将分别介绍这两种方法。

10.1　一元回归分析预测法

　　一元回归分析预测法又称简单回归预测法。它是利用已有统计数据资料,建立起一个只含自变量的回归方程,并以这个自变量的一个已知值代入方程去预测该方程的因变量变动趋势的方法。一元回归方程可分为一元线性回归方程和一元非线性回归方程两类。前者在直角坐标系中的图像为一条直线;后者可以有很多类型,其图像为各种曲线。利用这两类回归方程进行预测的基本程序是相同的。所不同的只是求这两类方程参数的具体方法。我们先以一元线性回归方程为例,说明在市场预测中运用一元回归预测法的基本步骤和方法,目的是让这种方法易于为广大读者所掌握。

10.1.1　分析影响预测目标的相关因素,选定自变量

预测目标确定以后,首先要依据相关的经济理论和实践经验,在收集大量有关数据资料的基础上,通过理论分析和统计分析,找出影响预测目标发展方向和变化程度的各种因素。通过深入分析,弄清哪些因素是基本的,是起决定性作用的,哪些因素虽然不是主要的,但对预测目标有一定影响。利用一元回归预测法,必须在诸多因素中找出一个决定性的因素,作为自变量,例如要对桑塔纳轿车的销售量进行预测,就应选其价格作为决定性因素。因为根据市场需求—价格理论,一般商品的销售量随着价格的升高而下降;随着价格的下降而上升。其他因素,如人们的收入水平、该商品的替代品和互补品的价格等也会对该种商品的销售量产生影响,但这些并不是主要的影响因素,并不起决定性作用。

如果在影响预测目标的诸因素中,有两个以上的因素所起作用都相当重要,它们的作用方向和程度又不一致,就不宜采用一元回归预测法,而应考虑采用多元回归预测法。如某地区的轻工业发展一方面随着时间的推移而不断增长,另一方面又在很大程度上取决于当地的农业生产。因此应取农业总产值为第一自变量 X_1,取时间为第二自变量 X_2,因变量为轻工业总产值 Y。而不应只取时间或农业总产值为自变量进行一元回归。

229

10.1.2　建立回归模型,进行参数计算

自变量确定以后,可以根据自变量与因变量的历史数据,将自变量的数值与相应的因变量的数值组成数对,将这一系列的数对放在坐标平面上形成散点图,直观地判别其图像属于哪一种回归模型。如果图像近似一条直线,还可以试算自变量与因变量之间的相关系数;如果相关系数接近于1,就可判定两者的数据适用于拟合直线方程。

下面以体育场的可乐饮料摊为例来描述回归模型。摊主希望预测可乐的销售量,他确信气温是影响销售量的主要因素。按照回归术语,可乐的销售量为因变量,气温为自变量。

摊主将前一段时间积累的有关销售量与温度的数据在坐标平面上描成散点

图(见图10.1)。每一个点表示某天的气温及相应的饮料销售量。图中直线是尽可能接近这些散点的拟合。商贩能用这一直线进行预测。例如,若明天的气温为30 ℃,摊主能用图10.1预测出期望的销售水平为200箱。

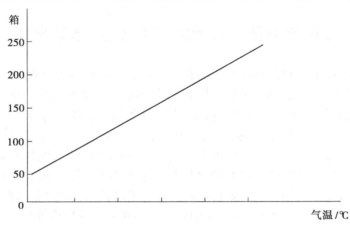

箱

图10.1 饮料销售量的图表分析

观测值一般并不恰好落在直线上,而是落在直线的周围,这表明气温并不是影响饮料销售量的惟一预测变量。可乐的销量可以因不同的原因而变动,例如,当比赛双方实力相当,战得不可开交时,观众会把注意力集中在赛场上,而忘却他们的口渴,从而影响饮料销量。假定摊主发现在10次预测中至少有9次饮料的实际销售量没超出按图上直线所得的预测量30箱以上,那么,如果他要有0.9的概率不致脱销,他的备货将包括30 ℃气温时所期望的200箱和额外的30箱,这30箱是他的误差差额。

回归分析的目的与摊主用图表预测的目的基本上是一致的。通过回归分析可以建立一条被称为回归线的直线与一个误差范围的度量。两者不同之处是回归分析以一种精确客观的方式进行。

根据图10.1,引进回归模型 $y = a + bx + e$,回归直线的方程为 $\hat{y} = a + bx$。其中,y表示预测目标即因变量的历史数据;a为常数;b为直线斜率;x表示自变量的历史数据。e为随机误差。对e的假设为:①e必须是随机变量且服从正态分布,这是考虑到假设检验而提出来的;②e的平均值为0,$\sum_{i=1}^{n} e_i = 0$;③e与总体有相同的方差;④e自身不相关;⑤e与x不相关。

显然 $e = y - \hat{y} = y - a - bx$(如图表10.2所示),其中:$\bar{x}, \bar{y}$分别为自变量和因

变量历史数据的平均值,称 $\sum (y_i - \bar{y})^2$ 为总变差,用 TSS 表示;称, $\sum (y_i - \hat{y}_i)^2 = \sum e_i^2$ 为剩余平方和。它表示在 TSS 中未被回归直线解释的部分,用 ESS 表示;称 $\sum (\hat{y}_i - \bar{y})^2$ 为回归解释变差,它表示在 TSS 中由回归解释了的部分,用 RSS 表示。可以证明有如下等式:

$$TSS = RSS + ESS$$

即

$$\sum (y_i - \bar{y})^2 = \sum (y_i - \hat{y}_i)^2 + \sum (\hat{y}_i - \bar{y})^2$$

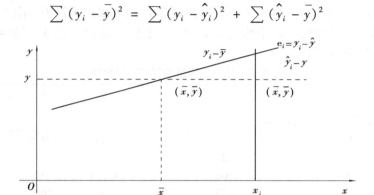

图 10.2 总变差的分解

为了使拟合的回归直线最具代表性,必须使观测点到直线的平均距离最小。因为 e_i 可正、可负,所以只需让 $\sum e_i^2$ 最小。即让

$$\sum (y_i - \hat{y}_i)^2 = \sum (y_i - a - bx_i)^2$$

最小,用这种思路去求回归模型中的参数的方法就是最小二乘法,这种方法有助于把着重点放在使大的离差最小化上。从而可以避免较大误差。

为使 $f(a,b) = \sum (y_i - a - bx_i)^2$ 最小,应用微积分中的极值原理,a,b 必须满足如下方程:

$$\frac{\mathrm{d}f(a,b)}{\mathrm{d}a} = -2 \sum (y_i - a - bx_i) = 0$$

$$\frac{\mathrm{d}f(a,b)}{\mathrm{d}b} = -2 \sum (y_i - a - bx_i) = 0$$

得

$$b = \frac{\sum_{i=1}^{n}(x_i - \bar{x})(y_i - \bar{y})}{\sum_{i=1}^{n}(x_i - \bar{x})^2}$$

$$a = \bar{y} - b\bar{x}$$

一些计算器里备有现成的回归程序,而且用于回归分析的许多计算机程序也很容易得到。因而只需把 x,y 的值和其他一些指令输入计算机或计算器就行了。尽管如此,了解一下计算步骤也是有益的,它可以加深对回归分析的了解。

表 10.1 的第(2),(3)栏列出了可乐销售量和气温的观测值,第(4)栏的平均值为协方差;第(5)栏的平均值为 x(气温)的方差;第(6)至(8)栏的数据将在本章的以后部分用到。

表 10.1　饮料销售量的样本回归分析

1	2	3	4	5	6	7	8
时期	销售量/箱	气温/℃					
1	215	30	75	9	625	204.5	110.5
2	167.5	21	135	36	506.25	161	42.5
3	260	35	560	64	4 900	229	961
4	245	42	825	225	3 025	263	324
5	235	37	450	100	2.25	238.5	32.25
6	105	20	595	49	7 225	156	2 601
7	97.5	8	1 757.5	361	8 556.25	97.5	0
8	135	17	550	100	3 025	141.5	42.5
9	200	35	80	64	100	229	841
10	240	25	−100	4	2 500	180.5	3 540.5
总和	1 900	270	4 927.5	1 012	32 487.5		8 474.5
总和/n	190	27	492.75	101.2	3 248.75		
符号							

于是 a 和 b 的值为

$$b = 492.75/101.2 = 4.87$$
$$a = 190 - 4.87 \times 27 = 58.5$$

则回归直线方程为

$$\hat{y} = 58.5 + 4.87x$$

现在,可用回归模型来预测可乐销售量,若由天气预报得知,明天比赛的气温为 35 ℃,则饮料的期望销售量为 58. 5 + 4. 87 × 35 = 229(箱)。

10.1.3　检验预测结果的可靠性并做出评价

如前所述,回归直线是使平均平方离差最小化的直线。标准误差是平均平方误差,或回归直线与因变量值间的平均平方误差。

标准误差:
$$SE = \sqrt{\frac{\sum (y - \hat{y})^2}{n}}$$

式中　$\hat{y}$——关于特定值 x 和 y 的期望值;

y——x 相应的实际值;

n——观测值的个数。

表 10.1 的第(7)栏为关于每一观测值 X 的 Y 的期望值,第(8)栏为 X 的 Y 期望值与实际值之差的平方,即剩余平方和 ESS。则

标准误差　　　$SE = \sqrt{8\ 474.5/10} = 29$

许多计算机程序给出了估计量的标准误差参考值,而不是标准误差本身。简单回归问题估计量的标准误差为

$$\sqrt{\sum (y - \hat{y})^2/(n-2)}$$

检验预测结果的可靠性可分为两方面:一方面是对回归方程中的自变量与因变量相关的密切程度以及自变量的变化能否解释因变量的变化进行统计检验,即依据数理统计理论,做出显著性检验。如 F 检验、相关系数 R 和可决系数的检验,以及 t 检验。这种检验可以在预测前进行,以判定回归方程是否适用;另一方面,是对所得预测结果的准确程度进行检验,确定置信区间。

1. F 检验

如前所述(图 10.2),总体变差 TSS 等于由回归直线解释了的部分 RSS 与未被解释的变差 ESS 之和,即 $TSS = RSS + ESS$,则 MS 越大,ESS 越小,回归直线与样本点拟合得越好。F 检验的目的在于判定回归方程在整体上是否显著成立。为此,考虑比值 RSS/ESS,RSS/ESS 越大,解释变量 x 对因变量 y 的解释程度越高,线性关系越显著,则可推断回归方程显著成立;反之,回归方程显著不成立。由此定义统计量 $F = (已解释的方差)/(未被解释的方差) = (RSS/1)/(ESS/n-2)$,即统计量服从显著性水平 α 下的第一自由度为 1,第二自由度为 $n-2$ 的 F 分布。关于自由度的直观解释请看本节后的附录。若 $F > Fa$,则回归方程显

著;反之,回归方程不显著。对表 10.1 所列有关饮料销售额的数据进行 F 检验,由于 $TSS = RSS + ESS$,则有

$$F = (TSS - ESS)/(ESS/n - 2) = (n-2) \times ((TSS/ESS) - 1)$$
$$= (10 - 2) \times ((32\ 487.5/8\ 474.5) - 1) = 22.67$$

当 $\alpha = 0.05$ 时,查第一自由度为 1、第二自由度为 8 的 F 分布表,可得 $Fa = 5.32$,由于 $F > Fa$,所以回归方程显著成立。

2. 可决系数 R^2 和相关系数 R 的检验

由于 $TSS = RSS + ESS$,所以 $1 = (RSS/TSS) + (ESS/TSS)$。显然,$RSS/TSS$ 越大(即 ESS/TSS 越小)越好,它越大就说明回归直线与样本拟合得越好。因此,定义样本拟合优度的可决系数为 $RSS/TSS = \sum (\hat{y} - \bar{y})^2 / \sum (y - \bar{y})^2$。

由表 10.1 的数据可以算出上例的可决系数为:

$$R^2 = RSS/TSS = 1 - ESS/TSS = 1 - 8\ 474.5/32\ 487.5 = 0.74。$$

说明回归直线与样本观测值拟合得比较好。即气温变化占饮料销售变化的 74%。R^2 常用于不同模型的比较,可决系数最高的模型被采纳。

相关系数是另一个被广泛采用的拟合优度的量,它是两个变量相关程度的度量,可按照 $R = \pm \sqrt{R^2}$ 计算出结果,也可以按照 $R = \sigma_{xy}/\sigma_x \sigma_y$ 得到。其中,σ_{xy} 为 x 与 y 的标准差;σ_x 和 σ_y 分别为 X 和 Y 的标准差。

由 $R = \pm \sqrt{R^2}$ 可得 $R = \pm \sqrt{0.74} = \pm 0.86$;或由表 10.3 的数据得 $R = \pm 492.75/\sqrt{101.2} \times \sqrt{3\ 248.75} = \pm 0.86$

尽管可决系数只是相关系数的平方,但两种度量方法提供了相互补充的依据。相关系数与可决系数不同,它可正、可负。正的相关系数意味着因变量与自变量以相同方向增减。因此,表 10.1 中的由左至右上升的线条表明相关系数为正。尽管相关系数的意义不如可决系数那样明显,但也有重要的参考价值。相关系数越接近 +1 或 -1,因变量与自变量拟合得就越好。

3. t 检验

适用于小样本($n \leqslant 30$),主要是检验参数 b 在某一显著性水平 α 上是否显著为零。其实质是检验 x 是否对 y 有显著影响。如 b 为零,则回归方程为 $\hat{y} = a$,说明 x 对 y 影响不显著,线性假定不成立。这就出现一个问题,以上在引进可决系数 R^2 或相关系数 R 时,曾介绍过两者的值的大小可以说明 x 与 y 的相关程度,这里又为什么还要通过检验 b 是否显著为零来进一步检验 x 对 y 是否有显著影响呢?原因在于任何两个没有因果关系或相关关系的经济变量之间,也可

能有很高的 R^2 或 R。例如我国农业净产值和俄罗斯工业总产值之间可以说没有任何关系,可决系数高达 0.999,这是因为这两个国家的经济指标随着时间的推移都在发展。因此,虽然对回归方程进行了拟合优度的检验,仍然要进行 t 检验。t 检验的公式为 $t = b/S_b$,其中 S_b 为回归系数 b 的标准差。计算公式为

$$S_b = SE \sqrt{\frac{n}{n-2}} \Big/ \sqrt{\sum (X - \overline{X})^2}$$

计算出 t 值以后,可以查 t 分布表(一般设 $\alpha = 0.05$),按表 10.1 的数据

$$S_b = 29 \times \sqrt{\frac{10}{10-2}} \Big/ \sqrt{1\,012} = 1.02$$

$$t = b/S_b = 4.87/1.02 = 4.78$$

而 $t_{0.58,8} = 2.31$,由于 $t > t_\alpha$,可知回归方程显著。

4. 置信区间

假定要选择一个置信范围,使每一个特定的 y 值落在该 y 的置信区间的概率为 90%,那么计算近似置信区间的常用公式为

$$置信区间 = \hat{y} \pm t_\alpha SE \sqrt{\frac{n}{n-2}}$$

其中的 t_α 可由 t 分布表查得,根据例中的数据 $t_\alpha = t_{0.1,8} = 1.86$。这样,饮料的销售量的近似置信区间范围为

$$\hat{y} \pm 1.86 \times 29 \sqrt{\frac{10}{8}} = \hat{y} \pm 60.5$$

从而说明饮料销售量落在回归线 ± 60.5 范围内的概率近似等于 0.9。本题用了 8 个自由度的 t 统计量,因为简单回归近似 t 统计量值的自由度是观测值个数减 2。尽管实际应用中广泛采用以上的公式计算近似的置信范围,但置信范围更为精确的计算公式为

$$\hat{y} \pm t_{0.05} SE \sqrt{\frac{n}{n-2}} \sqrt{1 + \frac{1}{n} + \frac{(x_0 - x)^2}{n\sigma^2}}$$

其中,x_0 为人们用于预测 y 的 x 值。气温为 35 ℃ 时更为精确到 0.9 的置信区间为

$$58.5 \pm 1.86 \times 29 \sqrt{\frac{10}{8}} \sqrt{1 + \frac{1}{10} + \frac{(35-27)^2}{10 \times 101.2}} = 58.5 \pm 65$$

10.1.4　简单回归预测应注意的问题

很显然,回归分析的最终目的是为预测做准备。但在运用回归分析进行预测之前,需要注意以下事项:

1)搜集数据的问题。进行回归预测需要有因变量和自变量的历史资料。本章中的例子用了各变量的 10 个观测值。这是个很小的数目,如果看一下 t 统计表就会发现:当观测值个数增加时,预测的置信区间会缩小。对于可乐饮料的预测问题,0.9 的置信区间的范围为 60.5。如果观测值个数由 10 增加到 30 个,自由度会由 8 增为 28,置信范围会从 ±60.5 缩小为 ±53.5,也就是说,占有的历史数据越多,预测就越准确。

此外,还需要有预测期的 x 的估计值,而且要尽可能准确。因为仅仅了解了轮胎厂的普通股票会随着橡胶厂的普通股票价格一起涨落,对预测下月轮胎厂的普通股票价格几乎没什么用处。因为不了解下月橡胶厂的普通股票的价格究竟是涨还是落,预测就转为针对橡胶厂的股票价格问题了。回头看一下会发现,置信区间是对一个既定的 x 值而言的。如果对于预测期的 x 是个估计值,则置信区间就会增大,会降低预测的精度。如果要预测的值超出建立回归模型所用的 x 值的范围较远,也会引起问题。例如,某天体育馆的气温异常,高达 50 ℃,由于该地从未有过 42 ℃ 以上的观测点,人们很少知道 50 ℃ 左右时会发生什么情况。那时人们可能不去体育场看比赛,而去海滨游泳。结果反而会导致可乐的销售量下降,而不是上升。时间的流逝也会给预测带来麻烦。往年存在的关系在以后的几年中可能不再成立。如果饮料摊主希望把预测扩展到未来的几年,它可能就不得不考虑胜队、负队及经济状况的影响。因而,要周期地检查回归模型,以搞清过去的关系是否依然成立。此外,当预测的时期水平变得较长时,就要考虑相关关系的稳定性。

2)自相关问题也会歪曲回归的效果。一元线性回归模型 $y = a + bx + e$ 的回归分析有一个假定,即误差 e 是一个正态随机变量,则 e 中不含与线性相关的因素。如果残差 $(y - \hat{y})$ 或 e_i 随时间显示出某种形态,就存在自相关。产生自相关的一些原因是惯性,这是大多数经济变量时间序列的一个显著特征。如消费函数不仅仅取决于本期的收入,而且也取决于以前时期的收入;再如在市场调节的情况下,某地区某种农作物的种植面积总与前一年的种植面积有关。也就是说,许多经济变量时间序列内部存在一种"惯性",即自相关现象。因此,对这种经

236

济变量的时间序列数据进行回归分析时,就不能认为随机项 e 的取值是相互独立的,这是产生 e 自相关的主要原因。

此外,在回归模型中,只包含一个或几个主要解释变量,而那些非主要的解释变量归并到 e 中去了,在这些被排除的解释变量中,有的可能存在自相关从而引起 e 的自相关;或者其中有的对因变量有主要影响,使 e 出现系统的形式,从而产生自相关。

正是由于上述原因,当 e 存在自相关时,应用最小二乘法估计式进行预测,会使置信区间变宽,降低了预测精度,使预测失去了意义。

这里有两种常用的检查方法:图示法和 *D-W* 检验法。图示法就是按时间序列顺序绘制 $e = f(t)$ 的图形,即画出随时间变化的图形,如图 10.3 所示。如果随时间变化呈现出有规律性的变化,则存在自相关;否则,不存在自相关。具体判断如下:

如果 $e_t = f(t)$ 的图形呈上升趋势(如图 10.3(a)所示)或成周期性趋势(如图 10.3(b)所示),即 e_t 随 t 的依次变化并不频繁地改变符号,而是几个正的之后再跟着几个负的,则 e_t 之间正相关,说明 e_t 存在正自相关。

如果 $e_t = f(t)$ 的图形呈下降趋势(如图 10.3(c)所示)或呈锯齿形(如图 10.3(d)所示),e_t 依次改变符号,则 e_t 之间负相关,说明 e_t 存在负自相关。

如果 e_t 随 t 的变化呈非系统形,则 e_t 之间独立,说明 e_t 不存在自相关(如图 10.3(e)所示)。图示法只能判断自相关是否存在,不能判断其具体形式及自相关的程度。

D-W 检验,即杜宾-瓦特森检验。它适用于检验误差项 e 具有一阶线性自回归形式的自相关问题,即

$$D\text{-}W = \sum_{t=2}^{n} (e_t - e_{t-1})^2 \Big/ \sum_{t=1}^{n} e_t^2$$

式中: $e_t = (y_i - \hat{y}_t)$。利用表 10.1 中的 y 及 $\hat{y}$ 的数据,计算出表 10.2 中可乐销售量 *D-W* 统计。

根据检验, *D-W* 统计量在 1.5~2.5 之间时,表示没有显著自相关问题。因而,从 *D-W* 统计量为 1.94 能得出没有自相关的结论。

利用变化量而不用总值来重建模型,通常能消除自相关。例如运用以下变量对饮料销售进行新的回归分析: y 表示从上周起饮料销售量的变化量; x 表示从上周起气温的变化量。

如果调整之后仍存在自相关,就有必要进行非线性回归。对回归方法可能产生的一些问题的讨论,并不能降低回归分析的有用性。只要运用适当,回归模

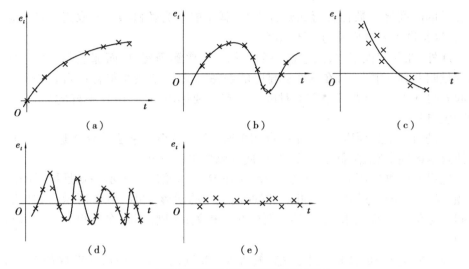

图 10.3　自相关与非自相关图形

型是一种极为有效的预测工具。

表 10.2　回归分析计算：饮料销售量

时期 T	销售量 /箱	气温 /℃	比分差	5	6	7	8	9	10
1	215	30	12	625	9	4	75	50	6
2	167.5	21	10	506.25	36	0	135	0	0
3	260	35	22	4 900	64	144	560	840	96
4	245	42	6	3 025	225	16	825	−220	−60
5	235	37	8	2 025	100	4	450	−90	−20
6	105	20	2	7 225	49	64	595	680	66
7	97.5	8	9	8 556.25	361	1	1 757.5	92.5	19
8	135	17	8	3 025	100	4	550	110	20
9	200	35	6	100	64	16	80	−40	−32
10	240	25	17	2 800	4	49	−100	350	−14
总数	1 900	270	100	32 487.5	1 012	302	4 927.5	1 772.5	71
总数/n	190	27	10	3 248.75	101.2	30.2	492.75	177.25	7.1
意义									

10.2　多元回归分析预测法

　　在 10.1 节中,以一元线性回归为例,介绍了用简单回归进行预测的基本原理与步骤,实际上一元回归只不过是回归分析中的特例,是对客观经济现象的高度抽象与简化。然而在复杂的经济现象中,某一个经济变量(Y)的主要影响因素(X)常不止一个,而是多个。例如,消费总额和货币供应量与国民生产总值等有关;某种商品的销售量不仅与居民的收入水平有关,且与该商品的价格、替代品的价格或互补品的价格以及储蓄金额等有关。这类例子举不胜举,这就提出了多元线性回归问题。

　　多元回归预测法是利用统计资料,建立起多元回归方程,以两个或两个以上的自变量代入方程,来估测另一个因变量(预测目标)的定量预测方法。多元是指两个或两个以上自变量对因变量的影响。多元回归也称多重回归、复回归。多元回归方程是用来表达一个因变量与多个自变量之间的相关关系及其变动规律性的一种数学模型。它可分为多元线性回归方程和多元非线性回归方程两类。多元回归方程中最简单的是二元线性回归方程,它可以在空间坐标上画出。三元以上的回归方程无法用图像表示,因而也不能从图像上直观识别一组自变量与因变量的数据适用于哪一种方程模式。

　　多元回归预测的原理、方法和步骤,与一元回归预测基本相同。只是在选定自变量和求解回归方程参数以及统计检验等方面要比一元回归预测复杂得多。

　　现以二元线性回归预测为例,着重说明建立多元回归方程时的自变量的筛选、回归方程参数的求法和统计检验等问题。

10.2.1　自变量的筛选

　　建立一个具有良好预测效果的多元回归方程,必须慎重地筛选自变量。某个市场变量往往受到许多因素(自变量)的不同程度影响,如果不加鉴别,把所有自变量选入回归模型,不但会加大工作量,而且会出现自变量之间高度线性相关的情况,以致降低预测结果的准确性。筛选自变量应当注意掌握好以下几点:①所选自变量必须对因变量有显著的影响;②所选自变量应该具有完整的统计数据资料,而且自变量本身的变动有一定的规律性,能够取得准确度较高的预测值,难以定量的因素在多元回归方程中一般不宜选入;③所选的自变量与因变量之间具有较强的相关性,具有经济意义和内在因果联系,而不是形式上的相关;④所选的自变量之间的相关程度不应高于自变量与因变量之间的相关程度。应当尽可能避免自变量之间高度线性相关以致发生多重共线性问题。

筛选自变量,首先要调查影响预测目标的各种因素及其影响程度,进行定性分析;要弄清哪些是主要因素可以考虑选为自变量,哪些是次要的因素可以忽略不计;同时要具体分析每个因素同预测目标是否确实存在着内在的必然联系。然后,初步选定若干个自变量,收集它们的统计数据资料,分别计算每个自变量的偏相关系数,并试算各自变量之间的相关系数。根据相关系数的计算结果,可以判定哪些自变量和因变量显著相关,应该选入;哪些自变量与因变量不相关或者某个自变量与另一个自变量高度线性相关,应该剔除。

逐步回归分析法可用于筛选自变量。这个方法的基本思路是:将偏回归平方和显著的自变量逐个地引入,每引入一个新的自变量,对原已选入的自变量逐个进行检验,发现偏回归平方和变为不显著的应予剔除。这种方法不必计算偏相关系数,因为每引入一回归方程中的每个变量都是显著的。这个方法计算复杂,一般要运用电子计算机计算。

240 10.2.2　参数的求法

在本章第一节中,介绍了某饮料商贩利用气温来预测体育场饮料的销售量,其模型为

$$饮料销售量(y) = a + b \times 气温(x) + e$$

借助历史数据,可以用回归分析估计回归系数,得:$a = 58.5$,$b = 4.87$。

假设商贩还意识到这样一个问题,当比赛一边倒时,观众就会比往常喝得多一些,因为这时观众就有时间注意到口渴,而不是把注意力集中在比赛场上。这样,他也许会决定利用比赛结束时比分差作为第二个自变量。从而其模型就变为

$$饮料销售量 = a + b_1 \times 气温 + b_2 \times 比分差$$

模型中可以包括进去的变量的个数是没有限制的。通常使用一个以上的自变量可以使预测精度大大提高。

正如简单回归的情况一样,多元回归所使用的公式也必须使自变量的观察值与估计值之间的均方差最小,即使 $\sum (y_i - \hat{y_i})^2 = \sum e_i^2$ 最小。

两个自变量之间的线性回归模型的形式如下:

$$y = a + b_1 x + b_2 z + e$$

回归线性方程为

$$\hat{y} = a + b_1 x + b_2 z$$

式中，e 为误差项，与前面讲的一元回归模型中误差项假设相同。

利用最小二乘法和极值原理，可以求出回归系数。回归线性方程中的参数 a, b_1, b_2 的值可通过以下公式计算

$$b_1 = \frac{\sigma_{zy}\sigma_{xz} - \sigma_{xy}\sigma_z^2}{\sigma_{xz}^2 - \sigma_x^2\sigma_z^2}$$

$$b_2 = \frac{\sigma_{xy}\sigma_{xz} - \sigma_{zy}\sigma_x^2}{\sigma_{xz}^2 - \sigma_x^2\sigma_z^2}$$

$$a = \overline{y} - b_1\overline{x} - b_2\overline{z}$$

表 10.3　回归分析计算（饮料销货量）

时期 T	销售量 /箱	气温 /℃	比分差	5	6	7	8	9	10
1	215	30	12	625	9	4	75	50	6
2	167.5	21	10	506.25	36	0	135	0	0
3	260	35	22	4 900	64	144	560	840	96
4	245	42	6	3 025	225	16	825	−220	−60
5	235	37	8	2 025	100	4	450	−90	−20
6	105	20	2	7 225	49	64	595	680	66
7	97.5	8	9	8 556.25	361	1	1 757.5	92.5	19
8	135	17	8	3 025	100	4	550	110	20
9	200	35	6	100	64	16	80	−40	−32
10	240	25	17	2 800	4	49	−100	350	−14
总数	1 900	270	100	32 487.5	1 012	302	4 927.5	1 772.5	71
总数/n	190	27	10	3 248.75	101.2	30.2	492.75	177.25	7.1
意义									

如前所述，σ_{xy} 是 x 和 y 的协方差，σ_z^2 是自变量 z 的方差。表 10.3 列出了饮料销售量、气温以及 10 场比赛结束时的比分差。第(5)栏到第(10)栏为计算回归模型提供了必要的总和。

利用这些数字可以进行参数的计算。

$b_1 = (177.25 \times 7.1 - 492.75 \times 30.2)/(7.1^2 - 101.2 \times 30.2) = 4.532\ 05$

$b_2 = (492.75 \times 7.1 - 177.25 \times 101.2)/(7.1^2 - 101.2 \times 30.2) = 4.803\ 7$

$$a = 190 - 4.532\,05 \times 27 - 4.803\,7 \times 10 = 19.597\,65$$

则回归线的方程为

$$y = 19.597\,65 + 4.532\,05x + 4.803\,72$$

若预计明天比赛时的气温为 35 ℃，体育节目播音员预计比分差为 8，那么，预测这次比赛的饮料销售量为 $y = 19.597\,65 + 4.532\,05 \times 35 + 4.803\,7 \times 8 = 216.5$（箱）。

应该注意，对于气温值的确定，与 10.1 节中使用相同数据所得到的简单回归系数是不一样的。多元回归考虑到各个自变量对因变量的共同影响，因此，不可能通过一系列的简单回归计算来建立多元回归模型。

使用两个或两个以上的自变量的多元回归，在概念上没有差别，都可根据最小二乘法和极值原理进行计算。只是对于三元以上的多元回归计算，若用手工是极其繁琐而且易出错的，所以需要使用计算机。下式是包括许多自变量的多元回归模型：

$$y = a + b_1 x_1 + b_2 x_2 + \cdots + b_n x_n$$

系数 b_1 至 b_n 一般通过把因变量和自变量的观察值输入计算机程序而求得。

10.2.3 检验预测结果的可靠性

在建立多元回归方程以后，也需要进行统计检验。一是检验因变量与多个自变量之间是否存在总的线性相关，即进行回归方程的显著性检验。如可决系数 RZ 和 F 检验；二是分别判别每个自变量对因变量影响的程度，也就是要对回归系数进行显著性检验，如 t 检验。

1. 标准误差

正如简单回归的情况一样，标准误差是对 y 值与模型估计值之间的离差的一种度量。它是计算置信区间估计值和其他拟合优度的度量的基础，其公式同简单回归是一样的，即

$$SE = \sqrt{\sum (y - \hat{y})^2 / n}$$

式中　n——观察值的个数，本例为 10。

用表 10.4 中的数据以得到其标准误差为：

$$SE = \sqrt{1\,653 / 10} = 13$$

把这个数据与由简单回归所获得的标准误差数字 29 相比，多元回归的标准误差小了一半多。在对准确性要求更高的预测中，就能表现出这种误差缩小的

好处。

表 10.4　拟合优度和德宾-沃森检验

1	2	3	4	5	6	7	8	9
时期	销售量/箱	气温/℃	比分差					
t	y	x	z					
1	215	30	12	625	213	2	4	
2	167.5	21	10	506.25	163	4.5	20.25	6.25
3	260	35	22	4 900	284	−24	576	812.25
4	245	42	6	3 025	239	6	36	900
5	235	37	8	2 025	225.5	−9.5	90.25	12.25
6	105	20	2	7 225	120	−75	225	600.25
7	97.5	8	9	5 556.25	99	−1.5	−22.5	182.25
8	135	17	8	3 025	135	0	0	2.25
9	200	35	6	100	2.7	−7	49	49
10	240	25	17	2 500	214.5	25.5	650.5	1 056.25
总数	1 900			42 487.5			1 653	3 620.75
总数/n	190			4 248.75				

2. 可决系数

多元可决系数(R^2)是由回归模型所解释的 y 值与其平均值的变差对总变差的百分比定义的,其公式同第一节中所讨论的简单可决系数一样:

$$R^2 = \frac{\text{已解释的变差}(RSS)}{\text{总变量}(TSS)} = 1 - \frac{SE^2}{\sigma_y^2}$$

注意:R^2 的取值范围都是$(0,1)$。如果 $R^2 = 1$ 表示回归直线或解释变量 $x_1 x_2 \cdots x_n$ 对于 y 的总变差做出了百分之百的解释,即完全拟合;而当 $R^2 = 0$ 时,表示未做出任何解释。不过 R^2 取值范围一般在$(0,1)$内,当 R^2 的值越接近 1 时,即 $R^2 \geqslant 0.9$ 称回归方程拟合优度良好;R^2 越接近于 0,拟合优度越差。

表 10.4 列出了计算可决系数所需要的有关销售量的数据。第(6)栏列出了与每组 x, z 值相对应的 y 的估计值;第(7)栏列出了实际值 y 与其估计值的离差值;第(8)栏列出了$(y - \hat{y})$的平方;第(5)栏列出了 y 值与其平均值的离差。由此得出可决系数为

$$R^2 = 1 - 13^2 / 4\ 248.75 = 0.948$$

由此可见,此回归模型解释了饮料销售的变差的 94.8%,而简单回归模型只解释了饮料销售量差的 74%。就多元回归可决系数而言,多元相关系数是多

余的。它不带正、负号，只是可决系数的平方根，它并不提供任何新信息。

3. 回归方程的显著性检验（F 检验）

可以用统计量 F 检验线性回归方程在整体上是否显著成立。

$$F = \frac{\sum_{i=1}^{n}(\hat{y}_i - \bar{y})^2/K}{\sum_{i=1}^{n}(y_i - \hat{y}_i)^2/n-k-1} = \frac{RSS/K}{ESS/n-k-1}k,(n-k-1).$$

即统计量 F 服从第一自由度为 K，第二自由度为 $n-K-1$ 的 F 分布。根据选定检验水平 α（一般设 $\alpha=0.05$）得到临界值为 F_α。如果统计量 $F > F_\alpha$，说明线性假定有效，自变量与因变量有线性关系，即回归方程中所含自变量足以解释因变量的变化；若 $F \leqslant F_\alpha$，则认为线性回归方程显著不成立。由表 10.4 的数据可得

$$F = \frac{RSS/K}{ESS/n-k-1} = \frac{(TSS-ESS)/K}{ESS/n-k-1} = \left(\frac{TSS}{ESS}-1\right)\frac{n-k-1}{K}$$

$$= \left(\frac{42\ 487.5}{1\ 653}-1\right) \times \frac{7}{2} = 86.46$$

又 $F_{2,7,0.05} = 4.74$，可见 $F > F_\alpha$，所以线性回归方程显著成立。

4. 回归系数的显著性检验

回归系数的显著性检验一般采用 t 检验，逐个检验回归系数的显著性。其实质是检验每个解释变量 x 对 y 的影响是否显著，若某个 x 对 y 的影响显著，就应该将该解释变量 x 从模型中剔除，重新建立更为简单的回归模型或更换解释变量，以便提高预测精度。t 检验的步骤为：

第一步，计算剩余标准差 S_y。计算公式为

$$S_y = \sqrt{Q/(n-p-1)}$$

其中，$Q = \sum_{i=1}^{n}(y_i - \hat{y}_i)^2$；$n$ 为观测值的个数；P 为自变量的个数。

第二步，计算 $\sqrt{C_{ii}}$ 的值：

C_{ii} 是多元线性回归标准方程系数矩阵的逆矩阵对角线上第 i 个元素。

第三步，计算统计量 t_i 的值，计算公式为

$$t_i = b_i/S_y\sqrt{C_{ii}}$$

第四步，对给定的检验水平 α（通常 $\alpha=0.05$）查自由度为 $n-p-1$ 分布表得到临界值 t_α。若 $|t_i| \geqslant t_\alpha$ 时，回归系数 b_i 有显著意义，应保留回归方程；否则，应去掉 x_i，重新建立回归方程。

5. 区间估计

近似置信区间的估计方法同简单回归相类似。其置信区间公式为

$$置信区间 = \hat{y} \pm t_p SE \sqrt{n/(n-k)}$$

其中,n 是观察值的个数;k 是包括因变量在内的变量的个数;t_p 是自由度为 $n-k$ 的 t 统计量数值表中的数值。以饮料销售为例,假设所要的是这样一个范围,使得实际销售落于其中的概率为 0.9,那么,就可以使用自由度为 7 的 $tM5$ 值,此值由 t 统计表得 1.895,从而概率为 0.9 时饮料销售量的置信区间为

$$\hat{y} \pm 1.895 \times 13 \times \sqrt{10/(10-3)} = \hat{y} \pm 29.5$$

这是一个很大的改进,因为就简单回归模型而言,概率为 0.8 的置信区间为 ± 60.5。

10.2.4 运用多元回归进行预测时应注意的问题

1)与简单回归所需的条件一样,多元回归模型要想提供良好的预测效果,就必须考虑到许多因素。如必须掌握回归变量和自变量的历史数据,同时还需掌握预测用的自变量的值。在预测远期目标时,必须谨慎,因为变量之间过去存在的关系可能现在不再继续存在。若预测期的自变量值显著异于历史预测值,也必须谨慎。自变量所有可能值的影响也许是不稳定的。表 10.4 不包括比分差大于 22 的观察值。比如,比分差为 50 时,观众可能回家而不去饮料摊了。

2)自相关是多元回归和简单回归所共有的问题。正如简单回归的情况一样,可用德宾-沃森统计量作为一种检验指标:

$$D - W = \sum_{t=2}^{n} (e_t - e_{t-1})^2 / \sum_{t=1}^{n} e_t^2$$

式中

$$e_t = \sum (y_i - \hat{y}_i)$$

就饮料的销售量问题而言,表 10.4 中的第(8)栏和第(9)栏是计算德宾-沃森统计量的基础:

$$D\text{-}W = 3\,620.75/1\,653 = 2.19$$

采用前面提出的经济法则,若德宾-沃森统计量在 1.5 和 2.5 之间,则表明不存在显著的自相关问题。

如果发生了自相关问题,通常是通过对所有的原始数据进行差分来消除它:y 为对前期的饮料销售量的变化量;x_1 为对前一期温度的变化量;z 为对前一期

（第一次比赛）比分之差的变化。然后用这些变量代替原始变量,进行多元回归分析。

3）多重共线性是多元回归中出现的问题,简单回归中并不存在这个问题。由于这个自变量提供了鉴别不同因素的信息,因此假定各自变量同其他自变量之间是无关的。例如,假定把比赛进行到下半时的比分差和比赛结束时的比分差作为两个自变量,则两者中的每一个都是比分的接近程度的度量,它们可能存在相关关系。这种关系会导致建立错误的回归模型以及得出令人误解的结论。为了避免这个问题,有必要对包括进去的自变量之间的相关与否进行检验。如同前面讨论的一样,任何两个自变量 x 和 z 之间的相关系数:

$$R_{xz} = \frac{\sigma_{xz}}{\sigma_x \sigma_z}$$

利用表 10.3 中的数据,自变量 x 和 z 间的相关系数为

$$R_{xz} = 71/\sqrt{1\ 012} \times \sqrt{302} = 0.13$$

可以认为 x 和 z 之间不存在明显的相关性。

当使用许多自变量时,通常把它们的相关系数列在一个相关矩阵中(见表10.5),该表表明一个有用性质:即各个自变量和因变量相关系数大,而各个自变量之间的相关系数小。若某两个自变量之间高度相关,就有必要把其中一个自变量从模型中删去。

表 10.5　饮料销售量相关矩阵

	Y	X	Z
Y	1.00	0.86	0.56
X		1.00	0.13
Z			1.00

如果不能确定哪些自变量应包括在变量内,那么就可能利用所考虑的所有变量来建立一个相关矩阵,这样就能识别与因变量高度相关的那些因素(正、负不论),但自变量之间不能互相高度相关,能引起多重共线性的自变量必须删去或替换。这种检查相关矩阵的方法对回归模型的改进是一种极大的帮助。

最后,一旦用回归分析进行预测后,就需要定期、适时地修正该回归模型,以弄清楚原来的关系是否仍然存在。

10.2.5 自回归预测

在上述回归预测方法中,探讨了自相关的检验问题以及如何避免自相关的问题。但有时也要利用自相关分析,即利用预测目标的历史时间数列在不同时期的取值之间存在的依存关系,建立起回归方程进行预测。回归分析中因变量和自变量的数据分别来自不同的历史数列。而自回归中的因变量和自变量的数据是取自同一时间数列的。因变量通常选取原来的时间数列,或原时间数列最近时期的一组数据,自变量数列可以选出一组,也可以选出若干组,用原来的时间数列,向过去逐期推移取得。

在社会经济现象中(包括市场上商品的供求状况),如果某个经济变量在变化过程中具有周期性变动的规律性或者前后时期的变动模式大体相同,往往可以利用自回归预测方法进行预测。由于这个方法中的自变量数列取自预测目标的时间数列,因此,预测期的自变量就是自变量数列的下一期的数值,在原时间数列中可以取得,不必另行预测。

自回归预测法的步骤为:

1. 整理时间数列资料,编制自相关数列

根据预测目的的要求对预测目标的月度、季度或年度时间数列资料编制因变量数列和自变量数列。因变量数列的期数(即项数),可以根据时间数列所反映的周期变动的规律性来确定。例如按月编制的时间数列,可用本年 1 至 12 月的数列作为因变量数列;按季度编制的时间数列,可用本年第一季度至第四季度的数列作为因变量数列。自变量数列可用原时间数列向后逐期推移取得,它的期数(即项数)必须同因变量数列相同。

2. 选定自回归模型

首先要计算出各个自变量数列的自相关系数。自相关系数的计算方法和一般相关系数的计算方法相同。自相关系数绝对值的大小,表明各个自变量数列与因变量数列之间相关性的密切程度。

一般来说,自相关系数较大的自变量数列,可用来拟合自回归模型,根据自相关系数的计算结果,可以只选择一级自变量数列,也可以选择若干组自变量数列。

自回归模型可以是线性的,也可以是非线性的。如果自回归模型中只有一个变量,称为一阶自回归模型;有两个自变量的,称为二阶自回归模型。在市场

预测中常用的是一阶和二阶自回归模型。一阶非线性回归模型有指数曲线模型、二次曲线模型、双曲线模型等,一般不常用。

一般来说,n 阶自回归模型为

$$y_t = b_0 + b_1 y_{t-1} + b_2 y_{t-2} + \cdots + b_n y_{t-n} + e$$

式中　y_t——因变量;

y_{t-1},y_{t-2},y_{t-n}——向后推移一期、两期和 n 期的自变量;

b_0,b_1,$b_2 \cdots b_n$——待定系数;

e——随机误差与前面回归分析模型中的误差项的假设相同。

自变量数列选定以后,可以同因变量数列组成一系列数对,画出散点图,判定两者应拟合何种自回归模型。如果直观判断无法确定,可以先选定若干模型进行试测,并采用内插方法,计算出标准误差,以标准误差最小者作为正式预测模型。

3. 估计参数,建立预测方程进行预测

线性自回归模型参数通常用最小平方法推算的公式估计,和一般线性回归模型的参数估计方法完全相同。

利用自回归方程进行预测时,预测期的自变量就是自变量数列的下一期数值,在原时间数列中可以找到,现举例如下:

例如,已知某地 1991 年至 1993 年蔬菜销售量如表 10.6 所示,试预测 1994 年第一、第二季度蔬菜销售量。

表 10.6　某地蔬菜销售量表　　　　　　单位:吨

季节	1991 年	1992 年	1993 年
第一季度	12.5	13	13.5
第二季度	5.5	6	6.5
第三季度	6	7	7.5
第四季度	8	9	10
合计	32	35	37.5

解

第一步,要根据表 10.6 的数据编制表 10.7 的自相关数列。

表 10.7　自相关数列表

年份 甲	季度 乙	销售量 /t(1)	因变量数列 y_t(2)	自变数量列						
				后推一季 y_{t-1}(3)						
1991 年	第一季度	12.5								12.5
	第二季度	5.5							5.5	5.5
	第三季度	6						6	6	6
	第四季度	8					8	8	8	8
1992 年	第一季度	13				13	13	13	13	
	第二季度	6			6	6	6	6		
	第三季度	7			7	7	7	7		
	第四季度	9		9	9	9	9			
1993 年	第一季度	13.5	13.5	13.5	13.5	13.5				
	第二季度	6.5	6.5	6.5	6.5					
	第三季度	7.5	7.5	7.5						
	第四季度	10	10							

第二步,先计算各个自变量的自相关系数,计算结果列表 10.8。

表 10.8　自相关数列表

年份 甲	季度 乙	销售量 /t(1)	因变量数列 y_t(2)	自变数量列						
				后推一季 y_{t-1}(3)						
1991 年	第一季度	12.5								12.5
	第二季度	5.5							5.5	5.5
	第三季度	6						6	6	6
	第四季度	8					8	8	8	8
1992 年	第一季度	13				13	13	13	13	
	第二季度	6			6	6	6	6		
	第三季度	7			7	7	7	7		
	第四季度	9		9	9	9	9			
1993 年	第一季度	13.5	13.5	13.5	13.5	13.5				
	第二季度	6.5	6.5	6.5	6.5					
	第三季度	7.5	7.5	7.5						
	第四季度	10	10							

上表第(5)栏中的自相关系数,是根据 R 的计算公式求得。

例如,1993 年的因变量数列 此处是图形 t 与向过去推移 4 季度的自变量数列的自相关系数,正如以前所讲的公式那样:

$$R = \frac{\sigma y_{t-4} y_t}{\sigma y_{t-4} \sigma y_t}$$

式中 $\sigma y_{t-4} y_t$ ——自变量 y_{i-4} 与因变量 y_t 的协方差;

σy_{i-4} 与 σy_t ——自变量 y_{t-4} 与因变量 y_t 的标准差。

计算该相关系数所用的数据如表 10.9 所示。则

$$R = 7.218\ 75 / (\sqrt{7.187\ 5} \times \sqrt{7.296\ 875}) = 0.997$$

用同样的方法可以计算出 1993 年各季度销售量与向过去推移 1 季、2 季……及 8 季的销售量的自相关系数。

表 10.9 自相关系数计算表

季度	向过去推移 4 季的销量 y_{t-4}								
甲	(1)	(2)	(3)	(4)	(5)	(6)	(7)	(8)	(9)
第一季度	13	4.25	18.062 5	13.5	4.125	17.015 623	17.531 25	13.64	−1.03
第二季度	6	−2.75	7.562 5	6.5	−2.875	8.265 625	7.906 25	6.61	−1.73
第三季度	7	−1.75	3.062 5	7.5	−1.875	3.515 625	3.281 25	7.62	−1.56
第四季度	9	0.25	0.062 5	10	0.625	0.390 625	0.156 25	9.63	+3.74
合计	35		28.75	37.5		29.187 5	28.875		
合计/n	8.75		7.187 5	9.375		7.296 875	7.218 75		

250

从图表中可见,向过去推移 4 季和 8 季的与 1993 年各季度销售量自相关系数为 0.997,0.989,比其他自变量数列的自相关系数高,而且呈现强度相关。因此,可以选用自变量数列 $y_{t-4} y_{t-8}$ 与因变量数列 y_t 拟合为一阶线性自回归模型:

$$y_t = b_0 + b_1 y_{t-4} + e$$

即

$$\hat{y} = b_0 + b_1 y_{y-4}$$

或二阶线性自回归模型:

$$y_t = b_0 + b_1 y_{y-4} + b_2 y_{t-6} + e$$

即

$$\hat{y}_t = b_0 + b_1 y_{y-4} + b_2 y_{t-6}$$

第三步,估计参数,建立预测方程并进行预测。

现根据上述数据资料,确定拟合 y_{t-4} 与 y_{t-8} 的一阶线性自回归模型和二阶线性自回归模型,并用最小平方法估计参数,建立联立方程。

(1)建立一阶自回归方程并进行预测:

根据表10.9前几栏的数据,运用一阶线性回归方程参数的求法可得

$$b_1 = \frac{\sigma_{xy}}{\sigma_x^2} = \frac{\sigma y_{t-4} y_t}{\sigma_{t-4}^2} = \frac{7.218\ 75}{7.187\ 5} = 1.004\ 3$$

$$b_0 = \bar{y} - b_1 \bar{x} = 9.375 - 1.004 \times 8.75 = 0.586\ 95$$

则预测方程为

$$\hat{y}_t = 0.586\ 95 + 1.004\ 3 y_{t-4}$$

用上述方程推算出来的理论值与实际值的误差率为 + 3.74%,最小为 − 1.03%(见表10.9的第(9)栏),精度相当高。现以1993年第一季度的销售量13.5吨推算 y_{t-4} 的自变量数列在下一季度的销售量预测值,则有:

$$\hat{y}_{t+1} = (0.586\ 95 + 1.004\ 3 \times 13.5)\ t = 14.145\ t$$

同理,以1993年第二季度的销售量 6.5 t,推算自变量数列在下一期的数值,代入 y_{t-4} 即可预测出1994年第二季度的销售量。

(2)建立二阶线性自回归方程:

$$\hat{y}_t = b_0 + b_1 y_{t-4} + b_2 y_{t-8}$$

利用最小平方法推导标准方程为

$$\begin{cases} \sum y_t = n b_0 + b_1 \sum y_{t-4} + b_2 \sum y_{t-8} \\ \sum y_t \cdot y_{t-4} = b_0 \sum y_{t-4} + b_1 \sum y_{t-4}^2 + b_2 \sum y_{t-8} y_{t-4} \\ \sum y_t \cdot y_{t-8} = b_0 \sum y_{t-8} + b_1 \sum y_{t-4} Y_{t-8} + b_2 \sum y_{t-8}^2 \end{cases}$$

列出数据计算图表,如表10.10所示。

用表10.10的合计数代入上述三个标准方程得

$$37.5 = 4 b_0 + 35 b_1 + 32 b_2$$

$$557 = 35 b_0 + 335 b_1 + 309.5 b_2$$

$$329.5 = 32 b_0 + 309.5 b_1 + 286.5 b_2$$

解上面的联立方程式得

$$b_0 = 0.042\ 2, b_1 = 1.575\ 5, b_2 = -0.556\ 6$$

得预测方程为

$$\hat{y} = 0.042\ 2 + 1.575\ 5\ y_{t-4} - 0.556\ 6 y_{t-8}$$

以 y_{t-4} 和 y_{t-8} 的销售量代入上述二阶自回归方程推算而得的 1993 年各季度的理论值与实际值的误差率如表 10.10 所示。

表 10.10　二阶线性自回归方程计算表

季度	向过去推移 4 季的销量 /t y_{t-4}	y_{t-4}^2	向过去推移 8 季的销量 /t y_{t-8}	y_{t-8}^2	$y_{t-4} \cdot y_{t-8}$	1993 年销量/t y_t	$y_t - 4 y_t$	$y_t - 8 y_t$
第一季度	13	169	12.5	156.25	162.5	13.5	175.5	168.75
第二季度	6	36	5.5	30.25	33	6.5	39	35.75
第三季度	7	49	6	36	42	7.5	52.5	45
第四季度	9	81	8	64	72	10	90	80
合计	35	335	32	286.5	309.5	37.5	357	329.5

252

1993 年某地蔬菜销售量,用二阶自回归方程推算而得的理论值与实际值误差率最大为 -3.07%。现以 1993 年第一季度销售量 13.5 t(即 y_{t-4} 的自变量数列一期的数值)和 1992 年第一季度销售量 13 t(即 y_{t-8} 的自变量数列一期的数值)代入预测方程,可得 1994 年一季销售量的预测值为:

$$\hat{y}_{t+1} = (0.042\ 2 + 1.575\ 55 \times 6.5 - 0.556\ 6 \times 6)\ t = 6.935\ t$$

同理,以 1993 年第二季度销售量 6.5 t,1992 年第二季销售量 6 t 代入预测方程,可得 1994 年第二季度预测值为:

$$\hat{y}_{t+2} = (0.042\ 2 + 1.575\ 5 \times 6.5 - 0.556\ 6 \times 6)\ t = 6.935\ t$$

自回归方程及其系数的统计变量和置信区间问题与前面介绍的回归方程检验方法一样,这里不再重复。

思考题

10.1 简述因果分析预测法与时间系列预测法的区别。

10.2 市场预测中,一元回归预测法的基本步骤是什么?

10.3 运用多元回归进行预测时应注意什么问题?

第 *11* 章　市场资讯系统

　　由于企业时常处于动态、发展的市场环境之中,随着技术进步步伐的加快、竞争压力的增大以及消费者期望值的不断提高,使得企业的管理和营销需要详细、准确、及时的信息支持。一个完善的市场资讯系统的建立,能够很好地满足企业营销和管理的这一需求。

254
　　市场调查与市场预测是建立企业市场资讯系统的基础。只有通过市场调查与市场预测,才能了解市场的状况、把握市场的变化趋势,从而增强企业的应变能力,开展有效的营销活动。

11.1　市场环境信息

　　市场环境信息是指与企业所处的市场的各种经济活动和相关环境有关的数据、资料、情报的统称,它反映了市场活动和环境的变化、特征及趋势等情况。

　　市场环境信息主要包括与企业营销活动有关的经济、政治、法律、社会文化、人口、技术和自然等方面的信息。

　　我们可以把市场环境分成企业的微观环境和宏观环境。宏观环境因素与微观环境因素共同构成多因素、多层次、多变的企业市场营销环境的综合体。

11.1.1　企业微观环境

　　微观环境指与企业紧密相连,直接影响企业营销能力的各种参与者,包括企业本身、市场营销渠道企业、顾客、竞争者以及社会公众。微观营销环境是指和企业营销活动发生直接联系的外部因素,直接影响与制约企业的营销活动,多半与企业有着或多或少的经济联系,也称直接营销环境,又称作业环境。

正是由于微观营销环境对组织营销活动发生着直接作用,使组织必须认真研究微观营销环境各个部分。

市场营销观念突出强调顾客对企业发展的决定作用,把顾客需要放在最重要的位置,但这并不意味着组织可以忽视其他环境因素的影响。实际上,微观营销环境所有因素构成了一个整体,相互作用,相互制约,任何一部分的关系处理不好,都会最终影响到组织对顾客需要的满足和组织目标的实现。

1. 企业内部

企业内部环境是指企业内部组织划分和层级以及非正式组织所构成的整体。企业内部环境不仅强调组织的正式和非正式结构,更强调组织成员的协作关系。

企业内部环境是企业市场营销环境的中心。企业在进行营销活动时,首先必须设立某种形式的营销部门,让它负责主要的营销工作,但同时,营销部门不是孤立存在的,它还面对着其他职能部门以及高层管理部门。企业营销部门与财务、采购、制造、研究与开发等部门之间既有多方面的合作,也存在争取资源方面的矛盾。这些部门的业务状况如何,它们与营销部门的合作以及它们之间是否协调发展,对营销决策的制定与实施影响极大。高层管理部门由董事会、总经理及其办事机构组成,负责确定企业的任务、目标、方针政策和发展战略。营销部门在高层管理部门规定的职责范围内做出营销决策,市场营销目标是从属于企业总目标,并为总目标服务的次级目标,营销部门所制定的计划也必须在高层管理部门批准后实施。

在人员构成上,市场营销部门一般由企业主管市场营销的副总经理、销售经理、推销人员、广告经理、营销研究与计划以及定价专家等组成。营销部门在制定和实施营销目标与计划时,不仅要考虑企业外部环境力量,而且要充分考虑企业内部环境力量,争取高层管理部门和其他职能部门的理解和支持。

2. 市场营销渠道

任何一个企业在其经营过程中,都会与各类资源的供应者和各类营销中介进行协作。为企业经营提供各种营销服务的外部组织,包括资源供应商、营销中介机构和营销辅助商,这类组织被称做市场营销渠道。

市场营销渠道信息主要包括市场上同类产品分销渠道的种类,不同渠道的

255

特点及优劣,各渠道成员的关系及各自的实力,渠道的未来发展趋势等。

企业能否在动态的市场环境中与这些营销服务机构建立起稳定、有效的协作关系,对于企业任务与目标的最终完成具有重要影响。

3. 顾客

顾客是指企业销售产品或提供服务所针对的对象,也是企业营利的源泉。顾客需要是影响组织营销活动最重要的因素,是营销活动的出发点和归宿。企业的一切营销活动都应以满足顾客的需要为中心。因此,顾客是企业最重要的微观环境因素。企业通过营销活动创造顾客价值,使得顾客满意,从而实现企业的生存和发展。按顾客的需求的不同来对市场进行分类,最有助于开展市场营销活动。

各类市场都有其独特的顾客,他们有着不同的需求,所以要求企业以不同的方式提供相应的产品和服务,从而影响企业营销决策的制定和服务能力的形成。

4. 竞争对手

市场竞争信息包括企业所处市场的竞争特点,其中包括直接和间接竞争对手的多方面情况。如,竞争对手的营销战略和策略,市场份额和地位,对企业营销活动的反应等等。

企业不可能独占市场。即使在某一市场上只有一个企业在提供产品或劳务,如果考虑到替代产品,则企业也会存在广义上的竞争对手,因此,企业面对形形色色的竞争对手在所难免。企业竞争对手的状况将直接影响企业的营销活动,企业要成功,必须在满足消费者需要和欲望方面比竞争对手做得更好。

市场营销过程中,一般是根据对消费者购买决策过程的分析,来识别一个企业所面对的竞争者的。大体来说,一个企业在市场上所面对的竞争者主要有以下几类:

1)愿望竞争者。指提供不同产品以满足不同需求的竞争者。消费者的需要是多方面的,但很难同时满足,在某一时刻可能只能满足其中的一个需要。消费者经过慎重考虑做出购买决策,往往是提供不同产品的厂商为争取该消费者成为现实顾客竞相努力的结果。

2)属类竞争者。指提供不同产品以满足同一种需求的竞争者。属类竞争是决定需要的类型之后的次一级竞争,也称平行竞争。例如,消费者为锻炼身体准备购买体育用品,他要根据年龄、身体状况和爱好选择一种锻炼的方法,是买羽毛球拍和羽毛球,还是买游泳衣,或是买钓鱼竿,这些产品的生产经营者的竞争,将影响消费者的选择。

3)产品形式竞争者。指满足同一需要的产品的各种形式间的竞争。同一产品,规格、型号不同,性能、质量、价格各异,消费者将在充分收集信息后做出选择。如购买彩电的消费者,要对规格、性能、质量、价格等进行比较后再做出决策。

4)品牌竞争者。指满足同一需要的同种形式产品不同品牌之间的竞争。如购买彩电的顾客,可在同一规格的各种进口品牌彩电以及国产的长虹、海尔、康佳、TCL 等品牌彩电之间做出选择。

5)公众。公众是指对一个组织实现其目标的能力有实际的或潜在的兴趣或影响的任何团体。由于企业的营销活动必然会影响公众的利益,因而,政府机构、融资机构、媒介机构、群众团体、地方居民等公众必然会关注、监督、影响、制约企业的营销活动。所有的企业都必须采取积极措施,树立良好的企业形象,力求保持和主要公众之间的良好关系。一般来说企业面对的公众主要有以下几种类型:融资公众、媒介公众、政府公众、社团公众、社区公众、一般公众和内部公众等。

11.1.2　企业宏观环境

宏观环境是指对微观环境发生影响的一系列巨大的社会力量,主要包括人口、经济、政治法律、科学技术、社会文化及自然生态等因素。

宏观环境一般以微观环境为媒介去影响和制约企业的营销活动,在特定场合,也可直接影响企业的营销活动。企业和它们的供应商、营销服务企业、顾客、竞争者和公众,都在这样一个宏观环境中运作,争取机会,应对挑战。宏观环境被称作间接营销环境。宏观营销环境因素是组织难以影响和控制的,但是组织必须监视它和对其变化做出反应。

1. 人口环境

人口是构成市场的第一位因素。市场是由有购买欲望同时又有支付能力的人构成的,人口的多少直接影响市场的潜在容量。从影响消费需求的角度,对人口因素可作如下分析:

(1)人口规模

一个国家或地区的总人口数量多少,是衡量市场潜在容量的重要因素。对企业而言,应该准确掌握市场的人口数量,这有利于准确判断市场潜力,对于消费品厂商这一点尤其重要。因为消费品是以个人或家庭为主要消费者,因此人口数量是计算市场潜力的基础。

（2）年龄结构

随着社会经济的发展,科学技术的进步,生活条件和医疗条件的改善,平均寿命大大延长。人口年龄结构的变化趋势是,许多国家人口老龄化加速;出生率下降。这些都将引起市场需求变化。

（3）地理分布

人口在地区上的分布,关系市场需求的异同。居住在不同地区的人群,由于地理环境、气候条件、自然资源、风俗习惯的不同,消费需求的内容和数量也存在差异。

（4）家庭构成

家庭是社会的细胞,也是商品采购和消费的基本单位。一个市场拥有家庭单位和家庭平均成员的多少,以及家庭组成状况等,对市场消费需求的数量和需求结构,都有十分重要的影响。

家庭组成指一个以家长为代表的家庭生活的全过程,也称家庭生命周期,按年龄、婚姻、子女等状况,可以把一个家庭的发展过程划分为以下几个阶段:未婚期,年轻的单身者;新婚期,年轻夫妻,没有孩子;满巢期一,年轻夫妻,有六岁以下的幼童;满巢期二,年轻夫妻,有六岁和六岁以上儿童;满巢期三,年纪较大的夫妻,有已能自立的子女;空巢期,身边没有孩子的老年夫妻;孤独期,单身老人独居。

与家庭组成相关的是家庭人数,而家庭平均成员的多少又决定了家庭单位数,即家庭户数的多少。

（5）人口性别

性别差异也会带来消费需求的差异,因为不同性别的人在购买习惯与购买行为上有着很大的差别。一般说来,在一个国家或地区,男、女人口总数相差并不大。但在一个较小的地区,如矿区、林区、较大的工地,往往是男性占较大比重,而在某些女职工占极大比重的行业集中区,则女性人口又可能较多。由于女性多操持家务,大多数日用消费品由女性采购,因此,不仅妇女用品可设专业商店销售,很多家庭用品和儿童用品也都纳入妇女市场。

2. 经济环境

经济环境是指企业市场营销活动所面临的社会经济条件及其运行状况和发展趋势。下面将从宏观和微观两方面来对经济环境进行分析。

（1）微观经济环境

微观经济环境是指从消费者个体出发来考虑消费者购买力的组成和发展。主要包括消费者的收入、支出、储蓄和信贷等内容。

1)消费者的收入。市场消费需求指人们有支付能力的需求。仅仅有消费欲望,有绝对消费力,并不能创造市场。只有既有消费欲望,又有购买力,才具有现实意义。因为,只有既想买,又买得起,才能产生购买行为。在了解消费者收入时我们应该明确下面几个概念以及它们之间的联系与区别:

①个人收入。指城乡居民从各种来源所得到的收入。各地区居民收入总额,可用以衡量当地消费市场的容量;人均收入多少,反映了购买力水平的高低。

②个人可支配收入。是指从个人收入中,减除缴纳税收和其他经常性转移支出后,所余下的实际收入,即能够作为个人消费或储蓄的数额。这一部分收入才对市场上购买行为的发生具有实际意义。

③可任意支配收入。在个人可支配收入中,有相当一部分要用来维持个人或家庭的生活以及支付必不可少的费用。只有在可支配收入中减去这部分维持生活的必需支出,才是个人可任意支配收入,这是影响消费需求变化的最活跃的因素。

由于经济发展有阶段上的变化、地区间的差异,不仅不同时期、不同地区和不同阶层的消费者收入存在差异,而且在相同时期的不同地区、不同阶层的消费收入也是有差异的。据我国统计数字表明,近几年北京、上海、广州等大城市及东南沿海开放地区的收入水平较高,购买力较强,和西部地区相比,这些地区是奢侈品销售的主要区域。

2)消费者的支出。消费者的支出主要从两方面来考虑:消费者支出模式和消费结构。收入在很大程度上影响着消费者支出模式与消费结构。随着消费者收入的变化,支出模式与消费结构也会发生相应变化。

研究表明,消费者支出模式与消费结构,不仅与消费者收入有关,而且受以下因素影响:家庭生命周期所处的阶段;家庭所在地址与消费品生产、供应状况;城市化水平;商品化水平;劳务社会化水平;食物价格指数与消费品价格指数变动是否一致等。中国近几年推进住房、医疗、教育等改革,个人在这些方面的支出增加,无疑影响恩格尔系数的变化。

(2)宏观经济环境

企业的市场营销活动还要受到一个国家或地区经济发展状况的制约;在经济全球化的条件下,国际经济形势也是企业营销活动的重要影响因素。宏观经济环境对市场营销活动的影响主要来自于两方面:经济发展阶段和经济形式。

1)经济发展阶段。经济发展阶段的高低,直接影响企业市场营销活动。经济发展阶段高的国家和地区,着重投资于精密、自动化程度高、性能好的生产设备;在重视产品基本功能的同时,比较强调款式、性能及特色;大量进行广告宣传

259

及营业推广活动,非价格竞争较占优势;分销途径复杂且广泛,制造商、批发商与零售商的职能逐渐独立,小型商店的数目下降。美国学者罗斯托的经济成长阶段理论,把世界各国的经济发展归纳为五种类型:传统经济社会;经济起飞前的准备阶段;经济起飞阶段;迈向经济成熟阶段;大量消费阶段。凡属前三个阶段的国家称为发展中国家,而处于后两个阶段的国家称为发达国家。

2)经济形势。是指国际、国内的经济形势。国家、地区乃至全球的经济繁荣与萧条,不仅对企业市场营销都有重要的影响,而且问题还在于,国际或国内经济形势都是复杂多变的,机遇与挑战并存,企业必须认真研究,力求正确认识与判断,相应制定营销战略和计划。

3. 自然环境

企业在进行营销活动时还要考虑对其所处的自然环境进行保护的问题。要意识到营销活动要受自然环境的影响,应对自然环境的变化负有责任。营销管理者当前应注意自然环境面临的难题和趋势,如很多资源短缺、环境污染严重、能源成本上升等,因此,从长期的观点来看,自然环境应包括资源状况、生态环境和环境保护等方面,许多国家政府对自然资源管理的干预也日益加强。人类只有一个地球,自然环境的破坏往往是不可弥补的,企业营销战略中实行生态营销、绿色营销等,都是维护全社会的长期福利的必然要求。例如,在20世纪90年代中后期,中国政府强行关闭了大量造成严重环境污染的小纸厂,使一些企业的生存受到了很大的威胁,但是,企业必须意识到,威胁和机会是并存的,企业顺应政府和民众环境保护的呼声,将给企业带来巨大的营销机会。

4. 政治法律环境

(1)政治环境

政治环境指企业市场营销的外部政治形势。政府的方针、政策,规定了国民经济的发展方向和速度,也直接关系到社会购买力的提高和市场消费需求的增长变化。对国际政治环境的分析,应了解"政治权力"与"政治冲突"对企业营销活动的影响。政治权力影响市场营销,往往表现为由政府机构通过采取某种措施约束外来企业,如进口限制、外汇控制、劳工限制、绿色壁垒等等。政治冲突指国际上的重大事件与突发性事件,这类事件在和平与发展为主流的时代从未绝迹,对企业市场营销工作影响或大或小,有时带来机会,有时带来威胁。

(2)法律环境

法律环境指国家或地方政府颁布的各项法规、法令和条例等。法律环境对市场消费需求的形成和实现,具有一定的调节作用。企业研究并熟悉法律环境,既保证自身严格依法管理和经营,也可运用法律手段保障自身的权益。

各个国家的社会制度不同,经济发展阶段和国情不同,体现统治阶级意志的法制也不同,从事国际市场营销的企业,必须对有关国家的法律制度以及有关的国际法规、国际惯例和准则进行学习研究,并在实践中遵循。

5. 科学技术环境

科技的发展对经济发展有巨大的影响,不仅直接影响企业内部的生产和经营,还同时与其他环境因素互相依赖、互相作用,给企业营销活动带来有利与不利的影响。例如,一种新技术的应用,可以为企业创造一个明星产品,产生巨大的经济效益;也可以迫使企业的一种成功的传统产品,不得不退出市场。新技术的应用,会引起企业市场营销策略的变化,也会引起企业经营管理的变化,还会改变零售商业业态结构和消费者购物习惯。

当前,世界新科技革命正在兴起,生产的增长越来越多地依赖科技进步,产品从进入市场到市场成熟的时距不断缩短,高新技术不断改造传统产业,加速了新兴产业的建立和发展。值得注意的是:高新技术的发展,促进了产业结构趋向尖端化、软性化、服务化,营销管理者必须更多地考虑应用尖端技术,重视软件开发,加强对用户的服务,适应知识经济时代的要求。

6. 社会文化环境

261

社会文化主要指一个国家、地区的民族特征、价值观念、生活方式、风俗习惯、宗教信仰、伦理道德、教育水平、语言文字等的总和。文化对企业营销的影响是多层次、全方位、渗透性的。主体文化是占据支配地位的,起凝聚整个国家和民族的作用,是由千百年的历史所形成的文化,包括价值观、人生观等;次级文化是在主体文化支配下所形成的文化分支,包括种族、地域、宗教等。

文化对市场营销的影响是多方面的,对所有营销的参与者都有着重大影响。它不仅影响企业营销组合,而且影响消费心理、消费习惯等,这些影响多半是通过间接的、潜移默化的方式来进行的。这里择要分析以下几方面:

1)教育水平。教育程度不仅影响劳动者收入水平,而且影响着消费者对商品的鉴别力,影响消费者心理、购买的理性程度和消费结构,从而影响着企业营销策略的制定和实施。

2)宗教信仰。人类的生存活动充满了对幸福、安全的向往和追求。在生产力低下、人们对自然现象和社会现象迷惑不解的时期,这种追求容易带着盲目崇拜的宗教色彩。沿袭下来的宗教色彩,逐渐形成一种模式,影响着人们的消费行为。

3）价值观念。价值观念指人们对社会生活中各种事物的态度和看法。不同的文化背景下，价值观念差异很大，影响着消费需求和购买行为。对于不同的价值观念，营销管理者应研究并采取不同的营销策略。

4）消费习俗。消费习俗指历代传递下来的一种消费方式，是风俗习惯的一项重要内容。消费习俗在饮食、服饰、居住、婚丧、节日、人情往来等方面都表现出独特的心理特征和行为方式。

5）消费时潮。由于社会文化多方面的影响，使消费者产生共同的审美观念、生活方式和情趣爱好，从而导致社会需求的一致性，这就是消费时潮。消费时潮在服饰、家电以及某些保健品方面表现最为突出。消费时潮在时间上有一定的稳定性，但有长有短，有的可能几年，有的则可能是几个月；在空间上还有一定的地域性，同一时间内，不同地区时潮的商品品种、款式、型号、颜色可能不尽相同。

以上信息的获得，可以通过系统、持续而规范的市场调查获得。

11.2　市场营销资讯系统的含义及构成

262

11.2.1　市场营销资讯系统的含义

市场营销资讯系统（marketing information system，又称营销信息系统）是由从事收集、整理、分析、评估、报告和分配营销信息的人员、设备和程序构成的一个系统。

市场营销资讯系统的功能是及时、准确地向有关管理人员提供营销信息，以便根据内外部环境的变化制定、执行、调整和评估市场营销计划和活动，为市场营销管理人员改进市场营销计划、执行和控制工作提供依据。市场营销资讯系统将数据加以转换，并通过市场营销信息流程传导给管理人员。管理人员依据这些数据制定各种计划、方案，由此形成的各种数据又通过市场营销沟通流程回到环境。

11.2.2　市场营销资讯系统的构成

营销资讯系统可以分为四个子系统，即内部报告系统（internal accounting

system)、市场营销情报系统(marketing intelligence system)、市场营销调研系统(marketing research system)、市场营销分析系统(marketing management science system),如图 11.1 所示。

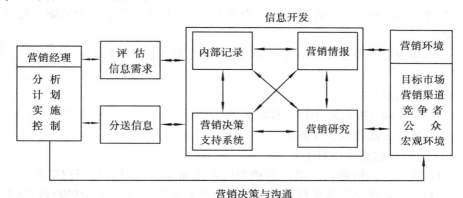

信息开发

图 11.1 营销资讯系统

1)内部报告系统。该系统的主要任务是向管理人员提供有关销售、成本、存货、现金流程、应收账款等各种反映经营现状的信息。市场营销管理人员必须以产品、地区、推销员为基础进行分类,并深入分析有关目前与过去销售及成本的信息。

常用的内部记录信息来源包括:

——财务报表

——生产、发货、存货

——销售记录

——售后服务记录

——客户反馈意见

表 11.1 某移动公司顾客的构成

客户类型	划分依据	占总数比例	占总收入比例
高端客户	月话费大于 500 元	6%	25%
较高端客户	月话费 300～499 元	14%	24%
中端客户	月话费 150～299 元	15%	15%
较低端客户	月话费 50～149 元	58%	34%
最低端客户	月话费低于 50 元	7%	2%

如表 11.1 所示,若要了解某移动公司顾客的构成,就可以从顾客缴费记录

来获得。

2）市场营销情报系统。指市场营销管理人员用以了解有关外部环境发展趋势的信息的各种来源与程序。借助该系统，将环境最新发展的信息传递给有关的管理人员。企业一般比较重视普查数据、各企业统计数据及市场研究这三个方面。

营销情报是一种有关营销环境发展的每日信息，其主要来源有：

——政府

——公司雇员

——供应商、中间商、零售商和顾客

——各种出版物和新闻媒体

——其他（包括竞争对手）

3）市场营销调研系统。市场营销调研系统主要任务是收集、评估、传递管理人员制定决策所必需的各种信息。企业管理人员常常请求市场研究部门从事市场调查、消费者偏好测验、销售研究、广告评估等工作。研究部门的工作主要侧重于特定问题的解决，即针对某一特定问题正式收集原始数据，加以分析、研究，写成报告供最高管理层参考。

作为针对某一具体营销问题所专门进行的研究，可由企业自己进行或雇佣专门的市场研究公司进行。

营销调研系统将大量运用市场调查与预测的方式、方法，相关原理详见后面有关章节。

4）市场营销分析系统。市场营销分析系统的任务是从改善经营或取得最佳经营效益的目的出发，通过分析各种模型，帮助市场营销管理人员分析复杂的市场营销问题。该系统包括一些先进的统计程序和模型，借助这些程序和模型，可以从信息中发掘出更精确的调查结果。

日常性营销信息的处理、分析、解释与分送通常由营销信息系统中的营销决策支持系统完成。营销决策支持系统（marketing decision support system，MDSS）是由有关数据、分析处理技术和相关软、硬件构成的一个系统，其任务是收集、处理、分析和解释有关数据，为营销行动提供决策依据。

11.2.3　企业市场资讯系统的内涵与特点

与传统手工处理系统相比较，现代企业市场信息系统有如下方面的特点：

1）系统性。市场信息系统从系统的角度解决企业营销所需要的信息，并把系统的问题放在整体中处理,力求达到整个系统的优化。它对企业内部的购、销、调、存业务信息和企业外部市场信息进行统一搜集与管理,以实现市场信息管理整体最优化。

2)连续性。和手工处理不同,现代市场信息系统不是间歇的、断续的行销研究活动,是就企业全部市场信息连续作业的系统。

3)高效性。现代计算机强大的运算能力,大大增强了对市场信息的处理速度和处理范围,它不仅计算准确、传递及时、效率极高;而且能够对信息进行综合、分析和加工提炼,保证了信息的质量,提高了使用效果。

4)适应性。企业市场信息系统是一个开放系统,它要不断地从外部市场和营销环境中输入各种信息,经过加工处理,提供给营销经理。计算机的使用加速了这一过程,使企业可以迅速根据市场情况变化,调整营销策略,提高了企业应变能力。

5)预测性。企业市场信息系统是未来导向的,它不仅仅是收集和处理历史数据,还要预测营销中的问题和发现营销中的机会;不仅要评价环境,还要预测环境。

11.3 市场营销资讯系统设计

现代市场营销管理人员已成为上述四个子系统的受益者。他们所面临的主要难题是,在众多的信息堆里如何抽出足够的时间去从事计划、决策活动。许多管理人员面临着信息负荷过重的问题,以致无法阅读应该全部读完的数据。许多信息系统在设计方面最容易出现的错误,就是没有考虑到管理人员能否有效地使用众多的信息。

11.3.1 信息的获得

管理人员在获取信息方面所表现出来的作风是有明显差别的。所谓获取信息的作风是指管理人员决定收集何种数据、以何种方式收集以及需要多少信息。市场营销资讯系统的设计人员、市场营销人员以及购买人员,在为市场营销资讯系统投资之前,必须慎重地考虑该系统的利用率问题,以便做到物尽其用。

通过营销资讯系统的工作图(图11.2)我们可以看出,营销调研系统和营销情报系统从组织外部获取信息,经分类处理后形成营销信息储存在营销信息数据库内;内部报告系统从企业内部信息资源获得有关信息,经相应处理后也储存在营销信息数据库内。营销调研系统、营销情报系统和内部报告系统三个系统也可能会利用原本储存在数据库中的一些资源,所以它们与营销信息数据库的联系为表示信息双向流动的双箭头。

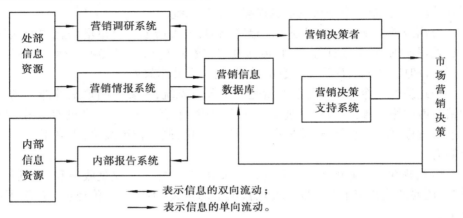

图 11.2　营销资讯系统工作图

营销决策者直接或者在决策支持系统的帮助下利用营销数据库中的信息做出市场营销决策,这些营销决策涉及营销战略及策略的所有方面,它们的内容及执行情况与营销决策支持系统提供的信息一样,也被储存在营销信息数据库中以备今后使用。

11.3.2　理想的市场营销资讯系统

一个理想的市场营销资讯系统一般应具备如下素质:

(1)它能向各级管理人员提供从事工作所必需的一切信息。

(2)它能够对信息进行选择,以便使各级管理人员获得与他能够且必须采取的行为有关的信息。

(3)它提供信息的时间限于管理人员能够且应当采取行动的时间。

(4)它提供所要求的任何形式的分析、数据与信息。

(5)它所提供的信息一定是最新的,并且所提供的信息的形式都是有关管理人员最易了解和消化的。

11.3.3　设计一个使用者导向的营销资讯系统

要建立一个适用的市场信息系统,并不是一件简单的事。市场信息系统的功能涉及销售、会计、财务和管理控制,以及电子数据处理等部门的活动,因此市场信息系统的建立必须取得营销管理人员、市场研究人员、财务和管理人员、统计人员、系统分析师、程序设计员等的密切合作,而企业主管人员的支持更是第一位的。

一般来说,企业市场信息系统的开发要经过可行性研究、系统分析、系统设计、系统实现等步骤。

1. 企业市场营销资讯系统的分析

任何一个企业市场资讯系统的开发,都必须首先明确该系统要"干什么",要"解决什么问题"。

系统分析包括初步调查、可行性分析、明确要求、信息分析、建立模型等步骤,具体如下所述:

(1)初步调查

初步调查的内容包括:查清企业的组织机构及各个部门所承担的业务工作;调查企业内外部的人、财、物的状况;根据调查情况,确立要开发企业市场资讯系统的目标;此外还要调查与系统开发有关的背景材料。

(2)可行性分析

通过掌握系统开发的背景,应对系统是否已具备开发的条件做出判断。可行性分析通常从以下几个方面进行:

1)组织架构的适应性。企业开发市场资讯系统,将与若干职能部门的业务工作密切相关,可能还会涉及适当调整原有的组织机构,一定程度上改变人们长期已习惯的工作方式。因此,有关职能部门及有关人员的积极配合就显得十分重要,适当的沟通与培训以提高组织的适应性也很有必要。

2)经济上的可行性。开发市场信息系统,企业必然要投入一定的人、财、物,那么这个系统能否给企业带来经济效益,则是企业十分关心的问题。经济可行性分析,是说服企业建立该系统的必要环节。不仅要对开发系统企业所必须投入的资源与该系统所产生的经济效益进行直接的比较,还要充分考虑企业若能及时获取市场信息,在竞争中占有优势,会给企业生存与发展带来什么样的影响。

3)技术上的可行性。主要讨论企业开发市场信息系统,要实现系统目标可能采用的硬件设备和软件技术。要对企业已采用和将采用的技术以及企业外部的各种技术、硬设备进行分析评价。

（3）明确要求

在可行性分析通过之后，就要对企业内部、外部环境进行详尽的分析，明确系统的要求。系统应主要明确以下四个方面的要求：

1）基本要求。了解原有系统的业务流程、环境条件、组织状况、资源配置等具体情况；确定各个部门所涉及的各种信息的来源和流向；确定各部门业务活动处理过程的时间限制和容量等，并在此基础上画出现行系统流程图。

2）营销部门的信息处理要求。

3）营销管理人员的决策要求。

4）全公司的要求。指把市场信息系统放在企业管理信息系统内部，来自其他子系统的信息要求。

（4）信息分析

常见的分析工作主要有信息流程分析、数据分析、功能分析等。数据分析采用数据流程图、数据字典、数据规范化、数据立即存取图等工具和方法；弄清市场信息系统中各类数据的属性、数据的存储要求、数据的查询要求等，并给予定性和定量的描述和分析。

信息分析建立在业务调查的基础上，对所得到的大量材料，要进行整理、分类、汇总、分析和归纳。

信息分析一般分为功能分析和信息流程分析两个部分。功能分析采用决策树、决策表、结构式语言等工具和方法，对数程图中的基本功能单元进行描述和分析，找出处理原则后，根据流程图得到全局数据流程图和系统的功能树。信息流程分析包括数据流程图的正确性和完整性检查、现行系统不合理信息流程的检查以及信息流程的变化分析等。

（5）建模

有了上述分析结果，就可以根据用户要求，确定新的逻辑需求，拟定和建立市场信息系统的逻辑模型。

2. 企业市场营销资讯系统的设计

系统设计阶段是企业市场信息系统开发的第二个阶段。其任务是根据系统分析阶段建立的市场信息系统的逻辑模型转化为物理模型，对系统中各个组成部分进行具体的设计。包括结构设计、代码设计、输入输出设计、数据库文件设计、模块设计。

（1）结构设计——导出系统结构图

系统模块结构设计又称系统控制结构设计或结构设计,它对系统内部进行层次分解,即划分系统的模块结构,并确定模块的调用和模块之间数据流和控制流的传递关系。设计方法的选择对系统的性能将产生至关重要的影响。

结构化设计方法是系统设计方法中最重要的一种,它是在数据流程图的基础上利用变换分析和事务分析两种手段建立系统结构的。变换分析适用于变换型结构。变换型结构是一种线性结构,它可以明显地划分为输入、处理和输出三部分,其核心是如何将输入数据转换为输出数据;事务分析适用于事务型结构。事务型结构是接受一项事务,然后根据事务的类型决定执行某一事务处理,或者说某一处理将其所有的输出分解成一串平行的数据流,然后选择后面的某个处理予以执行。

企业市场信息系统中销售分析子系统常常需要将信息分门别类加以整理。如按日期、按地区、按顾客、按产品进行销售统计,以便进行销售分析。

（2）代码设计

设计合理的代码体系对提高系统的处理效率及提高市场信息的使用价值将产生积极影响。

在代码设计中,要求代码具有识别性,即惟一性,以区别于其他事物;要求代码具有分类性,即可按照一定的规则进行分类以便进行存储和检索。代码的种类很多,常见的有顺序代码、分类代码、区段代码、考键代码、助忆代码、组合代码等。

市场信息系统中要用到的各种代码,都应在分析研究的基础上取得统一,并适当考虑到系统将来可能的扩展。另外还要考虑企业已经习惯使用的代码。

（3）输入输出设计

输入输出设计是整个市场信息系统与人对话的接口设计,这部分设计的好坏,直接影响到市场信息系统运行时,使用者的方便与否,一个功能很强的系统会由于输入不方便或输出结果不直观被弃之不用。

输入设计必须在保证输入数据的准确性和可靠性的同时做到输入简单、直观、清晰。输入系统应具有各种排错功能。在设计的过程中,应尽量保持和接近原有系统的习惯。

输出设计包括打印报表、输出文件和屏幕显示输出的设计。一般要求报表和屏幕显示格式简明,美观,符合习惯。

（4）数据库文件设计

数据库文件是数据存储的基本形式,数据库文件的设计本着可靠性、安全性、方便性的原则来进行。

数据库文件设计包括研究数据项内容、类型、长度;确定哪些数据项组织到同一个数据库文件中;确定文件的组织形式是顺序文件还是索引文件,若是索引文件还要确定其关键字。另外,还要确定哪些文件应是长期储存的文件,哪些文件是中间过程文件。

在文件设计中,应遵循数据库结构的规范化原则,减少重复和冗余,节省内存空间,提高系统运行效率。

(5)模块设计

系统设计的关键是模块设计。系统是由可操作的若干模块构成,每个模块应尽可能的独立、功能明确,它们可以单独地进行维护、修改和调试,而不影响系统的其他部分。

在完成上述内容之后,要写出系统设计报告。在保证实现逻辑模型的基础上,应尽可能地提高系统的各项指标,即系统的运行效率、可靠性、可修改性、灵活性、通用性和实用性。

3. 企业市场信息系统的实施

系统设计完成以后,信息部门的任务就是把市场信息系统变成可以用于实际工作的系统。这个阶段的任务有计算机软、硬件购买安装;编写并调试专用软件;编写技术说明书与用户使用说明书;培训用户及操作员;系统测试及系统转换直至验收。

(1)程序编写与调试

程序编写一般由专业程序员执行。程序员根据系统设计员在系统设计报告中给出的系统描述进行程序设计和编写,一般按照结构化程序设计思想,由上而下逐个模块进行编程。

一般要先绘制结构化流程图,在编制中间要注意规范化、标准化,严格按照软件工程规范进行。这样,当系统程序发生改动时,易于维护。

编程完成后,必须进行调试。调试通过,就可以编制系统技术说明书和使用说明书。

(2)人员培训

人员培训包括两方面内容:训练系统操作员和培训用户。

任何信息系统中,人是最主要的,企业市场营销资讯系统也不例外。要使市场营销资讯系统能够成功地运行,所有和系统有关系的人都应该了解系统能为他们提供什么服务,以及他们每个人应当对系统提供什么内容,承担什么责任。

对于操作人员,还要求他们了解系统的工作原理,能够熟悉操作系统本身,从而能够正确运行和使用企业市场营销资讯系统。

（3）调试

调试工作分为计算机系统的调试和系统总调试两大阶段。

在程序员将各自编制的程序单独调试成功后，由有关系统分析员分别组织程序的联调，这就是计算机系统的调试。整个系统是按功能细分的，若干子程序组成一个功能子系统。因此，计算机系统的调试也就是各个子系统的分调和联调。通过分调，可以保证子系统内部控制关系和数据处理内容的正确性和测试各模块的运行效率。在各子系统分调基础上进行的联调，通过主控模块和调度程序检测来往的通路的参数传递的正确性，发现和解决资源调度中的问题。

在计算机系统调试基础上，进行系统总调试。系统的总调试不仅包括计算机过程，也包括人工过程和操作环境。系统总调试最终实现了新系统的逻辑设计和物理设计。

（4）系统的转换

系统的转换是指从原有的人工管理系统到计算机系统的转换。新系统研制通过后，并不能立即投入运行，还存在着新老系统交替的问题。平稳而又可靠地进行人工系统与计算机系统的交接，是系统转换的任务。

（5）系统的验收

系统转换完成之后，全部系统开发阶段的任务即告完成。经过一段时间的试运行，用户要对整个市场信息系统进行正式验收。

系统的验收是系统开发人员向用户的正式移交，是用户对新系统的认可。系统验收应依据原定的各项系统目标进行评价。只要用户确认，就可以进行验收。系统投入正常的运行。

4. 注意事项

在设计一个先进的营销资讯系统时，企业应避免下列最易犯的错误：

第一，避免创建一个提供信息过多的信息的系统。当营销经理们面对大量的销售统计资料或其他来源的信息时，往往会无所适从，他们可能要么置之不理，要么陷入费时费力的数据"消化"事务之中。

因此，先进的营销资讯系统，要做到避免信息繁杂，应当有所过滤并重点突出。

第二，避免过于仓促的反应。如果信息即时性太强，可能导致营销经理们对市场上短期、暂时的现象反应过度。如在销售量一时下降的情况下，营销经理可能会匆忙作出新的举措；面对竞争对手的活动，可能过于快速做出反应等等。

营销资讯系统的设计要求，是为制定关键的营销决策提供所需要的数据，建立更合理、更科学的营销资讯系统。一个企业在决定其营销资讯系统的资讯量

271

之前,需要对企业内部的营销人员——产品经理、销售经理、销售代表等进行访问调查。通常可向营销人员提出一组如表 11.2 所示的有价值的问题,进而确定他们对于资讯的需求。

表 11.2　关于确定营销资讯需要的调查表

1. 哪些类型的决定是你经常做出的?
2. 作出这些决定时,你需要哪些类型的信息?
3. 哪些类型的信息是你所经常得到的?
4. 哪些类型的专门研究是你定期所要求的?
5. 哪些类型的信息是你现在想得到而未得到的?
6. 哪些信息是你想要在每天、每周、每月、每年得到的?
7. 哪些杂志和贸易报道是你希望能定期阅读的?
8. 哪些特定的问题是你希望经常了解的?
9. 哪些类型的数据分析方案是你希望得到的?
10. 对目前的市场营销系统,你认为可以实行的四个最有助于改进的方法是什么?

思考题

11.1　什么叫市场环境信息?微观环境信息和宏观环境信息各包含什么内容?

11.2　市场营销资讯系统由哪四个部分构成?它们在系统中各自承担什么任务?

11.3　简述如何设计一个使用者导向的营销资讯系统。

11.4　设计一个先进的营销资讯系统,应注意哪些问题?

第 *12* 章　市场调查与预测的新发展

　　近年来,我国市场调查与预测工作取得了令人瞩目的进展,从事市场调查与预测工作的专门机构,犹如雨后春笋般涌现。促成市场调查与预测鼎盛的原因,一方面是由于市场竞争的日趋激烈,企业要发展,必须对内外的环境与发展趋势有着清晰的认识;另一方面是由于调查与预测技术的成熟,电脑的运用,使调查与预测结果的正确性不仅得到了有效的保障,而且还具有相当的权威性。

　　可以说,市场调查与预测已经成为所有企业生存和发展非常重要的一环,是企业制胜的利器。

12.1　市场调查与预测发展趋向

　　总体而言,市场调查与预测的发展趋于系统化、专一化与整合化。

12.1.1　系统化

　　市场营销资讯系统的建立,是市场调查与预测系统化运用的重要例证。市场调查与市场预测系统化趋向,是指市场调研主体为全面了解市场的状况而对市场的各个方面进行的系统、全面的调研与预测。这种系统性调研和预测涉及市场的各个方面,提供的信息能够全面地反映市场的全貌,有助于市场调研与预测主体正确了解和把握市场的基本状况。

　　行业(趋势)研究市场调查与市场预测系统化发展趋向的又一个典型代表。

由于行业（趋势）研究涉及的面广,以单个企业独力承担比较困难,不但需要投入相当多的人力物力,费时费钱,对调研人员的要求也相对要高。因此,行业（趋势）研究等系统性研究往往由政府统计部门、行业协会、专业调查公司等组织实施。其成果一般面对行业内所有企业。

目前,我国各行业发展趋势的系统研究方兴未艾,是市场调查与预测的重要发展趋向。

12.1.2　专一化

专一化发展趋向表现为各种专题性的市场调研（简称专题调研）蓬勃发展。市场调研主体为解决某个具体问题,往往对市场中的某个方面进行深入、细致的调研。

这种市场调研具有组织实施灵活方便、所需人力物力有限、对调研人员的要求相对低些的优点。但是,它也存在提供的信息具有某种局限性,过于偏重微观状况,市场调研主体无法仅凭此全面了解市场。在许多情况下,当企业或其他市场调研主体面临某些涉及面有限的具体问题需要作出决策,只要所提供的信息能保证满足决策所需,专题调研就是合理的选择。

事实上,企业进行的多数市场调研是专题性的调研,不过随着市场竞争的日益激烈,这些专题性调研有更加深入、专一发展的趋向。如服务企业顾客满意度测量,就是对企业顾客的满意程度进行专题性调研针对性特别强的例子。

12.1.3　整合化

整合化趋向,是指市场调研主体将调研项目所涉及的各个方面视为一个有机互动的整体,不仅对市场的各个方面进行的系统、全面的调研,还致力于研究分析各个方面的内在关联性。如企业诊断,就针对企业经营战略、组织结构、项目开发、人力资源开发和财务管理等层面进行深入而系统的调查与分析,找出企业经营管理的"盲点"和误区,为企业提供有价值的改进建议。

这种整合性调研可能涉及企业自身的各个方面,因此必须对市场的各个方面有着深入、全面的把握。整合性研究兼有系统性与专一化的特点,特别注重各个方面的相互关联。

由于这种市场调研可以针对整个企业的经营管理状况进行（如企业诊断）,也可以针对企业的某个重点进行（如企业危机预警）,已经成为企业界竞相追逐的"热点"趋向。

12.2　行业研究

行业研究是市场调查与预测最常见的系统化研究之一。行业研究必须遵循客观、公正、严谨的原则,广泛采集数据,提供系统、专业的行业信息。

12.2.1　行业研究内容

行业研究的内容一般包括行业宏观政策、行业市场结构、市场发展情况、行业竞争情况、行业技术环境。

1)行业宏观政策。包括国家政策调控、重点区域政策、国家相关部门规划等等。

2)行业市场结构。包括国际市场供需情况、国内市场供需情况、重点区域市场供需情况、影响供需发展因素分析、行业进入障碍、替代产品的威胁等。

3)市场发展情况。包括产业链结构分析、品牌/广告等市场因素以及消费者分析。

4)行业竞争情况。包括竞争环境分析、主要竞争对手分析、市场容量研究、新企业进入与老企业退出分析、替代产品竞争力分析、行业核心竞争力分析。

5)行业技术环境。包括行业技术来源与传递、行业技术标准及其他行业技术环境分析。

以中国汽车行业研究为例,其研究内容将涵盖汽车行业概况、汽车行业发展的政策环境、全球汽车产业格局、中国汽车市场需求状况及影响因素分析、行业的产业结构和产业组织、中国汽车行业投资分析、中国主要汽车企业及其合资合作伙伴近况等。其基本框架如表12.1所示。

表 12.1 《中国汽车行业研究报告》框架

第一章　汽车行业概述
　　一、汽车行业定义
　　二、汽车行业在我国经济发展中的地位和作用
第二章　汽车行业发展的政策环境
　　一、行业管理体制
　　二、产业政策
　　三、市场准入与进入壁垒
　　四、行业技术政策
　　五、外商收购国内汽车企业的政策
　　六、税收政策
第三章　全球汽车产业发展格局
　　一、当前全球汽车行业发展的主要特征
　　二、2002 年全球汽车市场供给和需求分析
第四章　中国汽车市场需求状况及影响因素分析
　　一、中国汽车市场保有量增长分析
　　二、中国汽车需求增长的主要特征
　　三、其他影响因素分析
第五章　行业的产业结构和产业组织
　　一、中国汽车工业的总体规模
　　二、中国汽车工业的产业组织结构与企业规模
　　三、各车型市场结构和市场竞争分析
　　四、技术水平和市场运作
　　五、产品进出口分析
　　六、行业经济效益分析
第六章　中国汽车行业投资分析
　　一、总体投资规模
　　二、投资结构分析
　　三、外商投资中国汽车制造业状况
　　四、投资效益分析
　　五、投资风险分析
　　六、投资机会和盈利前景分析
第七章　中国主要汽车企业及其合资合作伙伴近况
　　一、中国主要汽车企业
　　二、主要合资合作伙伴

276

12.2.2　行业研究方法

1. 研究模型

依据市场调查与预测基本原理,行业研究将应用大量的研究模型,以保证研究的质量更有体系性和逻辑化。其中主要的定性研究模型以及定量研究模型如

下：

（1）定性模型

①德尔菲法；

②波士顿矩阵模型；

③波特五力模型；

④SWOT 分析；

⑤PEST 模型。

（2）定量模型

①消费者行为分析——Fishbein 模型；

②消费者行为分析——合理行动理论；

③消费者行为分析——消费者偏爱模型；

④各种市场预测模型。

在进行定量分析的过程中，经常会大量应用专业的概率统计知识以及运用专业的统计软件做数据分析，并不断开发新的数据以及信息处理技术，把概率统计知识应用在定性领域。如采用相关分析、方差分析、回归分析、聚类分析、判别分析、因子分析、列联表分析、频数分析等。

2. 行业研究方法

（1）问卷调查

根据预先设计好的调查问卷，以面谈、打电话或书面的形式向被调查对象提出询问，指导被调查者按照规定完成调查问卷，以获得所需资料的过程。

（2）深度访谈

这是行业研究经常采取的资料收集方法，研究人员会通过各种途径对业内人士或专家就研究中涉及的某一或某些问题进行双向交流的过程。深度访谈的目的是加强研究的深度，核实研究的结论，提高研究报告的质量。对于在市场研究、行业咨询过程中遇到的一些涉及结论性的重大问题，需要针对一些特定人群（如业内人士、专家、政府官员、消费者等）进行深访。

（3）二手资料

二手资料的收集有助于了解整个行业的宏观信息，对了解行业的整体情况有很大帮助。第二手资料主要通过收集一些公开的出版物、报纸、杂志以及政府和有关行业提供的统计资料，了解有关产品及市场信息。

（4）预测

即在收集大量资讯与数据的基础上，运用各种定性与定量预测方法，把握行业发展趋向。相关预测方法见第 8 章至第 11 章。

12.3 企业诊断

目前,企业在波涛汹涌的市场经济浪潮中,经受着优胜劣汰的考验。有的企业发展得一年比一年好,市场不断扩大,经济效益逐年提高;有的企业一年不如一年,经济效益逐年下滑,甚至濒临破产。经营不好的企业领导人在不断地思考:企业发展不上去,原因是什么呢? 就好像一个人,到底是得了什么病? 应该怎样治疗? 该服哪些药呢? 因此,有专家说,企业诊断就是一门为企业看病的科学。

国内外比较广为接受的观点认为,企业诊断就是通过组织有科学理论知识和实践经验的咨询师,根据客观经济规律和技术规律的要求,运用科学方法帮助企业找出经营、管理方面的缺陷,并分析其原因,进而提出改进的建议。

12.3.1 企业诊断的由来和发展

1. 企业诊断在国外

企业诊断起源于美国,欧美国家习惯称之为管理咨询。美国早在 19 世纪 30 年代就开始了管理咨询服务。当时的欧美企业,资产的所有者往往就是企业的经营者,由于这些人中有些不善于经营,致使企业萧条,甚至濒临倒闭。为了摆脱困难的处境,往往求助于社会上的技术咨询机构,请这些机构派专家或经营顾问到企业进行诊断。还有另一种情况,就是中小企业为了同大企业竞争,但它们又缺乏人才,只好求助于社会上的技术咨询机构,对企业进行诊断。在这种需求形势下,企业诊断就在欧美国家逐步地发展起来。目前美国已有咨询公司 2 500 多家,一些大型咨询公司的分支遍及世界各地,还有数以万计的个人咨询服务站,每年营业额高达 20 多亿美元。

日本率先采用企业诊断一说。日本政府为了控制大企业垄断,扶持中小企业,提倡企业诊断制度。1948 年,日本政府颁布了《中小企业诊断实施基本纲要》。日本的企业诊断实际上就是学习欧美国家的管理咨询做法。由于政府提倡,再加上诊断确实有效果,所以企业诊断发展很快,很多以诊断为职业的民间团体也就应运而生。到了 20 世纪 80 年代后期,日本从事企业诊断的经营顾问和诊断士就已达 3 万多人,这些人都是有多年企业工作经验,又经过一年的专门训练,结业时经过严格考试合格后,发给诊断士资格证书。日本的企业诊断对中小企业生存和发展起了重要作用。

2. 我国的企业诊断

我国的企业诊断是随着 TQM（全面质量管理）引进的。

原机械工业部是我国开展企业诊断最早的部门，早在 1981 年，机械部就曾对成都量刃具厂、南京第二机床厂、上海变压器厂和第二汽车制造厂等企业的质量管理进行过诊断。以后，中国企协、中国质协以及各省市和各行业协会都增设了咨询机构，开展过企业诊断，只不过当时都是为了创省、部、国家质量管理奖而进行企业诊断的。1991 年"创奖"活动中止，企业诊断也就随之减少直至停止。到 1993 年，为了贯彻 ISO9000 系列标准和进行体系认证，企业需要诊断，社会上随之出现了为了贯标认证的咨询机构。据不完全统计，国内已有几十家。

近年来，国内诞生了不少以指导企业进行经营管理的顾问公司。它们服务的领域和范围虽然不同，但都是社会上的咨询服务机构。随着市场经济体制的不断健全和市场竞争形势的发展，指导企业搞好生产经营的顾问公司将会迅速地发展增多起来。

12.3.2　企业诊断的基本内容

1）经营战略诊断；

2）组织结构诊断；

3）项目开发诊断；

4）人力资源开发利用、管理诊断；

5）财务管理诊断；

6）其他诊断。

12.3.3　企业诊断的类别

企业诊断一般可分为企业内部人员的诊断和企业外部人员的诊断两个类别。

企业内部人员诊断也常常被称为自我诊断，具有费用低、诊断时间可由企业自主安排，以及介绍情况的时间短等优点；其最大的缺点是对企业生产经营上的问题往往习以为常，视而不见，不易发现问题。

企业外部人员诊断则常常被称为专家诊断，其优点是客观公正，冷眼观察，易于发现问题；其缺点是费用昂贵，诊断时间需协商，介绍情况的时间长。

可见,企业内部人员诊断和企业外部人员诊断各有其优缺点。企业在有经验的管理专家帮助下,管理状况可以在较短的时间内,得到较大的改观,从而获得新的生机。但是,现在国内有些咨询机构的咨询人员,由于缺乏实践经验,提出的改进方案缺乏可操作性和有效性,"专家"不"专",致使企业花了人力、物力、财力、时间,而得不到预期的效果。

12.3.4 企业诊断基本流程

1. 调研诊断

1)初步接洽。了解客户的需求方向;

2)二次接洽。同企业高层领导沟通,深入了解,权衡运作该项目的可行性;

3)填写企业管理咨询委托登记表;

4)确定客户亟待解决的关键问题,并根据该问题进行前期市场调查、系统分析,确定咨询课题和项目框架;

5)提出项目建议书,在客户反馈基础上对项目建议书进行完善;

6)双方认可项目建议书,签订咨询合同。

2. 项目启动

1)公司成立项目小组;

2)进行深入的项目考察、市场调研,并不断同企业负责人进行沟通;

3)制定详细的实施计划,由客户审阅并签字;

4)同客户建立联合项目工作小组,明确小组成员的职责分工,并拟定相应的工作计划。

3. 实施运作

1)将项目的工作计划细化,拟定方案实施计划;

2)对操作人员培训;

3)辅助与指导管理咨询方案的具体落实(客户要求);

4)对实施中出的问题进行咨询;

5)终期验收,公司对咨询工作进行评审,由客户填写反馈表。

4. 跟踪维护

1)项目落实后,就企业发展,进行跟踪维护(客户要求);

2)继续增加在其他方面的业务关系,关注企业成长(客户要求);

3)对新发现的企业问题,随时同企业管理者进行沟通。

12.4 危机预测与警示

12.4.1 危机与危机管理预警

1. 危机与危急管理的含义

巴顿(Barton)指出,一个会引起潜在负面影响的具有不确定性的大事件,这种事件及其后果可能对组织及其员工、产品、服务、资产和声誉造成巨大的损害。史蒂文·芬克(Steven. Fink)提出了危急管理的概念,危急管理就是指组织对所有危机发生因素的预测、分析、化解、防范等等而采取的行动,它包括组织面临的政治的、经济的、法律的、技术的、自然的、人为的、管理的、文化的、环境的和不可确定的等所有相关的因素的管理。

防范危机管理的重点应放在危机发生前的预防,而非危机发生后的处理。为此,前期必须建立一套规范、全面的危机管理预警系统。一套完善的危机预警系统和处理系统建立是确保企业在各种困难面前转危为安的关键。

2. 危机管理预警系统的组成

危机管理强调"早、快、明、恒"。即早发现,早预防;反应必须快速;真诚、坦率;时刻警惕,长久执行。因此,危机预警系统应当包括危急监测、危急预测与预报、危急预控三个必不可少的组成部分。

1)危机监测。即对可能引起危机的各种因素和危机的表象进行严密的监测,搜集有关企业危机发生的信息,及时掌握企业危机变化的第一手材料。

2)危机预测和预报。即对监测得到的信息进行鉴别、分类和分析,对未来可能发生的危机类型及其危害程度做出估计,并在必要时发出危机警报。

3)危机预控。即针对引发企业危机的可能性因素,采取应对措施和制定各种危机预案,以有效地避免危机的发生或尽量使损失减少到最小。

危机管理中的最忌讳出现以下状况:

①随便拼凑危机管理机构;

②在危机事件开始时反应迟钝;

③在危机事件处理中遮遮掩掩;

④同时多个声音对外;

⑤缺乏全员公关意识;

⑥缺乏与媒体的合作;

⑦缺乏与公众的有效沟通;

⑧不积极寻求外界支持。

12.4.2　企业危机管理预警系统

一个企业的生命就像人的生命一样,在日趋激烈的竞争中显得越来越脆弱,随时都会受到死亡的威胁。目前,由于种种原因,原来许多曾红极一时的企业相继出现危机,在商战中纷纷落马,企业危机管理理论就是在这种形势下提出的,它对于每一个发展中的企业都有着生死攸关的决定性意义。把企业危机转化为商机,就需要建立企业危机预测与警示机制,而建立这种机制的前提,就是每个企业的老总和员工都必须具有危机意识,从容应对危机。

1. 企业危机管理的基本任务

防止可能发生的危机,这是企业危机管理的第一要务,也是日常危机管理的基本任务,它包括危机意识、危机监控、危机计划、危机培训、危机机构和危机管理基础工作等内容。

（1）增强危机意识

增强危机意识不是某个领导或是某些员工的事,而是企业全体成员的责任,即全员危机意识。全员危机意识的树立和强化,将有效提高企业抵御危机的能力,就有可能化解潜在的危机,或者及早发现危机,延缓危机的蔓延,把损失降到最低程度。

危机意识至少应当包含如下几个要点:

①任何企业都可能发生危机。在这个意义上讲,危机是企业的"常态"。因此,须警钟长鸣。华为的"冬天"意识,海尔的"如履薄冰、如临深渊"感,微软的"离破产只有几个月"的警言,都是强烈危机意识的体现。成功企业尚且如此,不太成功或尚未成功的企业还能例外吗?

②危机对于企业生死攸关。危机的共同特点(爆发的突然性、损失的严重性、蔓延的迅猛性和社会影响的敏感性)决定了这一点。因此,危机管理须置于战略管理层次,予以高度重视,并发动全员参与,倾力为之。

③危机是可以预防的。虽然危机有突发性的特点,但从本质上看,它的发生是一个从量变到质变的过程,一般都有前期征兆,因而也就有了预测和控制的可能。对于企业而言,除了不可抗拒的自然灾害(如 SARS 疫情)和社会灾难(如

战争、大停电)之外,危机几乎都是可以预防的。因此,对待危机应当有一个清醒、乐观的心态。

④"预防是解决危机的最好方法"。这是英国危机管理专家迈克尔·里杰斯特的名言,也是危机管理的真谛。这就要求企业以防为主,全员、全面、全过程防范,并且长期坚持不懈。从而建立起一道又一道的危机防线,让企业远离危机,即使危机来了,也能临危不乱,妥善处置,最终转危为安。

⑤危机中孕育着机会。任何事物都是一分为二的,危机也不例外,危机是"危"与"机"的组合体。认识到这一点,才会主动积极地面对危机和处理危机,并从中寻找和把握任何可能的机会,比如革新的机会、增强内部团结的机会、自我反省的机会、展示企业形象的机会、市场重组的机会等等。

增强员工危机意识;主要通过危机教育来达到。危机教育的方式可以多种多样。比如案例分析,比较生动,有较强的趣味性,容易为受教育者所接受;又比如权威领导的正面训导,或是通过分析企业内外形势、回忆过去经历的危机,告诫员工增强危机意识;再比如强化负面宣教,通过语言、文字、图片、录像等方式描述危机情景,展示危机所带来的巨大损失和受害者的痛苦,能比较形象、直观地激发人们的危机意识,效果较好。

此外,激励也是增强员工危机意识的重要手段。不论是精神激励,还是物质激励,只要运用得适时、适度、适当,都能够促进全员危机意识的树立和不断强化。

(2)重视危机监控

危机监控是预防危机的前提工作,在危机管理中具有极为重要的地位。危机监控包括危机风险的识别、评估、控制以及危机预警等内容。

危机风险意识的任务,就是要发现企业可能存在的危机,并判断这些潜在危机的性质。为此,要善于搜集各类信息,比如:政策、法规和行业管理的变动信息;社会人口、经济、文化和技术等环境变化的信息;消费者对企业产品和服务的反馈信息;社会舆论和公众对企业品牌、形象的评价信息;竞争对手的实力、潜力和策略动向信息;企业内部的生产、物流、人力、财务等方面的管理信息等等。通过这些信息的搜集和分析,找出薄弱环节,捕捉危机隐患,识别危机风险。

危机风险评估,就是在危机风险识别的基础上,对各种危机发生的可能性大小及其潜在影响进行评估和揭示,以便更全面、更准确地预测和控制危机风险。由于危机风险的动态性和复杂性,危机风险评估多采用定性的方法,如头脑风暴法、名义群体法、德尔菲法、电子会议法。在条件具备的情况下,也可以用定量的方法进行危机风险评估,即通过统计分析、数学计算和计算机的应用来实现危机

283

风险的数量化。

危机风险控制,就是针对潜在的危机,预先采取相应的措施,避免或减少危机发生的可能性,降低危机可能造成的损失。这些措施包括:危机风险回避,如放弃某个项目的投资以回避投资失误造成的财务危机风险;危机风险转移,如通过财产保险以转移火灾危机风险;危机风险减少,如餐饮企业通过生熟分离、食具消毒等以减少饮食中毒危机风险。

危机预警,就是通过对危机风险源、危机征兆进行不断地监测,在各种信号显示危机将要来临时及时地向企业发出警报,以提醒企业采取应对行动。危机预警系统大体上分为两大类:电子预警系统和指标性预警系统。电子预警系统由电子装置进行信息采集、分析、决策和发出警报,如防盗报警器。指标性预警系统,是将企业中那些不容易根据获得的信息直接判断危机发生与否的危机信号,转化为一系列较好识别的指标,然后根据指标的异常进行危机预警。例如,将产品销售数据转化为销售增长率和市场占有率,将消费者的调查数据转化为消费者满意率,然后据此判断市场竞争危机状况,并决定是否发出危机警报。

(3)制定危机应对计划

危机应对计划是企业针对各种可能发生的危机,预先制定的处理危机的具体方案和措施,即危机处理预案。

据美国学者对《幸福》杂志排名前500名企业的调查,受危机困扰的时间和危机后遗症波及的时间,没有危机应对计划的企业都要比有计划的企业长2.5倍。这说明,预先制定危机应对计划是多么重要。具体讲,计划的作用为:一是通过对危机的前瞻性研究,提高管理者把握信息和理解信息的能力,从而减少危机决策时间和决策压力;二是减轻管理者的心理紧张感,增强处理危机的信心;三是合理配置资源,保证危机处理时所需资源及时、充分地供给;四是规范危机处理行为,使之更加科学、合理、有序、高效,避免危机处理时的盲目性、随意性和顾此失彼的现象。

危机应对计划的内容,主要有:

1)危机处理小组。包括人员组成及其相互联系、沟通与合作的方式,涉及的部门及其职责、权利,不同情况下的调整和变通方案等。

2)资源配置(指处理危机所需的财、物和设备)。包括资源的种类、存放地、管理人、维护制度、获取方式、使用说明等。

3)沟通。包括信息的收集和转换,可能的受害者和利益相关者,不同对象的沟通的原则、方式和渠道,处理企业外部关系的原则和方式等。

4)媒体管理。包括媒体的分类、分级及相应的传播方法,新闻发言人的确定及其职责,媒体管理的原则和方式,媒体管理人员的选择和培训等。

5)形象管理。包括企业形象的定位和维护措施,形象管理人员的职权及其挑选和培训等。

6)危机预警。包括危机预警系统的建立、维护和改进,危机预警的信号及其信息流程,危机预警后的反应措施及可动用的资源等。

7)危机处理。包括危机处理小组各部门的设立、地点选择及其工作协调的原则和程序,指挥、协调和控制所需信息的获得方式和传递渠道,危机可能造成的损失及其减少策略,危机中可能需要向其求助的外部单位及其联系方式等。

8)危机恢复。包括危机可能带来的长期影响及其减少或消除策略,危机恢复所需的时间估计和加快恢复的措施,危机损失的重建和修复,危机恢复的内部协调和合作等。

总之,一个好的危机应对计划,应当使管理者明确,危机降临时,该做什么、怎么做,该说什么、怎么说、向谁说、谁来说等。为此,在制定和使用危机应对计划时,需要注意几个问题:

①要系统地收集制定危机应对计划所需要的信息;否则,将可能导致危机处理工作的疏漏,带来难以预料的损失和影响。

②要让计划执行者了解并切实理解计划的内容;否则,计划只是一堆废纸而已。这就要求,计划制定者要尽可能地与计划执行者进行沟通,让执行者参与计划的制定;同时,计划的用语要简洁明了,易于理解。

③计划要有灵活性。危机的多种多样和千变万化,要求危机应对计划不能过于死板,而要根据环境的变化做出适当调整。因此,计划既是"通用"的、"指导性"的,又能对特定危机给出特定处理方法。

④计划要有条理性。即要形成体系,易于查询,尤其是一些重要问题的处理原则和重要人物的联系方式要放在显眼的位置。

⑤计划要有时效性。即根据企业的发展战略和社会经济环境的变化,借鉴同行企业的经验和教训,定期对计划进行修改和完善。

2. 企业危机监控体系构成

(1)危机管理系统

危机预警系统是危机管理系统的一部分,它是企业预防和应付危机的基础。企业危机管理系统包括预警系统、沟通系统、反击系统及建立信任银行与危机管理流程等方面内容(如图 12.1)。

(2)危机评估与危机来源监控

企业进行危机预警,最佳的切入点就是风险与风险评估。

图 12.1 危机管理系统

1)风险分析。进行风险分析一般遵循以下步骤:首先确认风险,确认威胁、危险以及可能出问题的事情是什么;其次确认如何才能最好地管理这些风险,再开始行动。

286

进行风险分析,首先必须清楚风险的来源。危机来源包括来自企业组织内部的自身危机与环境变化带来的危机(如图 12.2),有效监控危机来源,建立危机管理系统与危机预警系统对于组织应对危机有着重要意义。

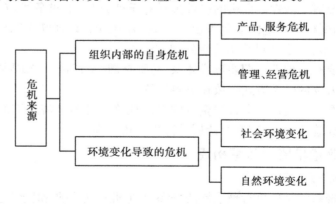

图 12.2 危机来源示意图

企业危机管理者通过风险分析,在企业内制定相应的措施和计划,把风险从企业的内部向外部转移。

2)风险评估。风险评估在优先注意权的确定方面产生有用的权值。开出以优先权为基础的清单,管理者根据清单在系统检查薄弱环节,迅速地确定危机影响造成的破坏之处。通过对风险影响、生存风险、注视面临的风险及其所需重视程度的评估,确定区域、建筑、过程、设备和人员配备的等级顺序,从而可以迅速做到:①检查什么受到了破坏;②提供损失的初步估计及因此做出反应所需用资源的估计;③确认但是不需要考虑的或很少需要考虑的区域或集团。

(3)危机预警机制与危机预警系统

危机预警系统是指企业根据外部环境与内部条件的变化,对企业未来的风险进行预测和报警的体系(如图12.3)。

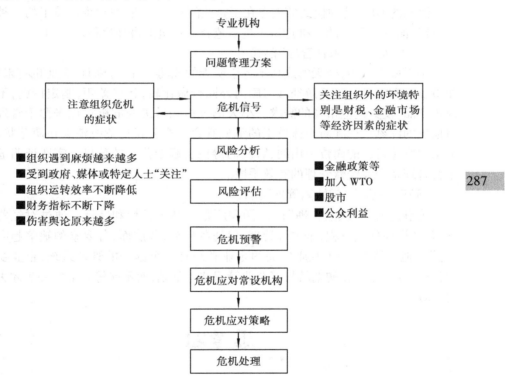

图 12.3 危机预警系统与危机应对

企业进行危机预警是通过危机预警,增强企业的免疫力、应变力和竞争力,保证企业处变不惊,做到防患于未然。建立企业危机预警机制和危机预警系统的关键是健全危机防范制度,保障危机信息传导通道的顺畅,从而建立应对危机的措施。而目前市场竞争日趋激烈,企业更需要建立危机预警机制。

12.4.3 危机管理与危机预警系统案例

（1）海尔的 OEC 管理模式

OEC 即全方位地对每个人每天所做的事进行控制与管理。OEC 管理模式意味着企业每天所做的事都有人管，所有的人均有管理、控制内容，并依据工作标准对各自控制的事项按规定执行，每日把实施结果与计划指标对照，总结与纠偏，从而达到进行日日控制、事事控制的目的。

海尔的 OEC 管理模式的重点在于企业的日常管理，在于企业员工的一种危机意识，而树立员工的危机意识正是防范企业危机的最佳途径。

（2）小天鹅的"末日管理"模式

小天鹅人认为，今天的成功不等于明天的成功，产品有末日，企业也有末日，而市场没有末日。小天鹅经常与国内外同行做比较，找出差距，制定措施，不断改进产品，使其适应市场的需求。小天鹅公司和员工的危机意识来源于管理层对危机的深刻认识和对全体员工的危机教育。全公司把危机消灭在萌芽状态，员工们确保自己的岗位不出问题，从而避免引起全公司的危机。实践证明危机预警管理是企业经营管理的有效手段。

（3）荣事达的"零缺陷管理"模式

荣事达的"零缺陷管理"的内涵和原则是基于目标和宗旨。通过对经营各环节、各层面的全过程、全方位管理，保证各环节、各层面、各要素的缺陷趋向于"零"。他们认为，一个健康发展的企业必须有一个健全的管理系统，企业要想有长远发展，必须在初期就打好企业管理这个基础，而不能等到危机关头才去应急补救。

思考题

12.1 简述市场调查与预测的发展趋向。

12.2 行业研究有哪些内容？

12.3 企业诊断的基本流程是什么？

12.4 试述企业危机管理预警系统的原理。

参考文献

1. 徐飚主编．市场调查学．北京:北京工业大学出版社,2002

2. 贾怀勤编著．商务调研策划与实施．北京:对外经济贸易大学出版社,1997

3. 范伟达编著．市场调查教程．上海:复旦大学出版社,2002

4. 张卫星编著．市场预测与决策．北京:北京工业大学出版社,2002

5. 张浩主编．新编企业企划方案写作大全．北京:蓝天出版社,2002

6. 樊志育著．市场调查．上海:上海人民出版社,1995

7. 马承霈主编．市场调研与预测．成都:西南财经大学出版社,2002

8. 陈启杰主编．市场调研与预测．上海:上海财经大学出版社,1999

9. 韩德昌,郭大水主编．市场调查与市场预测．天津:天津大学出版社,1996

10. 黄荣生．市场调查与预测．北京:中国商业出版社,2000

11. 冯丽云．现代调查与预测．北京:经济管理出版社,2000

12. 暴奉贤,陈宏立．经济预测与决策方法．广州:暨南大学出版社,1997

13. 马玉林．市场预测与决策．成都:四川人民出版社,1996

14. 徐金发．市场调查与预测．杭州:杭州大学出版社,1994

15. 王静．现代市场调查．北京:首都经贸大学出版社,2001

16. 张梦霞,郭抒．成功的市场调研．北京:石油工业出版社,2000

17. 李小勤．市场调查的理论与实务．广州:暨南大学出版社,2001

18. 马连福．现代市场调查与预测．北京:首都经济贸易大学出版社,2002

19. 李少华,雷培莉．市场调查与数据分析．北京:经济管理出版社,2001

20. 岑咏铤．市场调查技术．北京:高等教育出版社,2000

21. 龚署明．市场调查与预测．长沙:中南工业大学出版社,2000

22. 彭代武,陈涛. 市场调查·商情预测·经营决策. 北京:经济管理出版社, 1996

23. 中国人民大学《工业统计学》编写组. 工业统计学. 北京:中国人民大学出版社,1994

24. 纪宝成主编. 市场营销学教程. 北京:中国人民大学出版社,1989

25. 柯惠新等编. 市场调查与分析. 北京:中国统计出版社,2000

26. 郭昀著. 市场分析. 北京:经济日报出版社,2001

27. 韦菁等编著. 营销调查. 北京:经济管理出版社,2000

28. 刘利兰编注. 市场调查与预测. 北京:经济科学出版社,2000

29. 万力主编. 国际市场调查. 北京:民主与建设出版社,2002

30. 于海江编著. 如何做市场调查. 大连:大连理工大学出版社,2000

31. 黄升民,黄京华,王冰著. 广告调查:广告战略的实证基础. 北京:中国物价出版社,1997

32. 甘碧群主编. 市场营销学. 武汉:武汉大学出版社,2003

33. 樊志育著. 市场调查. 上海:上海人民出版社,1995

34. Joshua Grossnickle&Oliver Raskin 著. 王军玮译. 在线市场营销调查手册. 上海:上海人民出版社,2004

35. Gilbert A. Churchill, Jr. &J. Paul Peter 著. Marketing:Creating Value for Customers. (《市场营销学》英文版). 北京:机械工业出版社,1998

36. Martin Weinberger,"Seven Perspectives on Consumer Research",Marketing Research（December 1989）,PP. 9—17. Reprinted by Permission of American Marketing Association

37. See James C Anderson and James A. Narus, Business Marketing Management:Understanding,Creating and Delivering value(Uppea,Saddle Rives,NJ:Prentice Hall,1998),Chap. 2

38. Greg Lyles,"Getting Coffee to Go",Marketing Tools,September/October 1994

39. A. B. Blankenship and Geore Eduaid Breen,"Format Follows Function",Marketing Tools(June 1997)

40. J. Walker Smith,"The Promise of single Source—What,Where,When,How",Marketing Research(December 1990)

41. "Real World Device Sheds New Light on Ad Readership Tests"Marketing News（June 5,1997）

42. Alvin Achenbaun,"Market Testing:Using the Marketplace as a Laboratory" in

Robert Ferber ,ed,Handbook of Marketing Research(New York McGraw – Hill, 1974)

43. Raymond R Burke, "Virtual Shopping：Breakthrough in Marketing Research", Harward Business Review,(March-April 1996)

44. Screening questionnaires can also be used See Kevin M. Waters, "Designing Screening Questionnaires to Minimige Dishonest Answers", Applied Marketing Research, Vol. 31 ,NO. 1(Spring/Summer 1991)

45. Feannine Bergers Evertt, "The Missing Link", Marketing Research (Spring 1997),Reprinted by Permission of the American Marketing Association

46. ［美］小卡尔·迈克丹尼尔等著,范秀成等译. 当代市场调研. 北京:机械工业出版社,2002

47. ［美］林南著. 社会研究方法. 北京:农村读物出版社,1976

48. ［美］阿尔文·C·伯恩斯等著,梅清豪等译. 营销调研. 北京:中国人民大学出版社,2001